enVision Matemáticas

Volumen 1 Temas 1 a 7

Autores

Randall I. Charles
Professor Emeritus
Department of Mathematics
San Jose State University
San Jose, California

Jennifer Bay-Williams
Professor of Mathematics
Education
College of Education and Human
Development
University of Louisville
Louisville, Kentucky

Robert Q. Berry, III
Professor of Mathematics
Education
Department of Curriculum,
Instruction and Special Education
University of Virginia
Charlottesville, Virginia

Janet H. Caldwell
Professor Emerita
Department of Mathematics
Rowan University
Glassboro, New Jersey

Zachary Champagne
Assistant in Research
Florida Center for Research in
Science, Technology, Engineering,
and Mathematics (FCR-STEM)
Jacksonville, Florida

Juanita Copley
Professor Emerita
College of Education
University of Houston
Houston, Texas

Warren Crown
Professor Emeritus of Mathematics
Education
Graduate School of Education
Rutgers University
New Brunswick, New Jersey

Francis (Skip) Fennell
Professor Emeritus of
Education and Graduate and
Professional Studies
McDaniel College
Westminster, Maryland

Karen Karp
Professor of Mathematics
Education School of Education
John Hopkins University
Baltimore, Maryland

Stuart J. Murphy
Visual Learning Specialist
Boston, Massachusetts

Jane F. Schielack
Professor Emerita
Department of Mathematics
Texas A&M University
College Station, Texas

Jennifer M. Suh
Associate Professor for
Mathematics Education
George Mason University
Fairfax, Virginia

Jonathan A. Wray
Mathematics Supervisor
Howard County Public Schools
Ellicott City, Maryland

SAVVAS
LEARNING COMPANY

Matemáticos

Roger Howe
Professor of Mathematics
Yale University
New Haven, Connecticut

Gary Lippman
Professor of Mathematics and
Computer Science
California State University, East Bay
Hayward, California

Asesores de ELLs

Janice R. Corona
Independent Education Consultant
Dallas, Texas

Jim Cummins
Professor
The University of Toronto
Toronto, Canada

Revisores

Katina Arnold
Teacher
Liberty Public School District
Kansas City, Missouri

Christy Bennett
Elementary Math and Science
Specialist
DeSoto County Schools
Hernando, Mississippi

Shauna Bostick
Elementary Math Specialist
Lee County School District
Tupelo, Mississippi

Samantha Brant
Teacher
Platte County School District
Platte City, Missouri

Jamie Clark
Elementary Math Coach
Allegany County Public Schools
Cumberland, Maryland

Shauna Gardner
Math and Science Instructional Coach
DeSoto County Schools
Hernando, Mississippi

Kathy Graham
Educational Consultant
Twin Falls, Idaho

Andrea Hamilton
K-5 Math Specialist
Lake Forest School District
Felton, Delaware

Susan Hankins
Instructional Coach
Tupelo Public School District
Tupelo, Mississippi

Barb Jamison
Teacher
Excelsior Springs School District
Excelsior Springs, Missouri

Pam Jones
Elementary Math Coach
Lake Region School District
Bridgton, Maine

Sherri Kane
Secondary Mathematics
Curriculum Specialist
Lee's Summit R7 School District
Lee's Summit, Missouri

Jessica Leonard
ESOL Teacher
Volusia County Schools
DeLand, Florida

Jill K. Milton
Elementary Math Coordinator
Norwood Public Schools
Norwood, Massachusetts

Jamie Pickett
Teacher
Platte County School District
Kansas City, Missouri

Mandy Schall
Math Coach
Allegany County Public Schools
Cumberland, Maryland

Marjorie Stevens
Math Consultant
Utica Community Schools
Shelby Township, Michigan

Shyree Stevenson
ELL Teacher
Penns Grove-Carneys Point
Regional School District
Penns Grove, New Jersey

Kayla Stone
Teacher
Excelsior Springs School District
Excelsior Springs, Missouri

Sara Sultan
PD Academic Trainer, Math
Tucson Unified School District
Tucson, Arizona

Angela Waltrup
Elementary Math Content Specialist
Washington County Public Schools
Hagerstown, Maryland

SAVVAS
LEARNING COMPANY

ISBN-13: 978-0-13-496285-6
ISBN-10: 0-13-496285-0

Recursos digitales

¡Usarás estos recursos digitales a lo largo del año escolar!

Visita SavvasRealize.com

 Libro del estudiante
Tienes acceso en línea y fuera de línea.

 Aprendizaje visual
Interactúa con el aprendizaje visual animado.

 Cuaderno de práctica adicional
Tienes acceso en línea y fuera de línea.

 Amigo de práctica
Haz prácticas interactivas en línea.

 Herramientas matemáticas
Explora las matemáticas con herramientas digitales.

 Evaluación
Muestra lo que aprendiste.

 Glosario
Lee y escucha en inglés y en español.

SAVVAS **realize**™ Todo lo que necesitas para las matemáticas a toda hora y en cualquier lugar.

Contenido

¡Recuerda que tu Libro del estudiante está disponible en SavvasRealize.com!

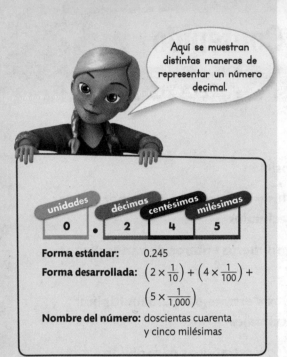

Aquí se muestran distintas maneras de representar un número decimal.

unidades	décimas	centésimas	milésimas
0 .	2	4	5

Forma estándar: 0.245

Forma desarrollada: $\left(2 \times \frac{1}{10}\right) + \left(4 \times \frac{1}{100}\right) + \left(5 \times \frac{1}{1,000}\right)$

Nombre del número: doscientas cuarenta y cinco milésimas

TEMA 1 Valor de posición

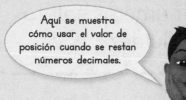

Aquí se muestra cómo usar el valor de posición cuando se restan números decimales.

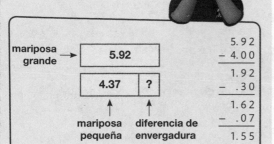

mariposa grande → 5.92

4.37 | ?

mariposa pequeña   diferencia de envergadura

```
  5.92
- 4.00
  1.92
-  .30
  1.62
-  .07
  1.55
```

TEMA 2 Usar modelos y estrategias para sumar y restar números decimales

Puedes usar diagramas de barras para representar problemas de multiplicación.

	precio en 2015 (*p*)					
2015	$1,575	$1,575	$1,575	$1,575	$1,575	5 veces ese precio
1980	$1,575					

TEMA 3 Multiplicar números enteros de varios dígitos con fluidez

Aquí se muestra cómo usar una cuadrícula para multiplicar números decimales.

0.5

0.3

$0.3 \times 0.5 = 0.15$

TEMA 4 Usar modelos y estrategias para multiplicar números decimales

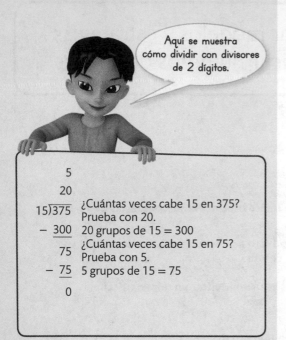

Aquí se muestra cómo dividir con divisores de 2 dígitos.

$$5$$
$$20$$
$$15\overline{)375}$$ ¿Cuántas veces cabe 15 en 375? Prueba con 20.
$$-\ 300$$ 20 grupos de 15 = 300
$$75$$ ¿Cuántas veces cabe 15 en 75? Prueba con 5.
$$-\ 75$$ 5 grupos de 15 = 75
$$0$$

TEMA 5 Usar modelos y estrategias para dividir números enteros

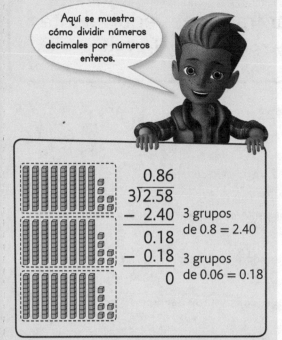

Aquí se muestra cómo dividir números decimales por números enteros.

$$
\begin{array}{r}
0.86 \\
3{\overline{\smash{\big)}\,2.58}} \\
-\ 2.40 \\
\hline
0.18 \\
-\ 0.18 \\
\hline
0
\end{array}
$$

3 grupos de 0.8 = 2.40

3 grupos de 0.06 = 0.18

TEMA 6 Usar modelos y estrategias para dividir números decimales

Aquí se muestra cómo sumar fracciones con distinto denominador.

TEMA 7 Usar fracciones equivalentes para sumar y restar fracciones

TEMA 8 en volumen 2
Usar la multiplicación para multiplicar fracciones

TEMA 9 en volumen 2
Usar la división para dividir fracciones

TEMA 10 en volumen 2
Representar e interpretar datos

TEMA 11 en volumen 2
Conceptos de volumen

TEMA 14 en volumen 2
Hacer gráficas de puntos en un plano de coordenadas

TEMA 15 en volumen 2
Álgebra: Analizar patrones y relaciones

TEMA 16 en volumen 2

Medición geométrica: Clasificar figuras bidimensionales

Manual de Prácticas matemáticas y resolución de problemas

 El **Manual de Prácticas matemáticas y resolución de problemas** está disponible en SavvasRealize.com

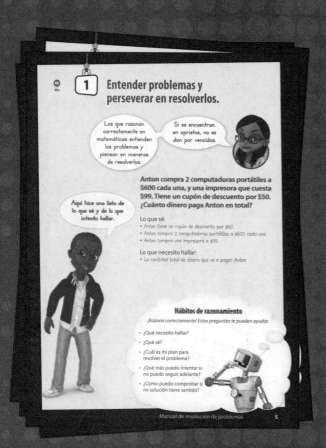

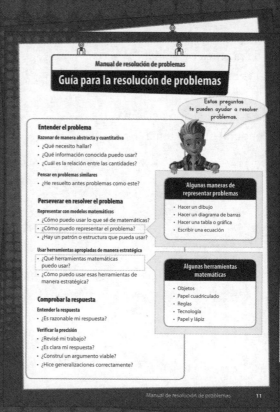

Prácticas matemáticas

Guía para la resolución de problemas

Resolución de problemas: Hoja de anotaciones

Diagrama de barras

Valor de posición

Pregunta esencial: ¿Cómo se pueden escribir, comparar y ordenar los números enteros y los números decimales?

Recursos digitales

 Libro del estudiante

 Aprendizaje visual

 Práctica

 Evaluación

 Herramientas

 Glosario

¡Por cada ser humano en el planeta hay 200 millones de insectos!

¿Sabías que los insectos polinizadores producen $\frac{1}{3}$ de la comida y las bebidas que consumimos?

Entonces será mejor que nos pongamos a trabajar ¡como las abejas! Este es un proyecto acerca del valor de los insectos polinizadores y su posición en nuestro mundo. ¡Perdón! Quise decir, su valor de posición.

Proyecto de :enVision° STEM: Insectos polinizadores

Investigar Usa la Internet u otras fuentes de información para averiguar más acerca de los insectos polinizadores en los Estados Unidos. ¿Qué tipos hay? ¿Cuántos hay de cada tipo? ¿Cuántos cultivos y plantas con flores dependen de los insectos polinizadores para producir los alimentos que consumimos?

Diario: Escribir un informe Incluye lo que averiguaste. En tu informe, también:

- escoge dos insectos polinizadores. Estima cuántos cultivos poliniza cada uno de ellos.

- estima qué cantidad de tus bebidas y alimentos favoritos proviene de plantas polinizadas.

- inventa y usa maneras de comparar y ordenar tus datos.

Nombre _____

⭐Repasa lo que sabes⭐

A-Z Vocabulario

Escoge el mejor término del recuadro.
Escríbelo en el espacio en blanco.

> • dígitos   • período
> • números enteros • valor de posición

1. Los _____ son los símbolos que se usan para mostrar los números.

2. Un grupo de 3 dígitos en un número es un _____ .

3. El _____ es la posición de un dígito en un número y se usa para determinar el valor del dígito.

Comparar

Compara. Escribe <, >, o = en cada ⬭.

4. 869 ⬭ 912

5. 9,033 ⬭ 9,133

6. 1,338 ⬭ 1,388

7. 417,986 ⬭ 417,986

8. 0.25 ⬭ 0.3

9. 0.5 ⬭ 0.50

10. Kamal tiene 7,325 canciones en su computadora y Benito tiene 7,321. ¿Quién tiene más?

Sumar números enteros

Halla las sumas.

11. 10,000 + 2,000 + 60 + 1

12. 20,000 + 5,000 + 400 + 3

13. 900,000 + 8,000 + 200 + 70 + 6

14. 7,000,000 + 50,000 + 900 + 4

Valor de posición

15. La estructura de cartas más grande que se construyó hasta ahora tiene 218,792 cartas. ¿Cuál es el valor del 8 en 218,792?

Ⓐ 80   Ⓑ 800   Ⓒ 8,000   Ⓓ 80,000

16. **Construir argumentos** En el número 767, ¿tiene el primer 7 el mismo valor que el 7 del final? ¿Por qué?

Nombre _____

PROYECTO 1A

¿Manatís o vacas marinas?

Proyecto: Crea un póster sobre un manatí

PROYECTO 1B

¿Qué hace que un juego sea divertido?

Proyecto: Diseña un juego con bloques de valor de posición

PROYECTO 1C

¿Cuán lejos estamos del Sol?

Proyecto: Investiga medidas en nuestro sistema solar

Representación matemática

Video

¡A despertarse!

Antes de ver el video, piensa:

Un minutos puede sentirse como pocos segundos o unas horas, según lo que estés haciendo. Me lleva el mismo tiempo regar las plantas que almorzar, pero no se siente de la misma manera. Por eso tenemos cronómetros y relojes para llevar la cuenta del tiempo.

Puedo...

representar con modelos matemáticos para resolver problemas que incluyen comparar números decimales hasta las milésimas.

Nombre_____

Resuélvelo y coméntalo

Una tienda vende pilas AA. En cada paquete hay 10 pilas. También venden bolsas de 10 paquetes, cajas de 10 bolsas y contenedores de 10 cajas. ¿Cuántas pilas hay en una caja? ¿Y en un contenedor? ¿Y en 10 contenedores? *Resuelve estos problemas de la manera que prefieras.*

Puedo...
escribir números usando exponentes.

También puedo buscar patrones para resolver problemas.

Puedes usar herramientas apropiadas, como bloques de valor de posición, para resolver los problemas. Sea cual sea la manera, ¡muestra tu trabajo!

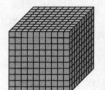

¡Vuelve atrás! ¿Cuántas decenas hay en 100? ¿Cuántas decenas hay en 1,000? Escribe ecuaciones para mostrar tu trabajo.

Pregunta esencial ¿Cómo se pueden explicar los patrones en la cantidad de ceros de un producto?

A

El caballo nuevo de Tamara pesa aproximadamente 1,000 libras. ¿Cómo puedes mostrar 1,000 como una potencia de 10 usando un exponente?

El exponente es el número que indica cuántas veces se usa un número base como factor.

Peso del caballo: 1,000 libras

B Escribe 1,000 como un producto usando 10 como factor.

factores   exponente

$$1,000 = 10 \times 10 \times 10 = 10^3$$

base

El exponente, 3, indica que el número base, 10, aparece 3 veces en la multiplicación repetida.

Por tanto, 1,000 se escribe 10^3 usando exponentes.

C Tamara estima que su caballo comerá aproximadamente 5,000 libras de heno por año. ¿Cómo puedes escribir 5,000 usando exponentes?

$5 \times 10^1 = 5 \times 10 = 50$

$5 \times 10^2 = 5 \times 10 \times 10 = 500$

$5 \times 10^3 = 5 \times 10 \times 10 \times 10 = 5,000$

La cantidad de ceros del producto es igual al exponente.

Por tanto, 5,000 se escribe 5×10^3 usando exponentes.

¡Convénceme! **Buscar relaciones** ¿Qué patrón observas en la cantidad de ceros de los productos del Recuadro C?

Práctica Herramientas Evaluación

☆Práctica guiada

¿Lo entiendes?

1. ¿Por qué hay tres ceros en el producto de 6×10^3?

2. Susan dijo que 10^5 es 50. ¿Qué error cometió? ¿Cuál es la respuesta correcta?

¿Cómo hacerlo?

Para **3** y **4**, completa el patrón.

3. $10^1 =$

$10^2 =$

$10^3 =$

$10^4 =$

4. $\quad = 7 \times 10^1$

$\quad = 7 \times 10^2$

$\quad = 7 \times 10^3$

$\quad = 7 \times 10^4$

☆Práctica independiente

Para **5** a **15**, halla los productos. Usa patrones como ayuda.

5. $3 \times 10^1 =$

$3 \times 10^2 =$

$3 \times 10^3 =$

$3 \times 10^4 =$

6. $2 \times 10 =$

$2 \times 100 =$

$2 \times 1,000 =$

$2 \times 10,000 =$

7. $\quad = 9 \times 10^1$

$\quad = 9 \times 10^2$

$\quad = 9 \times 10^3$

$\quad = 9 \times 10^4$

8. 8×10^4

9. $4 \times 1,000$

10. 5×10^2

11. $6 \times 10,000$

12. 4×10^1

13. 100×9

14. $10^3 \times 6$

15. 8×10^5

16. Escribe $10 \times 10 \times 10 \times 10 \times 10 \times 10$ con un exponente. Explica cómo decidiste qué exponente usar.

Resolución de problemas

17. En una caja de papel para impresora hay 3×10^2 hojas. En otra caja hay 10^3 hojas. ¿Cuántas hojas hay en las dos cajas en total?

18. Hay una cerca alrededor de un campo rectangular de 42 pies de largo y 36 pies de ancho. En la cerca se va a colocar un poste cada 6 pies. ¿Cuántos postes se necesitan?

19. Sentido numérico El año pasado, una empresa ganó 9×10^6 dólares. Explica cómo hallar el producto de 9×10^6.

20. Una pecera tiene la misma forma que el sólido que se muestra a continuación. ¿Cómo se llama este sólido?

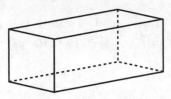

21. Representar con modelos matemáticos Isaac va a la escuela en bicicleta. Tarda 5 minutos en bajar la cuesta de ida y 10 minutos en subirla de regreso. Va a la escuela de lunes a viernes. ¿Cuántos minutos pasará montando en bicicleta en total en dos semanas? Escribe una ecuación que represente tu trabajo.

22. Razonamiento de orden superior Santiago quiere comprar un remolque para 4 caballos por $12,000. Describe cuáles son los números que, redondeados a la centena más cercana, son 12,000.

Práctica para la evaluación

23. Marca todas las ecuaciones que sean verdaderas.

- ☐ $10 \times 10 \times 10 \times 10 = 40$
- ☐ $10 \times 10 \times 10 \times 10 = 10^4$
- ☐ $10 \times 10 \times 10 \times 10 = 1,000$
- ☐ $10 \times 10 \times 10 \times 10 = 10,000$
- ☐ $10 \times 10 \times 10 \times 10 = 4 \times 10^4$

24. Marca todas las ecuaciones que sean verdaderas.

- ☐ $6 \times 10^5 = 6 \times 100,000$
- ☐ $6 \times 10^5 = 6 \times 10,000$
- ☐ $6 \times 10^5 = 600,000$
- ☐ $6 \times 10^5 = 60,000$
- ☐ $6 \times 10^5 = 650,000$

Nombre_____

Resuélvelo y coméntalo

La población de una ciudad es 1,880,000. ¿Cuál es el valor de cada uno de los dos 8 en este número? ¿Cómo se relacionan los dos valores? *Usa la tabla de valor de posición como ayuda para resolver el problema.*

Puedo... comprender las relaciones de valor de posición.

También puedo buscar patrones para resolver problemas.

Usar la estructura
Puedes usar el valor de posición para analizar la relación entre los dígitos de un número. ¡Muestra tu trabajo!

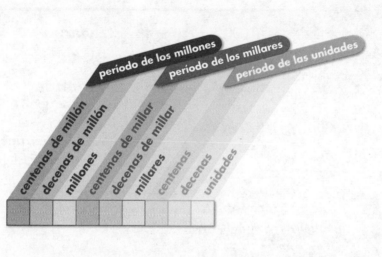

período de los millones | período de los millares | período de las unidades

centenas de millón | decenas de millón | millones | centenas de millar | decenas de millar | millares | centenas | decenas | unidades

¡Vuelve atrás! ¿Es la relación entre el valor de los dos 8 en 1,088,000 la misma que la relación entre el valor de los dos 8 en el problema anterior? Explícalo.

Aprendizaje visual A-Z Glosario

¿Cómo se pueden relacionar las posiciones del valor de posición?

A

Según el censo de 2010 de los Estados Unidos, la población de Phoenix, Arizona, es aproximadamente 1,440,000. ¿Cuál es la relación entre el valor de los dos 4 de este número?

Escribir el número en forma desarrollada puede ayudarte.

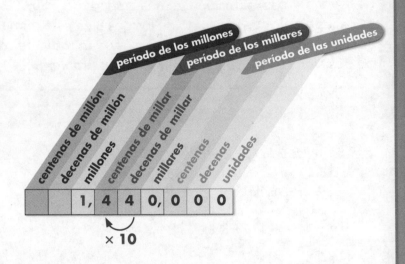

período de los millones | período de los millares | período de las unidades

centenas de millón	decenas de millón	millones	centenas de millar	decenas de millar	millares	centenas	decenas	unidades
		1,	4	4	0,	0	0	0

× 10

B

Mira la forma desarrollada de 1,440,000. El valor del 4 en la posición de las centenas de millar es 400,000. El valor del 4 en la posición de las decenas de millar es 40,000.

400,000 es 10 veces 40,000. 40,000 es $\frac{1}{10}$ de 400,000.

A veces se usa la expresión en *palabras* en lugar de *nombre de un número*.

Forma estándar:
1,440,000

Forma desarrollada:
$1 \times 1,000,000 + 4 \times 100,000 + 4 \times 10,000$

Si se usan exponentes, puede escribirse como:
$(1 \times 10^6) + (4 \times 10^5) + (4 \times 10^4)$

Nombre del número:
un millón cuatrocientos cuarenta mil

¡Convénceme! Construir argumentos ¿Es el valor del 1 en 1,440,000 10 veces el valor del 4 en la posición de las centenas de millar? Explícalo.

Otro ejemplo

Cuando dos dígitos que están uno al lado del otro en un número son iguales, el dígito de la izquierda tiene 10 veces el valor del dígito a su derecha.

$$5\ 5\ 5,\ 0\ 0\ 0$$
$$\times \frac{1}{10}$$

Cuando dos dígitos que están uno al lado del otro son iguales, el dígito de la derecha tiene un valor de $\frac{1}{10}$ del valor del dígito a su izquierda.

Práctica guiada

¿Lo entiendes?

1. En 9,290, ¿es el valor del primer 9 diez veces el valor del segundo 9? Explícalo.

¿Cómo hacerlo?

2. Escribe 4,050 en forma desarrollada.

Para **3** y **4**, escribe los valores de los dígitos dados.

3. Los 7 en 7,700   4. Los 2 en 522

Práctica independiente

Para **5** a **7**, escribe los números en forma estándar.

5. $8,000,000 + 300 + 9$

6. $(4 \times 10^4) + (6 \times 10^2)$

7. $10,000 + 20 + 3$

Para **8** a **10**, escribe los números en forma desarrollada.

8. 5,360

9. 102,200

10. 85,000,011

Para **11** a **13**, escribe los valores de los dígitos dados.

11. Los 7 en 6,778

12. Los 9 en 990,250

13. Los 1 en 2,011,168

Resolución de problemas

14. Escribe los nombres de los números y la forma desarrollada de la cantidad de hormigas guerreras que puede haber en dos colonias.

Hasta 22,000,000 de hormigas guerreras pueden vivir en una sola colonia.

15. **enVision®** STEM Una hormiga reina engendra aproximadamente nueve millones de hormigas en su vida. Escribe el número en forma estándar.

16. **Evaluar el razonamiento** Paul dice que en el número 6,367, el valor de un 6 es 10 veces el valor del otro 6. ¿Tiene razón? Explica por qué.

17. Jorge dibujó un cuadrado que tiene una longitud del lado de 8 pulgadas. ¿Cuál es el perímetro del cuadrado de Jorge?

Recuerda que el *perímetro* de una figura es la distancia de su alrededor.

18. **Razonamiento de orden superior** Danny escribió que $(2 \times 10^6) + (3 \times 10^4) + (5 \times 10^3) + 4$ es la forma desarrollada de dos millones trescientos cincuenta mil cuatro. ¿Cuál es el error en la forma desarrollada? ¿Cuál es la forma estándar del número?

☑ Práctica para la evaluación

19. Colleen está pensando en un número de 4 dígitos todos iguales. El valor del dígito en la posición de las centenas es 200.

Parte A

¿Cuál es el número? Explícalo.

Parte B

Describe la relación entre los valores de los dígitos en el número.

Nombre_____

Resuélvelo y coméntalo

En la Ciudad de Calcomanías de Suzie, los clientes pueden comprar un libro de calcomanías, una página, una tira o una calcomanía. Coloca las fracciones que faltan en los siguientes recuadros.

Puedo...
leer y escribir números decimales hasta las milésimas.

También puedo buscar patrones para resolver problemas.

¿Cómo puedes usar lo que sabes sobre potencias de 10 para ayudarte a completar los recuadros?

1 libro de 10 páginas

1 página con 10 tiras

 1 tira con 10 calcomanías

 1 calcomanía

Fracción del libro:

Fracción del libro:

Fracción del libro:

¡Vuelve atrás! **Usar la estructura** Describe cualquier patrón que notes en las fracciones.

Pregunta esencial ¿Cómo se pueden leer y escribir números decimales hasta las milésimas?

A

En una caja hay 1,000 cubos. Amy saca 4 cubos. ¿Cómo puedes representar 4 de un total de 1,000 cubos como un número decimal?

Puedes escribir 4 de un total de 1,000 como la fracción $\frac{4}{1,000}$.

$$10 \times 10 \times 10 = 10^3$$

B

El nombre del número $\frac{4}{1,000}$ es cuatro milésimos. Una tabla de valor de posición decimal puede ayudarte a hallar el número decimal. Observa que la posición de las milésimas está tres posiciones a la derecha del punto decimal.

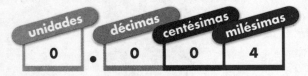

Por tanto, $\frac{4}{1,000}$ se puede representar con el número decimal 0.004.

C

¿Cómo puedes representar $\frac{444}{1,000}$ como un número decimal? $\frac{444}{1,000}$ se lee *cuatrocientos cuarenta y cuatro milésimos* y se representa con el número decimal 0.444.

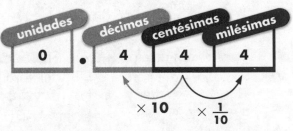

El valor del dígito 4 en la posición de las centésimas tiene 10 veces el valor del dígito 4 en la posición de las milésimas y $\frac{1}{10}$ del valor del dígito 4 en la posición de las décimas.

¡Convénceme! **Razonar** ¿En qué se parecen y en qué se diferencian 0.004 y 0.444?

⭐Práctica guiada

¿Lo entiendes?

1. Si se quitan cuatro cubos de la caja de la página anterior, ¿cómo se escribe la fracción que representa los cubos que quedan? ¿Cuál es el número decimal que representa los cubos que quedan?

2. ¿0.3 es 10 veces qué número decimal? ¿0.003 es $\frac{1}{10}$ de qué número decimal?

¿Cómo hacerlo?

Para **3** a **6**, escribe los números decimales como fracciones.

3. $0.001 =$ **4.** $0.05 =$

5. $0.512 =$ **6.** $0.309 =$

Para **7** a **10**, escribe las fracciones como números decimales.

7. $\frac{2}{1,000} =$ **8.** $\frac{34}{100} =$

9. $\frac{508}{1,000} =$ **10.** $\frac{99}{1,000} =$

⭐Práctica independiente

Para **11** a **18**, escribe los números decimales como fracciones.

11. 0.007 **12.** 0.08 **13.** 0.065 **14.** 0.9

15. 0.832 **16.** 0.203 **17.** 0.78 **18.** 0.999

Para **19** a **26**, escribe las fracciones como números decimales.

19. $\frac{434}{1,000}$ **20.** $\frac{3}{10}$ **21.** $\frac{873}{1,000}$ **22.** $\frac{17}{1,000}$

23. $\frac{309}{1,000}$ **24.** $\frac{5}{1,000}$ **25.** $\frac{6}{100}$ **26.** $\frac{999}{1,000}$

27. Observa el 9 del medio en el Ejercicio 18. ¿Cuál es su valor en relación al valor del 9 a su izquierda? ¿Y en relación al 9 a su derecha?

Resolución de problemas

28. Los impuestos que pagan los Palmer por año son $3,513. En la primera cuota pagaron $1,757. ¿Cuánto deben todavía de impuestos? Escribe una ecuación que represente tu trabajo.

29. Escribe las fracciones $\frac{22}{100}$ y $\frac{22}{1,000}$ como números decimales.
¿Cómo se relacionan los valores del dígito 2 en cada uno de los números decimales?

30. Simón anotó 4×10^2 puntos en un partido. Joe anotó 2×10^3 puntos en el mismo partido. ¿Quién sacó el mayor puntaje? ¿Cuántos puntos más anotó?

31. Razonamiento de orden superior Kelly dijo que $\frac{97}{1,000}$ se puede escribir como 0.97. ¿Tiene razón? Explícalo.

32. Evaluar el razonamiento Frank razonó que en el número 0.555, el valor del 5 en la posición de las milésimas es diez veces el del 5 en la posición de las centésimas. ¿Tiene razón? Explícalo.

33. ¿Cuántos cubos hay en la caja? ¿Qué fracción de la caja representan los 7 cubos? Explica tu respuesta.

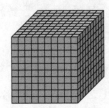

$10 \times 10 \times 10$

Práctica para la evaluación

34. ¿0.04 es 10 veces el valor de qué número decimal?

- Ⓐ 0.4
- Ⓑ 0.1
- Ⓒ 0.004
- Ⓓ 0.001

35. ¿0.009 es $\frac{1}{10}$ de qué número decimal?

- Ⓐ 0.01
- Ⓑ 0.09
- Ⓒ 0.1
- Ⓓ 0.9

Nombre_____

★ Resuélvelo ★
y
coméntalo   Un corredor ganó una carrera de 100 metros con un tiempo de 9.85 segundos. ¿Cómo puedes usar el valor de posición para explicar el tiempo? Completa la tabla de valor de posición para mostrar este tiempo.

Puedo...
leer y escribir números decimales de distintas maneras.

También puedo hacer generalizaciones a partir de ejemplos.

Generalizar
Puedes usar lo que sabes sobre el valor de posición de números enteros como ayuda para entender el valor de posición decimal.

¡Vuelve atrás! En el número decimal 9.85, ¿cuál es el valor del 8? ¿Y el valor del 5?

Pregunta esencial **¿Cómo se pueden representar los números decimales?**

A

Jo saca una semilla de su flor. La semilla tiene una masa de 0.245 gramos. ¿De qué maneras distintas puedes representar 0.245?

Puedes escribir un número decimal en forma estándar, en forma desarrollada y con el nombre de un número de la misma manera que escribes un número entero.

B

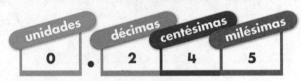

unidades		décimas	centésimas	milésimas
0	.	2	4	5

Forma estándar: 0.245

└─ El 5 está en la posición de las milésimas. Su valor es 0.005.

Una tabla de valor de posición te puede ayudar a identificar las posiciones de las décimas, las centésimas y las milésimas en un número decimal.

Forma desarrollada:

$$\left(2 \times \frac{1}{10}\right) + \left(4 \times \frac{1}{100}\right) + \left(5 \times \frac{1}{1,000}\right)$$

Nombre del número: doscientas cuarenta y cinco milésimas

¡Convénceme! **Usar la estructura** ¿Cuántas centésimas hay en una décima? ¿Cuántas milésimas hay en una centésima? Indica cómo lo sabes.

Práctica Herramientas Evaluación

Otro ejemplo

Los decimales equivalentes nombran la misma cantidad.

¿Cuáles son otros dos decimales equivalentes a 1.4?

Uno con cuatro décimas es igual a uno con cuarenta centésimas.
$$1.4 = 1.40$$

Uno con cuatro décimas es igual a uno con cuatrocientas milésimas.
$$1.4 = 1.400$$

Por tanto, $1.4 = 1.40 = 1.400$.

1 centésima es igual a 10 milésimas.

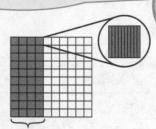

1 entero

4 columnas = 4 décimas
40 cuadrados pequeños = 40 centésimas
40 centésimas = 400 milésimas

☆ Práctica guiada

¿Lo entiendes?

1. El número 3.453 tiene dos 3. ¿Por qué cada 3 tiene un valor distinto?

¿Cómo hacerlo?

Para **2** y **3**, escribe la forma estándar de los números.

2. $4 \times 100 + 7 \times 10 + 6 \times 1 + 6 \times \left(\frac{1}{10}\right) + 3 \times \left(\frac{1}{100}\right) + 7 \times \left(\frac{1}{1,000}\right)$

3. Cuatro con sesenta y ocho milésimas

☆ Práctica independiente

Para **4** a **6**, escribe los números en forma estándar.

4. $(2 \times 1) + \left(6 \times \frac{1}{1,000}\right)$

5. $(3 \times 1) + \left(3 \times \frac{1}{10}\right) + \left(9 \times \frac{1}{1,000}\right)$

6. Nueve con veinte centésimas

Para **7** a **10**, escribe dos números decimales que sean equivalentes al número decimal dado.

7. 2.200

8. 8.1

9. 9.50

10. 4.200

Resolución de problemas

11. El objetivo anual de recaudación de una obra benéfica es $100,000. Hasta ahora han recaudado $63,482. ¿Cuánto dinero falta para llegar al objetivo?

$100,000	
$63,482	?

12. Santiago tiene una cuerda que mide 205.95 centímetros. Escribe ese número en forma desarrollada.

13. ¿Cómo puedes saber si 7.630 y 7.63 son decimales equivalentes?

14. En la escuela de Justin, 0.825 de los estudiantes participan en un deporte. Si hay mil estudiantes en la escuela de Justin, ¿cuántos participan en un deporte?

15. Hacerlo con precisión María colocó de manera incorrecta el punto decimal cuando escribió 0.65 pulgadas para el ancho de su tableta digital. ¿Cuál es el número decimal correcto del ancho?

16. Razonamiento de orden superior Tres niños recortaron modelos decimales de centésimas. Derrick no sombreó ninguno de sus modelos. Ari sombreó la mitad de un modelo. Wesley sombreó dos modelos y un décimo de otro modelo. ¿Qué número decimal representa la cantidad que sombreó cada niño?

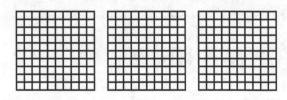

✓ Práctica para la evaluación

17. Halla dos números decimales que sean equivalentes a $(4 \times 10) + \left(7 \times \frac{1}{100}\right)$. Escribe los números decimales en el recuadro.

40.7	40.07	4.7	40.070	4.70	40.70

Nombre _____

Resuélvelo y coméntalo

En un laboratorio, se midieron las longitudes de tres hormigas. Las longitudes fueron 0.521 centímetros, 0.498 centímetros y 0.550 centímetros. ¿Cuál era la hormiga más larga? ¿Y la más corta?

Puedo...
comparar números decimales hasta las milésimas.

También puedo hacer mi trabajo con precisión.

¿Cómo puedes usar las matemáticas para comparar y ordenar números decimales? Indica cómo lo decidiste.

unidades	décimas	centésimas	milésimas
	.		

¡Vuelve atrás! **Hacerlo con precisión** ¿Cuáles son las longitudes de las hormigas de menor a mayor?

Pregunta esencial

¿Cómo se pueden comparar números decimales?

A

Los científicos reunieron y midieron las longitudes de distintas especies de cucarachas. ¿Qué cucaracha es más larga: la cucaracha roja o la cucaracha negra?

¡Comparar números decimales es como comparar números enteros!

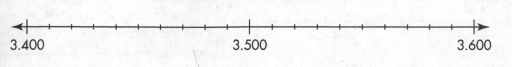

3.400   3.500   3.600

Cucaracha australiana
3.582 centímetros

Cucaracha roja
3.576 centímetros

Cucaracha negra
3.432 centímetros

B **Paso 1**

Alinea los puntos decimales.

Comienza por la izquierda.

Compara los dígitos del mismo valor de posición.

3.576

3.432

C **Paso 2**

Halla la primera posición donde los dígitos sean distintos.

3.576

3.432

D **Paso 3**

Compara.

5 > 4

0.5 > 0.4

Por tanto, 3.576 > 3.432.

La cucaracha roja es más larga que la cucaracha negra.

¡Convénceme! **Evaluar el razonamiento** Valeria dijo que "12.68 es mayor que 12.8 porque 68 es mayor que 8". ¿Tiene razón? Explícalo.

Otro ejemplo

Ordena las cucarachas de menor a mayor longitud.

Paso 1

Escribe los números y alinea los puntos decimales. Comienza por la izquierda. Compara los dígitos del mismo valor de posición.

3.576
3.432
3.582

3.432 es el menor.

Paso 2

Escribe los números que quedan y alinea los puntos decimales. Comienza por la izquierda. Compara.

3.576
3.582

3.582 es mayor que 3.576.

Paso 3

Escribe los números de menor a mayor.

3.432   3.576   3.582

De menor a mayor longitud: la cucaracha negra, la cucaracha roja y la cucaracha australiana.

Práctica guiada

¿Lo entiendes?

1. Los científicos midieron una cucaracha de Madeira y hallaron que tenía 3.44 centímetros de largo. Toby dice que la cucaracha de Madeira es más corta que la negra porque 3.44 tiene menos dígitos que 3.432. ¿Tiene razón? Explícalo.

¿Cómo hacerlo?

Para **2** y **3**, escribe >, <, o = en cada ◯.

2. 3.692 ◯ 3.697   3. 7.216 ◯ 7.203

Para **4** y **5**, ordena los números decimales de menor a mayor.

4. 5.540, 5.631, 5.625

5. 0.675, 1.529, 1.35, 0.693

Práctica independiente

Para **6** a **8**, compara los dos números. Escribe >, <, o = en cada ◯.

6. 0.890 ◯ 0.890   7. 5.733 ◯ 5.693   8. 9.707 ◯ 9.717

Para **9** y **10**, ordena los números decimales de mayor a menor.

9. 878.403, 887.304, 887.043   10. 435.566, 436.565, 435.665

Resolución de problemas

11. Evaluar el razonamiento Explica por qué no es razonable decir que 4.23 es menor que 4.135 porque 4.23 tiene menos dígitos después del punto decimal que 4.135.

12. Sentido numérico Carlos escribió tres números entre 0.33 y 0.34. ¿Qué números pudo haber escrito?

13. (A-Z) **Vocabulario** Une con líneas cada número decimal de la izquierda con su **decimal equivalente** de la derecha.

0.75	0.750
1.50	0.075
1.05	1.500
0.075	1.050

14. ¿Es el número decimal 0.5 mayor o menor que $\frac{6}{10}$? Dibuja una recta numérica para mostrar tu respuesta.

15. Razonamiento de orden superior Los puntajes de Ana en gimnasia se exhibieron en el marcador de mayor a menor. Un dígito en el puntaje de suelo no se puede ver. Haz una lista de los dígitos posibles para el número que falta.

16. El puntaje de Marcia en el potro es 15.050. ¿Cómo se compara con el puntaje en el potro de Ana?

DATOS

Puntajes de Ana	
Potro	15.500
Suelo	15._66
Barras asimétricas	15.133
Barra	14.200

Práctica para la evaluación

17. ¿Qué enunciados comparan correctamente dos números?

- ☐ 0.1 < 0.125
- ☐ 0.2 < 0.125
- ☐ 0.125 > 0.13
- ☐ 0.125 > 0.12
- ☐ 0.126 < 0.125

18. Carla pesó 4.16 libras de manzanas en la tienda de abarrotes. ¿Qué números hacen que el enunciado sea verdadero?

☐ > 4.16

- ☐ 4.15
- ☐ 4.19
- ☐ 4.2
- ☐ 4.09
- ☐ 4.1

Resuélvelo y coméntalo

En la clase de ciencias, Marci anotó los números de un experimento: 12.87, 12.13, 12.5 y 12.08. ¿Qué números están más cerca de 12? ¿Cuáles están más cerca de 13? ¿Cómo lo sabes?

Puedo...
redondear números decimales a distintas posiciones.

También puedo buscar patrones para resolver problemas.

Puedes usar la estructura como ayuda para determinar qué número está en la mitad entre dos números enteros. ¡Muestra tu trabajo!

12   13

¡Vuelve atrás! ¿Cuál es el punto medio entre 12 y 13? ¿Ese punto está más cerca de 12 o de 13?

Pregunta esencial ¿Cómo se pueden redondear números decimales?

A

Al redondear, se reemplaza un número con otro número que indica aproximadamente cuánto es. Redondea 2.36 a la décima más cercana. ¿2.36 está más cerca de 2.3 o de 2.4?

Una recta numérica te puede ayudar a redondear un número decimal.

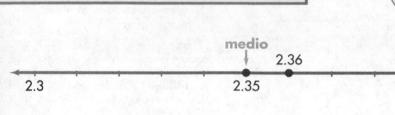

medio
2.36

2.3   2.35   2.4

B **Paso 1**

Halla el lugar de redondeo. Observa el dígito a la derecha del lugar de redondeo.

2.3̲6

C **Paso 2**

Si el dígito es 5 o mayor, suma 1 al dígito de redondeo. Si el dígito es menor que 5, deja el dígito de redondeo igual.

Dado que 6 > 5, suma 1 al 3.

D **Paso 3**

Quita los dígitos a la derecha del dígito de redondeo.

2.36 se redondea a 2.4.

Redondear puede ayudarte a hallar de qué décima o centésima está más cerca un número decimal.

¡Convénceme! **Evaluar el razonamiento** Carrie dijo que "448 se redondea a 500 porque 448 se redondea a 450 y 450 se redondea a 500". ¿Tiene razón? Explícalo. Usa la recta numérica en tu explicación.

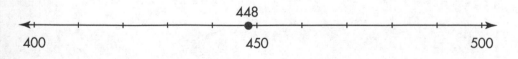
448

400   450   500

Otro ejemplo

Redondea 3.2 al número entero más cercano.

¿3.2 está más cerca de 3 o de 4?

medio

3.2

3   3.5   4

Paso 1

Halla el lugar de redondeo. Observa el dígito a la derecha del lugar de redondeo.

3.2

Paso 2

Si el dígito es 5 o mayor, suma 1 al dígito de redondeo. Si el dígito es menor que 5, deja el dígito de redondeo igual. Dado que 2 < 5, deja el 3 igual.

Paso 3

Quita los dígitos a la derecha del punto decimal. Quita el punto decimal.

3.2 se redondea a 3.

☆ Práctica guiada

¿Lo entiendes?

1. Para redondear 74.58 a la décima más cercana, ¿qué dígito tienes que observar? ¿Cuánto es 74.58 redondeado a la décima más cercana?

2. Un servicio de alquiler de carros les cobra a los clientes por la cantidad de millas que recorren, redondeadas a la milla entera más cercana. George recorrió 40.8 millas. ¿Por cuántas millas le cobrarán? Explícalo.

¿Cómo hacerlo?

Para **3** a **10**, redondea los números a la posición del dígito subrayado.

3. 16.5   **4.** 56.1

5. 1.32   **6.** 42.78

7. 1.652   **8.** 582.04

9. 80,547.645   **10.** 135,701.949

☆ Práctica independiente ☆

Para **11** a **14**, redondea los números decimales al número entero más cercano.

11. 4.5   **12.** 57.3   **13.** 34.731   **14.** 215.39

Para **15** a **18**, redondea los números a la posición del dígito subrayado.

15. 7.158   **16.** 0.758   **17.** 6.4382   **18.** 84.732

Resolución de problemas

19. La ilustración de la derecha muestra la longitud promedio de un caimán norteamericano. ¿Cuál es la longitud del caimán, redondeada a la décima más cercana?

4.39 metros

---

20. Nombra dos números distintos que, redondeados a la centésima más cercana, se redondeen a 8.21.

21. **Sentido numérico** Redondeado a la centena más cercana, ¿cuál es el mayor número entero que se redondea a 2,500? ¿Y el menor número entero?

---

22. Dibuja todos los ejes de simetría de la siguiente figura.

23. **Razonamiento de orden superior** Emma necesita 2 libras de carne molida para hacer un pastel de carne. Tiene un paquete con 2.36 libras y otro paquete con 2.09 libras. Ella usa el redondeo y halla que los dos paquetes están cerca de 2 libras. Explica cómo puede escoger Emma el paquete que está más cerca de 2 libras.

---

24. **Entender y perseverar** Roberto corta rebanadas de pan para hacer 12 sándwiches. Hace 3 sándwiches de pavo y 5 sándwiches vegetarianos. El resto son sándwiches de jamón. ¿Qué fracción de los sándwiches es de jamón?

25. **Álgebra** Después de comprar útiles escolares, a Ruby le sobraron $32. Gastó $4 en cuadernos, $18 en una mochila y $30 en una calculadora nueva. ¿Con cuánto dinero, d, comenzó Ruby? Escribe una ecuación para mostrar tu trabajo.

✓ Práctica para la evaluación

26. Halla dos números que, redondeados a la décima más cercana, se redondeen a 35.4. Escribe los números en el recuadro.

35.45 34.42 35.391 35.345 35.44 35.041

Nombre _____

Resuélvelo y coméntalo Angie es voluntaria en la biblioteca de la escuela por las tardes. La bibliotecaria le dio una pila de libros y le pidió que usara el número de cada libro para ponerlo en su lugar.

¿Cómo puede ordenar los libros de menor a mayor para guardarlos con más facilidad?

323.202
323.13
323.21
323.233
323.17
323.02

Puedo...
buscar y usar la estructura del sistema de valor de posición decimal para resolver problemas.

También puedo usar el valor de posición decimal para resolver problemas.

Hábitos de razonamiento

¡Razona correctamente! Estas preguntas te pueden ayudar.

• ¿Qué patrones puedo ver y describir?

• ¿Cómo puedo usar los patrones para resolver el problema?

• ¿Puedo ver las expresiones y los objetos de una manera diferente?

• ¿Qué expresiones equivalentes puedo usar?

¡Vuelve atrás! **Usar la estructura** Explica por qué 323.202 es menor que 323.21 aunque 202 es mayor que 21.

Pregunta esencial — **¿Cómo se puede usar la estructura para resolver problemas?**

A

Analiza la tabla. ¿Qué observas que te pueda ayudar a completarla?

0.01	0.02	0.03					0.08		0.1
0.11				0.15	0.16			0.19	
0.21								0.29	
	0.32		0.34			0.37			

¿Qué tengo que hacer para resolver este problema?

Puedo usar la estructura del sistema de valor de posición decimal para completar la tabla.

> Puedes buscar patrones para hallar los números que faltan.

B **¿Cómo puedo usar la estructura para resolver este problema?**

Puedo

- hallar y describir patrones.

- usar patrones para ver cómo se organizan los números.

- analizar patrones para ver la estructura de la tabla.

- dividir el problema en partes más simples.

C **Resuelve**

> Este es mi razonamiento...

A medida que te mueves hacia abajo en las columnas, las décimas aumentan en 1, mientras que las centésimas quedan igual. Si te mueves de izquierda a derecha en las filas, las décimas quedan igual, excepto por el último número, mientras que las centésimas aumentan en 1.

Columna 1

0.01
0.11
0.21
0.31

Fila 1

0.01	0.02	0.03	0.04	0.05	0.06	0.07	0.08	0.09	0.1

¡Convénceme! **Usar la estructura**
Escribe los números que faltan. Explica cómo puedes usar la estructura para hallar el último número de la fila de abajo.

0.01	0.02	0.03	0.04	0.05	0.06	0.07	0.08	0.09	0.1
0.11				0.15	0.16			0.19	
0.21								0.29	
0.31	0.32		0.34			0.37			

Nombre _____

☆Práctica guiada

Usar la estructura

Cada una de estas cuadrículas es parte de una tabla numérica decimal similar a la de la página 30.

> Puedes usar lo que sabes sobre el valor de posición cuando buscas patrones con números decimales.

1. Describe el patrón que surge de moverse de una casilla rosada a una verde. Luego, escribe los números que faltan.

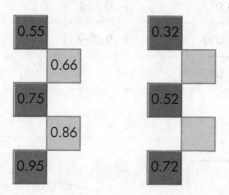

0.55		0.32	
	0.66		
0.75		0.52	
	0.86		
0.95		0.72	

2. ¿Cómo puedes usar patrones para hallar el número que podría estar en el recuadro debajo de 0.52?

☆Práctica independiente

Usar la estructura

Pamela está dando una caminata. Mientras regresa al campamento, ve los postes indicadores de millas que se muestran a la derecha.

3. Explica cómo puedes usar la estructura para hallar los números decimales que aparecerán en los siguientes cuatro postes indicadores de millas.

4. Pamela se detiene en el poste indicador de 1.8 millas. ¿Dónde estará si camina una décima de milla hacia el campamento? ¿Y una milla hacia el campamento? Explícalo.

Tabla de milésimas

Los estudiantes de la clase de la maestra Lowell escribieron una tabla decimal de milésimas en el pizarrón. Algunos de los números se borraron.

0.001	0.002		0.004	0.005	0.006				0.01
0.011		0.013			0.016	0.017		0.019	0.02
	0.022					0.027		0.029	
0.031	0.032		0.034	0.035		0.037			

5. **Usar la estructura** Describe el patrón que surge de moverse a través de una fila de izquierda a derecha.

6. **Hacerlo con precisión** ¿Cómo cambia el patrón en el último cuadrado de cada fila?

> Puedes usar la estructura para decidir si los números decimales siguen un patrón.

7. **Usar la estructura** Describe el patrón que surge de moverse hacia abajo en una columna.

8. **Usar razonamientos repetidos** Escribe los números que faltan en la tabla de decimales anterior.

9. **Usar la estructura** Supón que los estudiantes añaden números a la tabla. Escribe los números que faltan en las siguientes fila y columna.

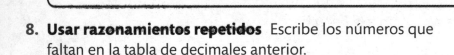

0.056	
0.086	

0.071						0.077			

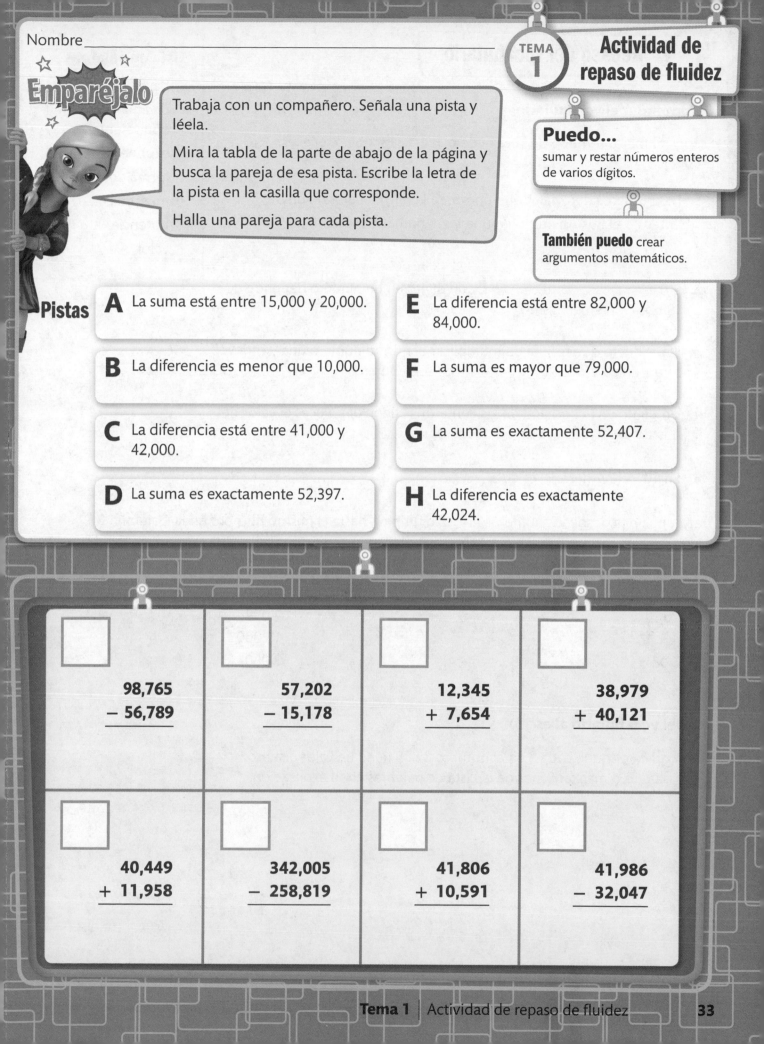

Nombre _____

Emparéjalo

Trabaja con un compañero. Señala una pista y léela.

Mira la tabla de la parte de abajo de la página y busca la pareja de esa pista. Escribe la letra de la pista en la casilla que corresponde.

Halla una pareja para cada pista.

Puedo...
sumar y restar números enteros de varios dígitos.

También puedo crear argumentos matemáticos.

Pistas

A La suma está entre 15,000 y 20,000.

E La diferencia está entre 82,000 y 84,000.

B La diferencia es menor que 10,000.

F La suma es mayor que 79,000.

C La diferencia está entre 41,000 y 42,000.

G La suma es exactamente 52,407.

D La suma es exactamente 52,397.

H La diferencia es exactamente 42,024.

98,765 − 56,789	57,202 − 15,178	12,345 + 7,654	38,979 + 40,121
40,449 + 11,958	342,005 − 258,819	41,806 + 10,591	41,986 − 32,047

Glosario

Lista de palabras

- base
- decimales equivalentes
- exponente
- forma desarrollada
- milésimas
- potencia
- valor

Comprender el vocabulario

Escoge el mejor término de la Lista de palabras. Escríbelo en el espacio en blanco.

1. Los números decimales que nombran la misma parte de un entero o el mismo punto en una recta numérica se llaman _____.

2. El/La _____ de un dígito en un número depende de su posición en el mismo.

3. El producto que resulta de multiplicar el mismo número una y otra vez es un/una _____ de ese número.

4. Un dígito en la posición de las centésimas tiene diez veces el valor del mismo dígito en la posición de los/las _____.

5. En 10^5, el número 10 es el/la _____.

Traza una línea desde los números en la Columna A hasta el mismo número en la Columna B.

Columna A	Columna B
6. $7 \times 1{,}000 + 9 \times 10 + 2 \times 1$	4,000
7. 10^4	7,092
8. 4×10^3	10,000
9. 3.08	3.080

Usar el vocabulario al escribir

10. Explica por qué cada 8 en el número 8.888 tiene un valor distinto. Usa uno o más términos de la Lista de palabras en tu explicación.

Grupo A páginas 5 a 8 _____

¿Cómo puedes escribir 7,000 usando exponentes?

$7,000 = 7 \times 10 \times 10 \times 10 = 7 \times 10^3$

Por tanto, usando exponentes, 7,000 se escribe como 7×10^3.

Recuerda que la cantidad de ceros del producto es igual al exponente.

Halla los productos.

1. 9×10^1 **2.** $8 \times 1,000$

3. 5×10^2 **4.** 2×10^5

Grupo B páginas 9 a 12 _____

Escribe el nombre del número e indica el valor del dígito subrayado para 930,365.

Novecientos treinta mil trescientos sesenta y cinco

Dado que el 0 está en la posición de los millares, su valor es 0 millares, es decir, 0.

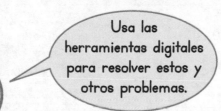

Usa las herramientas digitales para resolver estos y otros problemas.

Recuerda que puedes hallar el valor de un dígito por su posición en un número.

Escribe el nombre del número e indica el valor del dígito subrayado.

1. 9,000,009

2. 485,002,000

3. 25,678

4. 17,874,000

Grupo C páginas 13 a 16, 17 a 20 _____

Una tabla de valor de posición te puede ayudar a escribir la forma estándar, la forma desarrollada y el nombre de un número para un número decimal.

unidades		décimas	centésimas	milésimas
8	.	0	2	6

Forma estándar: 8.026

Forma desarrollada: $8 + 2 \times \frac{1}{100} + 6 \times \frac{1}{1,000}$

Nombre del número: ocho con veintiséis milésimas

Recuerda que la palabra con se escribe en lugar del punto decimal.

1. ¿Cómo puedes escribir 0.044 como una fracción? ¿Cómo se relacionan los valores de los dos 4 en 0.044?

Escribe los números en forma estándar.

2. Ocho con cincuenta y nueve centésimas

3. Siete con tres milésimas

4. $3 + 2 \times \frac{1}{10} + 4 \times \frac{1}{1,000}$

Compara. Escribe >, < o =.

8.45 ◯ 8.47

Alinea los puntos decimales. Comienza por la izquierda para comparar. Halla la primera posición en donde los dígitos son distintos.

8.4<u>5</u>
8.4<u>7</u>   0.05 < 0.07

Por tanto, 8.45 < 8.47.

Recuerda que los decimales equivalentes, como 0.45 y 0.450, te pueden ayudar a comparar números.

Compara. Escribe >, <, o =.

1. 0.584 ◯ 0.58

2. 9.327 ◯ 9.236

3. 5.2 ◯ 5.20

4. 5.643 ◯ 5.675

5. 0.07 ◯ 0.08

Redondea 12.087 a la posición del dígito subrayado.

12.0<u>8</u>7   Observa el dígito siguiente al dígito subrayado. Observa el 7.

Redondea las centésimas al mayor número siguiente ya que 7 > 5.

12.087 redondeado a la centésima más cercana es 12.09.

Recuerda que redondear un número significa reemplazarlo con un número que indica aproximadamente cuánto es.

Redondea los números a la posición del dígito subrayado.

1. 10.2<u>4</u>5   **2.** 7<u>3</u>.4

3. 0.1<u>4</u>5   **4.** 3.9<u>9</u>9

5. 13.0<u>2</u>3   **6.** 45.3<u>9</u>8

Usa estas preguntas como ayuda para **buscar y usar la estructura** para comprender y explicar los patrones con números decimales.

Recuerda que debes comprobar que todas tus respuestas sigan un patrón.

Cada cuadrícula es parte de una tabla numérica decimal. Escribe los números que faltan para completar las cuadrículas.

Hábitos de razonamiento

- ¿Qué patrones puedo ver y describir?

- ¿Cómo puedo usar los patrones para resolver el problema?

- ¿Puedo ver las expresiones y los objetos de una manera diferente?

- ¿Qué expresiones equivalentes puedo usar?

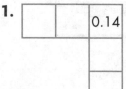

1.

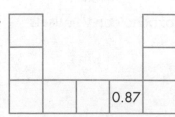

0.14

2.

0.87

Nombre_____

1. Completa todas las oraciones para hacer enunciados verdaderos.

6 es 100 veces _____.

0.06 es 10 veces _____.

60 es $\frac{1}{100}$ de _____.

2. Un parque nacional tiene ochenta mil novecientos veintitrés con ochenta y seis centésimas de acres de terreno. ¿Qué opción muestra esto en forma estándar?

Ⓐ 80,923.086

Ⓑ 80,923.68

Ⓒ 80,923.806

Ⓓ 80,923.86

3. ¿Qué números tienen un dígito en la posición de las unidades que es $\frac{1}{10}$ del valor del dígito en la posición de las decenas? Selecciona todas las que apliquen.

☐ 9,077

☐ 9,884

☐ 1,303

☐ 1,055

☐ 3,222

4. La señora Martín tiene $7,000 en su cuenta de ahorros. Alonzo tiene en su cuenta $\frac{1}{10}$ del dinero que tiene la señora Martín. ¿Cuánto dinero tiene Alonzo en su cuenta?

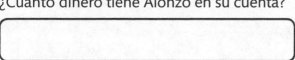

5. Selecciona todas las comparaciones que sean verdaderas.

☐ 4.15 > 4.051

☐ 1.054 > 1.45

☐ 5.14 < 5.041

☐ 5.104 < 5.41

☐ 5.014 < 5.41

6. Luke sombreó 20 cuadrados en la cuadrícula de centésimas. Bekka sombreó 30 cuadrados en la cuadrícula de centésimas.

A. ¿La cuadrícula de quién representa el número decimal mayor?

B. Escribe dos decimales equivalentes al número decimal de Luke.

7. ¿Qué enunciados acerca de los valores de 2.044 y 20.44 son verdaderos? Selecciona todos los que apliquen.

☐ 2.044 es $\frac{1}{10}$ de 20.44.

☐ 2.044 es $\frac{1}{100}$ de 20.44.

☐ 20.44 es 10 veces 2.044.

☐ 20.44 es 100 veces 2.044.

☐ 2.044 es 10 veces 20.44.

8. El teléfono de Darrin pesa 3.405 onzas. ¿Cómo se escribe 3.405 en forma desarrollada?

Ⓐ $3 \times 1 + 4 \times \frac{1}{10} + 5 \times \frac{1}{1,000}$

Ⓑ $3 \times 10 + 4 \times \frac{1}{10} + 5 \times \frac{1}{1,000}$

Ⓒ $3 \times 10 + 4 \times \frac{1}{10} + 5 \times \frac{1}{100}$

Ⓓ $3 \times 1 + 4 \times \frac{1}{100} + 5 \times \frac{1}{1,000}$

---

9. Elaine tiene un pedazo de alambre que mide 2.16 metros de longitud. Dikembe tiene un pedazo de alambre de 2.061 metros de longitud. ¿Qué pedazo de alambre es más largo? ¿Cómo lo sabes?

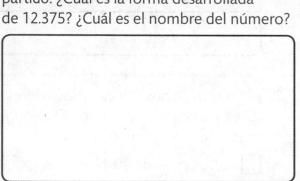

---

10. En un torneo de básquetbol, Dimitri tuvo un promedio de 12.375 rebotes por partido. ¿Cuál es la forma desarrollada de 12.375? ¿Cuál es el nombre del número?

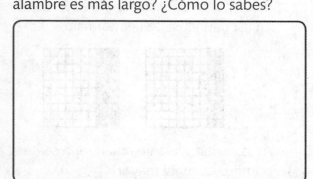

11. Los siguientes números siguen un patrón.

0.006   0.06   0.6   6   ____   ____

A. ¿Cuáles son los dos números que siguen en el patrón?

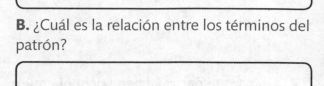

B. ¿Cuál es la relación entre los términos del patrón?

---

12. Kendra y su caballo realizaron la carrera con barriles en 15.839 segundos. ¿Cuál es este número redondeado a la décima más cercana? Explica cómo lo decidiste.

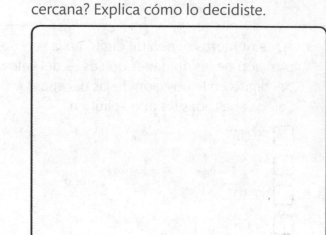

Nombre_____

Frutas y verduras

Henry anotó la cantidad de frutas y verduras que compró su familia durante los
últimos dos meses.

1. Escoge cuatro frutas y anótalas en la siguiente tabla.

Parte A

Redondea el peso de las frutas a las 0.1 libras más cercanas.
Escribe el peso redondeado en la columna siguiente.

Fruta	Peso redondeado (lb)	Fruta	Peso redondeado (lb)

DATOS	Fruta	Peso (lb)
	manzana	2.068
	arándano	1.07
	limón	1.031
	naranja	3.502
	durazno	2.608
	pera	3.592

Parte B

Explica cómo redondeaste el peso de las frutas.

2. Escoge cuatro verduras y anótalas en la siguiente tabla.

Parte A

Redondea el peso de las verduras a las 0.01 libras más cercanas.
Escribe el peso redondeado en la columna siguiente.

Verdura	Peso redondeado (lb)	Verdura	Peso redondeado (lb)

DATOS	Verdura	Peso (lb)
	espárrago	2.317
	remolacha	1.862
	apio	1.402
	maíz	2.556
	papa	3.441
	cebolla	1.861

Parte B

Explica cómo redondeaste el peso de las verduras.

3. Usa $<$, $>$ o $=$ para comparar el peso de los arándanos y los limones.

4. Cuando se redondean a la centésima más cercana, dos artículos se redondearán al mismo número decimal. ¿Cuáles son los dos artículos?

5. ¿Cómo muestra la forma desarrollada del peso de las papas que un mismo dígito puede tener valores diferentes?

6. ¿Cuál es la relación entre los valores de los dos 4 en el peso de las papas?

7. Escribe la cantidad de libras de apio que la familia de Henry compró usando el nombre del número y la forma desarrollada.

8. La tienda donde compra la familia de Henry vendió 10^3 veces la cantidad de libras de maíz que lo que compró la familia de Henry.

Parte A

¿Cuántas libras de maíz vendió la tienda? Escribe tu respuesta en forma estándar y con el nombre del número.

Parte B

Explica cómo hallaste tu respuesta.

Usar modelos y estrategias para sumar y restar números decimales

Preguntas esenciales: ¿Cómo se pueden estimar las sumas y las diferencias de los números decimales? ¿Cuáles son algunos procedimientos usuales para sumar y restar números decimales? ¿Cómo pueden hallarse mentalmente las sumas y las restas?

Recursos digitales

Libro del estudiante   Aprendizaje visual   Práctica

Evaluación   Herramientas   Glosario

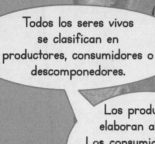

Todos los seres vivos se clasifican en productores, consumidores o descomponedores.

Los productores elaboran alimento. Los consumidores usan el alimento que elaboran los productores o comen otros organismos.

¡Nosotros somos consumidores! Este proyecto es sobre cuánto alimento necesitan los consumidores.

Proyecto de enVision STEM: Productores y consumidores

Investigar Usa la Internet u otras fuentes para buscar información sobre los productores y los consumidores.

Diario: Escribir un informe Incluye lo que averiguaste. En tu informe, también:

- escribe qué necesitan los productores para sobrevivir y qué necesitan los consumidores para sobrevivir.

- da al menos tres ejemplos de productores y de consumidores.

- escribe y resuelve problemas de suma y resta con números decimales sobre las cantidades de alimento que necesitan los consumidores.

✫Repasa lo que sabes✫

A-Z Vocabulario

Escoge el mejor término del recuadro.
Escríbelo en el espacio en blanco.

> - diferencia
> - equivalentes
> - operaciones inversas
> - redondear
> - suma o total
> - sumando

1. El/La _____ es el resultado de restar un número de otro.

2. Dos números o expresiones que tienen el mismo valor son _____.

3. La respuesta de una suma es el/la _____.

4. Una manera de estimar una respuesta es _____ los números y luego calcular.

Redondear números decimales

Redondea los números a la décima más cercana.

5. 74.362

6. 28.45

7. 13.09

Redondea los números a la centésima más cercana.

8. 43.017

9. 186.555

10. 222.222

Redondea los números al lugar del dígito subrayado.

11. 8<u>4</u>.59

12. 2.9<u>4</u>8

13. 30.1<u>2</u>5

Suma y resta con números enteros

Halla las sumas o diferencias.

14. 9,536 + 495

15. 612 − 357

16. 5,052 − 761

17. Vivica ve que una impresora cuesta $679 y una computadora cuesta $1,358. ¿Cuál es el costo total de la impresora y la computadora?

18. El río Pecos tiene 926 millas de longitud y el río Brazos tiene 1,280 millas de longitud. ¿Cuántas millas más largo que el río Pecos es el río Brazos?

Ⓐ 2,206 millas Ⓑ 1,206 millas Ⓒ 364 millas Ⓓ 354 millas

Nombre _____

PROYECTO 2A

¿Qué tan grandes son los caimanes y los cocodrilos?

Proyecto: Compara los tamaños de los reptiles

PROYECTO 2B

¿Cuánto debería costar la entrada a un parque de diversiones?

Proyecto: Haz un folleto para un parque de diversiones

PROYECTO 2C

¿Cuánta comida pides en un restaurante y qué tan saludable es?

Proyecto: Planifica una comida

PROYECTO 2D

¿Qué tan largo fue tu viaje?

Proyecto: Haz un diario de viaje

Nombre_____

Resuélvelo y coméntalo

Tres programas informáticos cuestan $20.75, $10.59 y $18.25. ¿Cuál es el costo total de los programas informáticos? *Calcula mentalmente para resolver el problema.*

Puedo...
calcular mentalmente para resolver problemas de suma y resta.

También puedo razonar sobre las matemáticas.

Puedes razonar como ayuda. ¿Qué sabes acerca de sumar tres números que pueda ayudarte a resolver este problema?

¡Vuelve atrás! ¿Qué dos números anteriores son fáciles de sumar mentalmente? ¿Por qué?

Pregunta esencial ¿Cómo se puede calcular mentalmente para sumar?

A

Las propiedades de la suma pueden ayudarte a hallar el costo total de estos tres artículos.

La propiedad conmutativa y la propiedad asociativa hacen que sea fácil sumar $11.45 + $3.39 + $9.55.

La propiedad asociativa te permite cambiar la agrupación de los sumandos.
($11.45 + $3.39) + $9.55 = $11.45 + ($3.39 + $9.55)

La propiedad conmutativa te permite sumar dos números decimales en cualquier orden.
$11.45 + $3.39 = $3.39 + $11.45

$11.45 $3.39 $9.55

B Usa la propiedad conmutativa para cambiar el orden.

$11.45 + ($3.39 + $9.55) = $11.45 + ($9.55 + $3.39)

Usa la propiedad asociativa para cambiar la agrupación.

$11.45 + ($9.55 + $3.39) = ($11.45 + $9.55) + $3.39

C Suma $11.45 y $9.55 primero, porque es fácil calcularlo mentalmente.

$11.45 + $9.55 = $21

$21 + $3.39 = $24.39

Los tres artículos cuestan $24.39 en total.

Los números compatibles son números con los que es fácil calcular mentalmente.

¡Convénceme! **Razonar** Calcula mentalmente para hallar la suma. Explica tu razonamiento.

Jim ganó $22.50, $14.75 y $8.50 en tres días diferentes.
¿Cuánto ganó en total?

Otro ejemplo

Con la compensación, ajusta uno o los dos números para calcular más fácilmente. Luego, ajusta la diferencia o la suma para obtener la respuesta final.

Usa la compensación para restar.

Halla 4.25 − 0.08 mentalmente.

$$4.25 - 0.10 = 4.15$$

Se restaron 0.02 de más. Compensa; vuelve a sumar 0.02.

$$4.25 - 0.08 = 4.17$$

Usa la compensación para sumar.

Halla $3.47 + $4.35 mentalmente.

$$\$3.50 + \$4.35 = \$7.85$$

Suma 0.03. Compensa; resta 0.03.

$$\$3.47 + \$4.35 = \$7.82$$

Práctica guiada

¿Lo entiendes?

1. Muestra cómo usar la compensación para sumar $3.18 y $6.50.

2. Usa propiedades para volver a escribir la expresión de manera que sea más fácil de resolver. Explícalo. (13 + 4.63) + 7.4

¿Cómo hacerlo?

Para **3** a **6**, calcula mentalmente para sumar o restar.

3. 12 + 3.04 + 8.28

4. 6.97 + 4.15

5. 9.04 − 6.98

6. 4.02 + 0.19 + 16.48

Práctica independiente

Práctica al nivel Para **7** a **12**, calcula mentalmente para sumar o restar.

7. 7.1 + 5.4 + 2.9 =
   _____ + 5.4 =
   _____

8. 373.4 − 152.9 =
   373.4 − _____ = 220.4
   _____ + 0.1 = _____

9. $18.25 + $7.99 + $4.75

10. 1.05 + 3 + 4.28 + 0.95

11. 2,504 + 140 + 160

12. 35.7 − 14.8

Resolución de problemas

13. Joanne compró tres libros que costaban $3.95, $4.99 y $6.05. ¿Cuánto gastó en total? Usa la compensación y calcula mentalmente para hallar la suma.

? gastados →

?		
$3.95	$4.99	$6.05

14. Construir argumentos Usa la compensación para hallar las diferencias mentalmente. Explica cómo hallaste cada diferencia.

A 67.9 − 29.9

B 456 − 198

15. Sentido numérico La tabla muestra cuántos puntos anotó Eduardo en cada partido. Calcula mentalmente para hallar cuántos puntos anotó en los primeros tres partidos.

Partido	Puntos
1	54
2	19
3	26
4	10

16. En tres días diferentes en su trabajo, Sue ganó $27, $33 y $49. Necesita $100 para comprar un escritorio para su computadora. Si compra el escritorio ahora, ¿cuánto dinero le quedará?

17. En un estante caben 50 DVD. Jill tiene 27 DVD. Planea comprar 5 nuevos. Cada DVD cuesta $9. Después de comprar los nuevos, ¿cuántos DVD más cabrán en el estante?

18. Cuando hallas la diferencia entre dos números mentalmente, ¿puedes usar la propiedad conmutativa? Explícalo.

19. Razonamiento de orden superior Dalia compró una madeja de lana de alpaca a $47.50, una madeja de lana de angora a $32.14 y una madeja de lana común a $16.50, más un par de agujas de tejer a $3.86. ¿Cuánto gastó en total? Describe cómo calculaste tu respuesta.

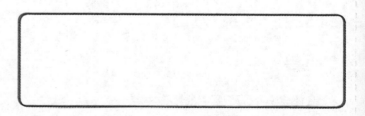

Práctica para la evaluación

20. La clase de la Sra. Healer fue de excursión a un parque a 12.3 millas de distancia. La clase del Sr. Dean recorrió 4.9 millas para ir a la biblioteca. ¿Cuánto más lejos fue la clase de la Sra. Healer que la clase del Sr. Dean? Explica cómo calculaste mentalmente para hallar la diferencia.

Nombre _____

Resuélvelo y coméntalo

En un parque de diversiones hay dos montañas rusas. Una mide 628 pies de longitud y la otra mide 485 pies de longitud. Si subes a las dos montañas rusas, ¿aproximadamente cuántos pies recorrerás en total? *Haz una estimación para resolver el problema.*

Puedo...
estimar sumas y diferencias de números decimales.

También puedo razonar sobre las matemáticas.

Puedes razonar para decidir qué se te pide que halles. ¿Hay que hallar una respuesta exacta para resolver el problema? ¿Cómo lo sabes?

¡Vuelve atrás! ¿Aproximadamente cuánto más larga es una montaña rusa que la otra? Muestra tu trabajo.

Pregunta esencial   **¿Cómo se pueden estimar sumas?**

A

Los estudiantes están reuniendo comida para perros para donar a un albergue para animales. Estima cuántas libras se reunieron en las semanas 3 y 4.

DATOS		
Semana		**Libras de comida para perros**
1		172.3
2		298
3		237.5
4		345.1
5		338

Hay más de una manera de hallar una estimación.

B **Una manera**

Redondea los sumandos a la centena más cercana.

$$237.5 \longrightarrow 200$$
$$+\ 345.1 \longrightarrow +\ 300$$
$$500$$

237.5 + 345.1 es aproximadamente 500.

Los estudiantes reunieron aproximadamente 500 libras de comida en las semanas 3 y 4.

C **Otra manera**

Sustituye por números compatibles.

$$237.5 \longrightarrow 250$$
$$+\ 345.1 \longrightarrow +\ 350$$
$$600$$

237.5 + 345.1 es aproximadamente 600.

Los estudiantes reunieron aproximadamente 600 libras de comida en las semanas 3 y 4.

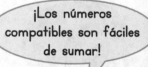 ¡Los números compatibles son fáciles de sumar!

 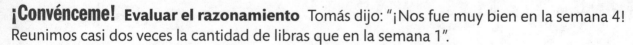

¡Convénceme! **Evaluar el razonamiento** Tomás dijo: "¡Nos fue muy bien en la semana 4! Reunimos casi dos veces la cantidad de libras que en la semana 1".

Haz una estimación para decidir si tiene razón. Explica tu razonamiento.

Otro ejemplo

Puedes estimar diferencias.

Estima 22.84 − 13.97.

Una manera

Redondea cada número al número entero más cercano.

$$
\begin{array}{r}
22.84 \longrightarrow 23 \\
-\ 13.97 \longrightarrow -\ 14 \\
\hline
9
\end{array}
$$

22.84 − 13.97 es aproximadamente 9.

Otra manera

Sustituye por números compatibles.

$$
\begin{array}{r}
22.84 \longrightarrow 25 \\
-\ 13.97 \longrightarrow -\ 15 \\
\hline
10
\end{array}
$$

22.84 − 13.97 es aproximadamente 10.

☆ Práctica guiada

¿Lo entiendes?

1. En el ejemplo anterior, ¿qué estimación está más cerca de la diferencia real? ¿Cómo puedes saberlo sin restar?

2. En el ejemplo de la página anterior, los estudiantes reunieron más libras de comida para perros la semana 4 que la semana 3. Estima aproximadamente cuántas libras más.

¿Cómo hacerlo?

Para **3** a **10**, estima las sumas y diferencias.

3. 49 + 22.88

4. 86.9 − 18

5. 179 + 277.1

6. 23.2 − 9.71

7. 23.8 − 4.7

8. 87.2 + 3.9

9. 38.9 − 21.4

10. 576 + 94.6

☆ Práctica independiente

Para **11** a **18**, estima las sumas y diferencias.

11. 79.1 + 32.4

12. 788.9 − 572

13. 837 + 488.12

14. 418.5 − 23.7

15. 2.9 + 3.9

16. $12.99 − $3.95

17. 8.1 + 3.7 + 7.9

18. 3.8 + 4.1 + 3.3

Resolución de problemas

19. Construir argumentos Un DVD cuesta $16.98 y otro DVD cuesta $9.29. Ed estimó que el costo de los dos DVD es aproximadamente $27. ¿Su estimación es mayor o menor que el costo real? Explícalo.

20. Razonamiento de orden superior Un maestro está organizando una excursión. En cada autobús caben 46 personas sentadas. ¿Es mejor estimar una cantidad mayor o menor que la cantidad real de personas que irán a la excursión? ¿Por qué?

---

21. Se suele comparar el tamaño y la forma del parque Golden Gate con el tamaño y la forma del Central Park. ¿Aproximadamente cuántos acres más que el Central Park tiene el parque Golden Gate?

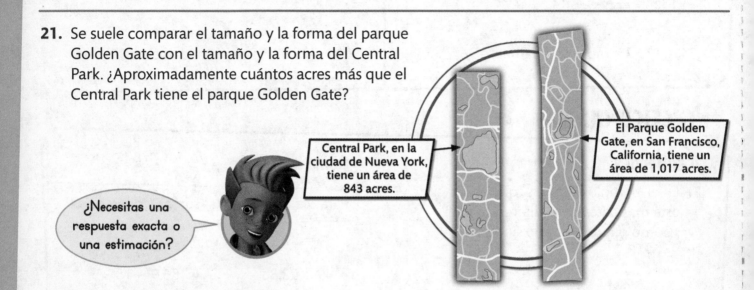

¿Necesitas una respuesta exacta o una estimación?

Central Park, en la ciudad de Nueva York, tiene un área de 843 acres.

El Parque Golden Gate, en San Francisco, California, tiene un área de 1,017 acres.

22. Tres muestras de roca tienen masas de 74.05 gramos, 9.72 gramos y 45.49 gramos. Un científico estima la masa total de las muestras, redondeando cada masa al número entero más cercano. ¿Qué opción incluye los números que sumará?

    Ⓐ 75, 10 y 46

    Ⓑ 74.1, 9.7 y 45.5

    Ⓒ 74, 10 y 45

    Ⓓ 75, 10 y 50

23. Humberto compra un juego a $7.89 y pilas a $5.49. Paga con un billete de $20. ¿Cuál es la mejor estimación de cuánto cambio debe recibir?

    Ⓐ $5.00

    Ⓑ $7.00

    Ⓒ $13.00

    Ⓓ $17.00

Nombre _____

Resuélvelo y coméntalo

Gloria recorrió 0.75 millas en bicicleta por la mañana y 1.40 millas por la tarde. ¿Cuántas millas recorrió Gloria en bicicleta en total? *Resuelve este problema de la manera que prefieras.*

Puedes usar herramientas, como bloques de valor de posición, como ayuda para calcular cuántas millas recorrió Gloria en bicicleta.

Puedo...
representar sumas y diferencias de números decimales.

También puedo entender bien los problemas.

¡Vuelve atrás! **Entender y perseverar** ¿Cómo puedes comprobar si tu respuesta es correcta?

Pregunta esencial **¿Cómo puedes usar modelos para sumar números decimales?**

A

Usa la tabla de la derecha para hallar el costo mensual total de usar el lavaplatos y el reproductor de DVD.

Se pueden usar bloques de valor de posición para sumar números decimales.

DATOS	Aparato	Costo mensual
	Reproductor de DVD	$0.40
	Horno de microondas	$3.57
	Luz de techo	$0.89
	Lavaplatos	$0.85

Usa números compatibles para estimar.
$0.85 + $0.40 es aproximadamente $0.80 + $0.40;
por tanto, la suma es aproximadamente $1.20.

B Usa bloques de valor de posición para representar $0.85 + $0.40.

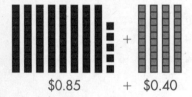

$0.85   + $0.40

C Combina los bloques. Reagrúpalos cuando puedas.

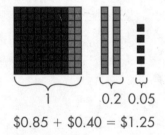

1   0.2 0.05

$0.85 + $0.40 = $1.25

El costo mensual de usar el lavaplatos y el reproductor de DVD es $1.25.

¡Convénceme! **Evaluar el razonamiento** Para el ejemplo anterior, Jesse dijo: "El costo mensual total de usar la luz de techo y el lavaplatos fue $0.74". ¿Tiene razón Jesse? Explícalo.

Otro ejemplo

Puedes restar números decimales con bloques de valor de posición.

Halla 1.57 − 0.89.

Paso 1

Muestra 1.57 con bloques de valor de posición.

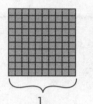 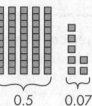

1   0.5   0.07

Paso 2

Para restar 0.89, reagrupa los bloques y quita 8 décimas y 9 centésimas. Los bloques que quedan son la diferencia.

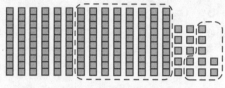

1.57 − 0.89 = 0.68

⭐ Práctica guiada

¿Lo entiendes?

1. Explica cómo usar bloques de valor de posición para hallar la diferencia entre el costo mensual de usar el reproductor de DVD y el lavaplatos. Luego, halla la diferencia.

¿Cómo hacerlo?

Para **2** a **7**, usa bloques de valor de posición para sumar o restar.

2. 1.22 + 0.34   **3.** 0.63 + 0.41

4. 2.73 − 0.94   **5.** $1.38 − $0.73

6. 0.47 − 0.21   **7.** 2.02 + 0.8

⭐ Práctica independiente

Para **8** a **11**, suma o resta. Usa bloques de valor de posición como ayuda.

8. 0.1 + 0.73   **9.** $1.33 − $0.35   **10.** $0.37 + $0.47   **11.** 1.11 + 0.89

Resolución de problemas

12. Construir argumentos ¿En qué se parece sumar 4.56 + 2.31 a sumar $2.31 + $4.56?

13. Escribe una expresión que se pueda representar con el siguiente modelo.

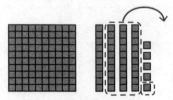

14. Sin sumar los números decimales, indica si la suma de 0.46 + 0.25 es menor o mayor que 1. Explícalo.

15. Sentido numérico Haz una estimación para decidir si la suma de 314 + 175 es más o menos que 600.

16. Razonamiento de orden superior ¿Crees que la diferencia de 1.4 − 0.95 es menor o mayor que 1? Explícalo.

17. **A-Z Vocabulario** Estima 53.8 − 27.6. Encierra en un círculo los **números compatibles** que usarías.

54 − 28   53 − 28   55 − 27   55 − 25

18. Álgebra Escribe una expresión que pueda usarse para hallar el perímetro de la piscina que se muestra a la derecha. Recuerda que el perímetro es la distancia alrededor de una figura.

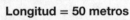
Longitud = 50 metros

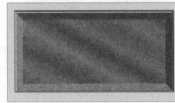
Ancho = 25 metros

☑ Práctica para la evaluación

19. Cada grupo de bloques de valor de posición representa un decimal.

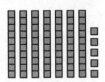

Parte A

¿Cuál es la suma de los números decimales?

Parte B

Explica cómo hallaste la respuesta.

Nombre _____

Resuélvelo y coméntalo

El Sr. Davidson tiene dos bolsas de papas. La primera bolsa pesa 11.39 libras. La segunda bolsa pesa 14.27 libras. ¿Cuántas libras de papas tiene el Sr. Davidson en total? *Resuelve este problema de la manera que prefieras.*

Puedo...
sumar números decimales usando el valor de posición y las propiedades de las operaciones.

También puedo hacer generalizaciones a partir de ejemplos.

Puedes generalizar lo que sabes acerca de la suma de números enteros y aplicarlo a la suma de números decimales.

¡Vuelve atrás! ¿En qué se parece sumar números decimales a sumar números enteros?

Pregunta esencial

¿Cómo se pueden sumar números decimales?

A

Un equipo de natación participó en una carrera de relevos. En la tabla se anotaron los tiempos de los nadadores para cada tramo de la carrera. ¿Cuál fue el tiempo combinado de los tramos de Caleb y Bradley en la carrera de relevos?

Puedes hallar 21.39 + 21.59, pero primero haz una estimación: 21 + 22 = 43.

Nadadores en carrera de relevos	Tiempo en segundos
Caleb	21.39
Bradley	21.59
Vick	20.35
Matthew	19.03

DATOS

B ## Paso 1

Alinea los sumandos por su valor de posición, tal como haces con los números enteros. Los puntos decimales también deben estar alineados.

decenas	unidades •	décimas	centésimas
2	1 •	3	9
+ 2	1 •	5	9

¡Sumar números decimales es igual que sumar números enteros!

C ## Paso 2

Usa lo que sabes sobre sumas parciales para sumar las centésimas, las décimas, las unidades y las decenas.

decenas	unidades •	décimas	centésimas	
2	1 •	3	9	
+ 2	1 •	5	9	
	•	1	8	(0.09 + 0.09)
	•	8		(0.3 + 0.5)
	2 •			(1 + 1)
4	0 •			(20 + 20)
4	2 •	9	8	

El tiempo combinado de Caleb y Bradley fue 42.98 segundos. La suma está cerca de la estimación.

¡Convénceme! **Evaluar el razonamiento** André dijo que en los últimos dos tramos de la carrera tardaron 3,938 segundos. ¿Cuál fue su error?

Nombre _____

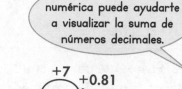

Otro ejemplo

Carson corrió 7.81 millas la semana pasada y 14 millas esta semana.
¿Cuántas millas corrió en las dos semanas?

Usa propiedades y una recta numérica para hallar la suma.

$7.81 + 14 = 14 + 7.81$ (Propiedad conmutativa)
$\qquad = 14 + (7 + 0.81)$
$\qquad = (14 + 7) + 0.81$ (Propiedad asociativa)
$\qquad = 21 + 0.81$
$\qquad = 21.81$

Carson corrió 21.81 millas en total.

Una recta numérica puede ayudarte a visualizar la suma de números decimales.

$+7$ $+0.81$

0   14   21   28
                21.81

⭐ Práctica guiada

¿Lo entiendes?

1. ¿De qué manera sumar 21.39 + 21.59 es similar a sumar 2,139 + 2,159?

¿Cómo hacerlo?

Para **2** a **5**, usa el valor de posición y las propiedades para hallar cada suma.

2. $0.82 + 4.21$ **3.** $9.1 + 7.21$

4. $0.26 + 8.3$ **5.** $4.98 + 3.02$

⭐ Práctica independiente

Puedes hacer una estimación primero para asegurarte de que tus respuestas sean razonables.

Práctica al nivel Para **6** a **12**, usa el valor de posición y las propiedades para hallar cada suma.

6. $\begin{array}{r} 1.03 \\ + 0.36 \\ \hline \end{array}$ **7.** $\begin{array}{r} 6.9 \\ + 2.8 \\ \hline \end{array}$ **8.** $\begin{array}{r} 45.08 \\ + 2.01 \\ \hline \end{array}$ **9.** $\begin{array}{r} 2.00 \\ + 0.78 \\ \hline \end{array}$

10. $\$271.90 + \$34.22$ **11.** $7.2 + 3.96 + 8.8$ **12.** $16.62 + 4 + 2.38$

Resolución de problemas

13. Un granjero vendió 53.2 libras de zanahorias y 29.4 libras de espárragos a un restaurante. ¿Cuántas libras de estas dos verduras compró el restaurante?

? libras de verduras →

?	
53.2	29.4

↑ libras de zanahorias ↑ libras de espárragos

Para **14** y **15**, usa la tabla.

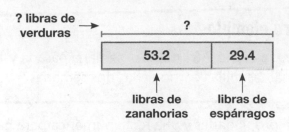

14. enVision® STEM ¿Qué par de ciudades tienen la mayor cantidad combinada de lluvia en un año típico?

15. Sentido numérico ¿Qué lugar tuvo menos de 45 pulgadas de lluvia pero más de 40 pulgadas de lluvia?

DATOS	Lugar	Cantidad de lluvia en un año típico (en pulgadas)
	Macon, GA	45
	Boise, ID	12.19
	Caribou, ME	37.44
	Springfield, MO	44.97

---

16. Razonamiento de orden superior Tim ganó $16 cuidando niños y $17.50 cortando el césped. Pagó $8.50 por una película y compró un envase pequeño de palomitas de maíz a $1.95. Escribe una expresión para representar cuánto dinero le queda.

17. Evaluar el razonamiento Juan suma 3.8 + 4.6 y obtiene una suma de 84. ¿Es correcta su respuesta? Indica cómo lo sabes.

Práctica para la evaluación

18. Marca todas las expresiones que sean iguales a 12.9.

- [ ] 0.02 + 12 + 0.88
- [ ] 0.06 + 12.03
- [ ] 11.9 + 1
- [ ] 6.2 + 3.4 + 2.3
- [ ] 3.01 + 2.01 + 7.7

19. Marca todas las expresiones que sean iguales a 16.02.

- [ ] 16 + 0.02
- [ ] 3.42 + 8 + 4.6
- [ ] 16.01 + 1
- [ ] 12.06 + 3.14
- [ ] 7.36 + 8.66

Nombre _____

Resuélvelo y coméntalo

La Sra. García es electricista y tiene un cable de 32.7 metros de longitud. También tiene otro cable de 15.33 metros de longitud. ¿Cuánto más largo es un cable que el otro? *Resuelve este problema de la manera que prefieras.*

Puedes usar lo que sabes acerca de la resta de números enteros y aplicarlo a la resta de números decimales.

Puedo...
restar números decimales usando el valor de posición y las propiedades de las operaciones.

También puedo buscar patrones para resolver problemas.

¡Vuelve atrás! **Usar la estructura** ¿Cómo puedes usar la relación entre la suma y la resta para comprobar tu trabajo previo?

Pregunta esencial ¿Cómo se pueden restar números decimales?

A

¿Cuál es la diferencia de envergadura de estas dos mariposas?

5.92 cm

4.37 cm

Haz una estimación antes de hallar la respuesta exacta. 6 − 4 = 2

mariposa grande → 5.92

4.37 | ?

↑ mariposa pequeña ↑ diferencia de envergadura

B Puedes usar una recta numérica para restar.

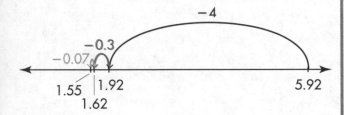

− 4

−0.3

−0.07

1.55 | 1.92

1.62

5.92

C Esta es una manera de restar usando diferencias parciales.

Halla 5.92 − 4.37.

$$
\begin{array}{r}
5.92 \\
-\ 4.00 \\
\hline
1.92 \\
-\ 0.30 \\
\hline
1.62 \\
-\ 0.07 \\
\hline
1.55
\end{array}
$$

Resta 4 unidades.

Resta 3 décimas.

Resta 7 centésimas.

5.92 − 4.37 = 1.55

¡Convénceme! **Hacerlo con precisión** En la solución anterior, ¿qué estrategias puedes usar para restar las 7 centésimas?

Práctica   Herramientas   Evaluación

☆Práctica guiada

¿Lo entiendes?

1. ¿Cómo puedes usar la suma para comprobar que 1.55 cm es la diferencia de las envergaduras de las dos mariposas?

2. María volvió a escribir 45.59 − 7.9 como 45.59 − 7.90. ¿Cambia el valor de 7.9 al agregarle el cero después de 7.9? ¿Por qué?

¿Cómo hacerlo?

Para **3** a **10**, resta las números decimales.

3. 16.82 − 5.21   **4.** 7.21 − 6.1

5. 23.06 − 8.24   **6.** $4.08 − $2.12

7. 56.8 − 2.76   **8.** $43.80 − $16.00

9. 22.4 − 10.7   **10.** $36.40 − $21.16

☆Práctica independiente

Práctica al nivel Para **11** a **26**, halla las diferencias.

11. 7.8 − 4.9   **12.** $20.60 − $14.35   **13.** 43.90 − 7.52   **14.** 65.90 − 28.38

15. 15.03 − 4.12   **16.** 13.9 − 3.8   **17.** 65.18 − 12.05   **18.** $52.02 − $0.83

19. 7.09 − 3.65   **20.** 34.49 − 12.61   **21.** 85.22 − 43.5   **22.** $10.05 − $4.50

23. 5.27 − 3.4   **24.** 23.6 − 8.27   **25.** 8.04 − 0.3   **26.** $21.37 − $10.95

Resolución de problemas

27. Álgebra La pirámide de Kefrén medía 143.5 metros de altura. La pirámide de Micerino medía 65.5 metros de altura. Escribe y resuelve una ecuación para hallar d, la diferencia de altura de estas dos pirámides.

Kefrén
143.5 metros de altura

Micerino
65.5 metros de altura

28. Razonamiento de orden superior Jonah compró una botella de 1.5 litros de soda. Usó 0.8 litros de soda para hacer un refresco. ¿Cuál es mayor: la cantidad que usó o la cantidad que le queda? Explica cómo lo decidiste.

29. Sue restó 2.9 a 20.9 y obtuvo 1.8. Explica por qué esto no es razonable.

30. Entender y perseverar Abel tenía $156.43 en su cuenta bancaria al comienzo del mes. Hizo los dos retiros que se muestran en su registro de movimientos. ¿Cuánto dinero le queda en su cuenta bancaria? Debe tener al menos $100 en su cuenta al finalizar el mes o le cobrarán una tarifa. ¿Cuánto dinero debe depositar para evitar que le cobren esa tarifa?

Fecha	Depósito	Retiro	Saldo
9/1	17.85		156.43
9/8		24.97	
9/10		39.41	

☑ **Práctica para la evaluación**

31. Encierra en un círculo todas las restas cuya diferencia sea 1.65.

27.30 − 16.65   12.68 − 2.03

11.23 − 9.58   21.74 − 20.09

40.4 − 23.9

---

64   **Tema 2** | Lección 2-5

Nombre _____

Resuélvelo y coméntalo En un partido de béisbol, Sheena compró un sándwich a $6.95 y dos pretzels a $2.75 cada uno. Pagó con un billete de $20. ¿Cuánto cambio recibió? *Resuelve este problema de la manera que prefieras. Usa diagramas de barras como ayuda.*

Puedo...
usar lo que sé de matemáticas para resolver problemas.

También puedo resolver problemas de varios pasos.

Hábitos de razonamiento

¡Razona correctamente! Estas preguntas pueden ayudarte.

- ¿Cómo puedo usar lo que sé de matemáticas para resolver este problema?

- ¿Cómo puedo usar dibujos, objetos o una ecuación para representar el problema?

- ¿Cómo puedo usar números, palabras, signos y símbolos para resolver el problema?

¡Vuelve atrás! **Representar con modelos matemáticos** ¿De qué otra manera puedes representar la situación de este problema?

Pregunta esencial

¿Cómo se puede representar un problema con un diagrama de barras?

A

Mónica quiere comprar todos los materiales de arte que se muestran en el cartel. Tiene un cupón por $5.50 de descuento del costo de su compra. ¿Cuál será el costo total de Mónica una vez hecho el descuento?

Atril	$59.95
Juego de pinturas	$24.95
Bata	$9.75
Lienzo	$13.50

Representar con modelos matemáticos significa que aplicas lo que aprendiste de matemáticas para resolver problemas.

¿Qué necesito hacer para resolver el problema?

Necesito hallar el costo de los materiales de arte de Mónica.

B ¿Cómo puedo representar con modelos matemáticos?

Puedo

- usar lo que aprendí de matemáticas como ayuda para resolver el problema.

- hallar y responder preguntas escondidas si las hay.

- usar diagramas de barras y ecuaciones para representar y resolver este problema.

C Este es mi razonamiento...

Voy a usar diagramas de barras para representar esta situación.

? costo total			
$59.95	$24.95	$9.75	$13.50

$59.95 + $24.95 + $9.75 + $13.50 = $108.15

El costo total antes de hacer el descuento es $108.15.

$108.15 total antes del descuento	
$5.50	? total después del descuento

$108.15 − $5.50 = $102.65
El costo de los materiales de Mónica después del descuento es $102.65.

¡Convénceme! **Representar con modelos matemáticos** ¿Cómo puedes decidir si tu respuesta tiene sentido?

☆ Práctica guiada

Representar con modelos matemáticos

Nate tiene $30.50. Quiere comprarle a su perro un suéter que cuesta $15, un juguete que cuesta $3.79 y una correa que cuesta $14.79. ¿Cuánto dinero más necesita?

¡Cuando representas con modelos matemáticos, usas lo que ya sabes para resolver nuevos problemas!

1. ¿Qué necesitas hallar primero para resolver el problema?

2. Dibuja diagramas de barras para representar el problema y luego resuélvelo. Muestra las ecuaciones que usaste para resolver el problema.

☆ Práctica independiente

Representar con modelos matemáticos

Luz María tiene $15. Compra un boleto para una película y un batido de fruta. ¿Cuánto dinero le queda?

3. ¿Qué necesitas hallar primero para resolver el problema?

Boleto	$9.50
Palomitas de maíz	$4.50
Batido de fruta	$2.85

4. Dibuja dos diagramas de barras para representar el problema.

5. ¿Cuál es la solución del problema? Muestra las ecuaciones que usaste para resolverlo.

Resolución de problemas

Excursión

Audrey está ahorrando para hacer una excursión con la escuela. Necesita $180 para los boletos de autobús, $215 para el hotel y $80 para las comidas. En la tabla se muestra cuánto dinero ahorraron ella y su hermana, Kelsey, en un período de 4 meses. ¿Cuánto dinero más necesita Audrey para la excursión?

DATOS

Ahorros mensuales		
Mes	**Ahorros de Audrey**	**Ahorros de Kelsey**
Septiembre	$68	$28
Octubre	$31.50	$42.50
Noviembre	$158	$90.25
Diciembre	$74.75	$89

6. **Entender y perseverar** ¿Qué debes hallar?

7. **Construir argumentos** ¿Debes multiplicar los ahorros de Audrey en septiembre por 4, porque son cuatro meses? Explícalo.

> Puedes representar con modelos matemáticos usando lo que sabes acerca de la suma y la resta de números enteros para sumar y restar números decimales.

8. **Representar con modelos matemáticos** Dibuja diagramas de barras para representar el costo total de la excursión de Audrey y el total que lleva ahorrado. Luego, halla el costo total y los ahorros totales.

9. **Representar con modelos matemáticos** Escribe y resuelve una ecuación para calcular cuánto dinero más necesita Audrey para la excursión.

Trabaja con un compañero. Necesitan papel y lápiz. Cada uno escoge un color diferente: celeste o azul.

El compañero 1 y el compañero 2 apuntan a uno de los números negros al mismo tiempo. Ambos restan el número menor del número mayor.

Si la respuesta está en el color que escogiste, puedes anotar una marca de conteo. Sigan la actividad hasta que uno de los dos tenga doce marcas de conteo.

TEMA 2

Actividad de repaso de fluidez

Puedo...
restar números enteros de varios dígitos.

También puedo crear argumentos matemáticos.

Compañero 1

| 500 |
| 750 |
| 961 |
| 1,945 |
| 5,520 |

383	1,705	721	1,517
260	733	5,280	1,891
1,928	907	483	322
696	5,503	5,092	72
5,153	446	944	594
133	533	5,466	1,578

Compañero 2

| 17 |
| 54 |
| 240 |
| 367 |
| 428 |

Marcas de conteo del compañero 1	Marcas de conteo del compañero 2

TEMA 2 — Repaso del vocabulario

A-Z
Glosario

Lista de palabras

- compensación
- decimales equivalentes
- números compatibles
- operaciones inversas
- propiedad asociativa de la suma
- propiedad conmutativa de la suma

Comprender el vocabulario

Escoge el mejor término de la Lista de palabras. Escríbelo en el espacio en blanco.

1. Cuando ajustas un número y cambias otro número en una expresión para que sea más fácil calcular, usas la _____.

2. Puedes reemplazar los valores de un problema por _____ para que sea más fácil calcular mentalmente.

3. Para alinear los puntos decimales en una suma con números decimales, se agregan ceros para escribir _____ para que todos los sumandos tengan la misma cantidad de lugares decimales.

4. Por la _____, sé que
   $477.75 + (76.89 + 196.25) = (76.89 + 196.25) + 477.75$ sin hacer la suma.

5. Tacha los números que NO son equivalentes a 500.0.

   500.00 5×10 5×10^2 50.05   500.500

6. Tacha los números que NO son equivalentes a 53.2 + 16.8.

   7×10^1 0.070   7.0 $7 \times \frac{1}{10}$ $(7 \times 10) + (0 \times 1)$

Encierra en un círculo la expresión en la que se usa la compensación.

7. $32.7 + 15.6 = 32.6 + 15.7$ $45.7 + 26.2 = 45.7 + 26.3 - 0.1$

8. $14.24 - 11.8 = 14.24 - 12 + 0.2$ $168.3 - 53.8 = 168.3 - 53.4 - 0.4$

Usar el vocabulario al escribir

9. Explica cómo te pueden ayudar la propiedad conmutativa de la suma, la propiedad asociativa de la suma y el cálculo mental para hallar $75.2 + (57.376 + 24.8)$. ¿Cuál es la suma?

Nombre_____

Grupo A | páginas 45 a 48 _____

Calcula mentalmente para sumar
15.3 + 1.1 + 1.7.

15.3 y 1.7 son números compatibles, porque
con ellos es fácil calcular mentalmente.

La propiedad conmutativa de la suma nos
permite sumar en cualquier orden.

15.3 + 1.1 + 1.7 = 15.3 + 1.7 + 1.1
            =   17.0   + 1.1
            = 18.1

Recuerda que puedes usar
números compatibles o la
compensación para hallar
sumas y diferencias.

Suma o resta mentalmente.

1. 8.6 + 23.4 + 1.4

2. 27 − 9.9

3. 13.5 + 5.7 + 36.5

4. 205.4 − 99.7

Grupo B | páginas 49 a 52 _____

Estima 22.4 − 16.2.

22.4   ⟶   20   Usa números
− 16.2 ⟶   − 15   compatibles.
                    5

22.4 − 16.2 es aproximadamente 5.

Recuerda que si usas números compatibles,
obtendrás una estimación diferente que si usas el
redondeo.

Estima las sumas o diferencias.

1. 358 + 293

2. 15.01 − 4.4

3. 80.01 + 2.89

4. 25,003 − 12,900

Grupo C | páginas 53 a 56 _____

Usa bloques de valor de posición para restar
1.86 − 0.95.

Muestra 1 placa,
8 barras
y 6 cuadrados
pequeños para
representar 1.86.

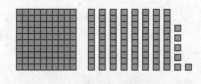

Quita 9 décimas y
5 centésimas y
reagrupa si es
necesario.

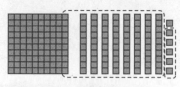

Cuenta cuánto queda.

1.86 − 0.95 = 0.91

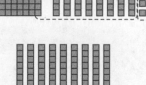

Suma o resta. Usa bloques de valor de posición
como ayuda.

1. 0.02 + 0.89   **2.** 0.67 − 0.31

3. 0.34 + 0.34   **4.** 0.81 − 0.78

Grupo D páginas 57 a 60, 61 a 64

Lucy compró 2.12 libras de peras y 3 libras de manzanas. Halla cuántas libras de manzanas más que de peras compró.

Usa bloques de valor de posición como ayuda.

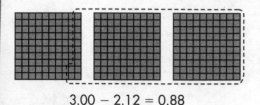

$$3.00 - 2.12 = 0.88$$

Suma o resta. Usa bloques de valor de posición como ayuda.

1. $7.06 + 0.85$

2. $24.07 - 5.31$

3. $51.92 - 28.03$

4. $8.71 - 0.4$

5. $98 + 3.79$

6. Talía midió dos cuerdas. La cuerda verde mide 2.37 cm de longitud. La cuerda azul mide 4 cm de longitud. ¿Cuántos centímetros más larga que la cuerda verde es la cuerda azul?

Grupo E páginas 65 a 68

Piensa en tus respuestas a estas preguntas como ayuda para **representar con modelos matemáticos.**

Hábitos de razonamiento

- ¿Cómo puedo usar lo que sé de matemáticas para resolver este problema?

- ¿Cómo puedo usar dibujos, objetos o una ecuación para representar el problema?

- ¿Cómo puedo usar números, palabras, signos y símbolos para resolver este problema?

Recuerda que un buen modelo representa con claridad cómo se relacionan las cantidades del problema.

Alberto corrió 15.6 km el lunes, 12.8 km el martes y 6.5 km el miércoles. Dennis corrió 11.25 km el lunes, 14.6 km el martes y 8 km el miércoles. ¿Quién corrió más? ¿Cuánto más?

1. ¿Qué necesitas hallar primero para resolver el problema?

2. Escribe ecuaciones para representar este problema. Luego, resuélvelo.

Nombre _____

1. La casa de muñecas de Kayla mide 15.15 pies cuadrados en la planta baja y 6.45 pies cuadrados en la planta alta. ¿Cuál es el área total estimada si redondeas los números decimales a la décima más cercana?

   (A) 21.0

   (B) 21.6

   (C) 21.7

   (D) 22.0

2. Estima la suma de $12.15, $16.85 y $1.74 redondeando cada número a la décima más cercana.

   (A) $30.70   (C) $31.00

   (B) $30.80   (D) $30.00

3. ¿Cuál es la suma de 2.65 + 3.78?

   (A) 5.33

   (B) 5.43

   (C) 6.33

   (D) 6.43

4. ¿Qué número decimal hace que esta ecuación sea verdadera?

   $4.95 + \boxed{} = 12.1$

   (A) 7.15

   (B) 7.85

   (C) 8.15

   (D) 8.85

5. Lawrence gastó $1.89 en un frasco de pintura y $0.45 en un pincel.

   A. ¿Cuánto gastó en total? Usa el modelo como ayuda.

   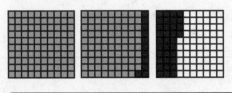

   B. Explica cómo te ayuda el modelo a hallar la suma.

6. Empareja las expresiones de la izquierda con su equivalente decimal.

	4.8	5.8	4.7	3.7
3.05 + 1.65	❑	❑	❑	❑
8.5 − 4.8	❑	❑	❑	❑
4.25 + 1.55	❑	❑	❑	❑
11.4 − 6.6	❑	❑	❑	❑

7. Ed está entrenando para una carrera. Corrió 12.56 millas un día, 12.98 millas el segundo día y 13.04 millas el tercero.

A. ¿Cuál es la distancia combinada de los tres primeros días?

B. ¿Cuánto más que el primer día corrió el segundo día?

---

8. El Monumento a Thomas Jefferson ocupa 18.36 acres de tierra, el Monumento a Franklin Delano Roosevelt ocupa 7.5 acres de tierra, el Monumento a los Veteranos de Vietnam ocupa 8.9 acres de tierra y el Monumento a la Primera Guerra Mundial ocupa 9.6 acres de tierra. ¿Cuáles son los dos monumentos que tienen la mayor diferencia de área?

¿Cuál es la diferencia entre las áreas de estos dos monumentos? Explícalo.

---

9. Amber compró un libro de pasta dura por $23.70 y un libro de pasta blanda por $6.91. ¿Cuánto gastó en total? Si pagó con 2 billetes de veinte dólares, ¿cuánto recibió de cambio?

10. Kassandra tiene un patio rectangular detrás de su casa. Este mide 12.74 metros de longitud y 5.45 metros de ancho.

5.45 m

12.74 m

A. Redondea la longitud y el ancho al número entero más cercano. Luego, estima el perímetro del patio de Kassandra. Escribe una ecuación para representar tu trabajo.

B. Redondea la longitud y el ancho a la décima más cercana. Luego, estima el perímetro del patio de Kassandra. Escribe una ecuación para representar tu trabajo.

C. Halla el perímetro exacto. ¿Qué estimación está más cerca? Explica por qué crees que esa estimación está más cerca.

Videojuegos

Cuatro estudiantes están jugando al mismo videojuego. Los puntajes de cada una en los tres primeros niveles se suman para ver si tienen suficientes puntos para pasar a la ronda 2.

1. En la siguiente tabla se muestran los puntajes de las estudiantes.

Ronda 1				
Nivel	**Kim**	**Sally**	**Tina**	**Zoey**
1	7.18	5.49	8.02	8.64
2	6.55	6.18	7.94	8.32
3	6.45	5.72	8.38	8.13
Puntaje total				

Parte A

Una estudiante debe tener al menos 18 puntos para pasar a la ronda 2. Haz una estimación para decidir si alguna de las estudiantes no obtuvo 18 puntos.

Parte B

Haz una estimación para decidir qué estudiante tuvo la mayor cantidad de puntos. Explica tu razonamiento.

2. Completa la tabla para hallar la cantidad total de puntos de cada estudiante.

3. ¿Cuántos puntos más que Sally tiene Zoey? Escribe una ecuación para representar tu trabajo.

4. Usa los puntajes totales de cada estudiante.

Parte A

¿Aproximadamente cuántos puntos hicieron las cuatro estudiantes en la ronda 1? Haz una estimación redondeando cada puntaje total al número entero más cercano.

Parte B

Completa el diagrama de barras para representar el puntaje total exacto que hicieron las estudiantes.

_____ puntos en total

↑ Kim	↑ Sally	↑ Tina	↑ Zoey

5. En la ronda 2, Zoey hizo 23.43 puntos en total. Hizo 7.96 puntos en el nivel 2 y 8.03 puntos en el nivel 3.

Parte A

¿Cuántos puntos hizo en el nivel 1?

Parte B

Explica cómo hallaste tu respuesta.

6. Kim anotó sus puntajes de la ronda 2. Para estimar su total, ella redondea al número entero más cercano y dice: "7 + 9 + 7 = 23; por tanto, mi total es al menos 23 puntos". ¿Estás de acuerdo? Explica tu razonamiento.

Nivel	Mis puntajes (Ronda 2)
1	6.77
2	8.48
3	7.13
PUNTOS	

TEMA 3

Multiplicar números enteros de varios dígitos con fluidez

Pregunta esencial: ¿Cuáles son los procedimientos estándar para estimar y hallar los productos de números de varios dígitos?

Los recursos naturales, como el agua y el carbón, vienen de la Tierra.

El agua es un recurso renovable, porque se la puede usar una y otra vez.

¡Conseguiré una pajilla gigante! Este proyecto es sobre el uso del agua y la multiplicación.

Proyecto de enVision STEM: El uso del agua

Investigar Usa la Internet u otras fuentes para hallar cuánta agua se usa en las actividades de la casa, como ducharse o bañarse en la bañera, usar un lavaplatos, lavar los platos a mano y usar una lavadora.

Diario: Escribir un informe Incluye lo que averiguaste. En tu informe, también:

- escoge 3 de las actividades. Estima cuántas veces por semana tu familia hace cada actividad.

- estima el uso de agua semanal de cada actividad. Organiza tus resultados en una tabla.

- inventa y resuelve problemas de multiplicación basados en tus datos.

Nombre_____

☆Repasa lo que sabes☆

A·Z Vocabulario

Escoge el mejor término del recuadro.
Escríbelo en el espacio en blanco.

• ecuación   • múltiplo
• exponente   • potencia
• factor   • producto

1. La respuesta a un problema
de multiplicación es el/la _____.

2. Una oración numérica que muestra dos expresiones con el mismo valor
es un/una _____.

3. Un/Una _____ indica la cantidad de veces que la base se usa
como _____.

4. 50 es un/una _____ de 10 porque $5 \times 10 = 50$.

Operaciones

Halla las sumas o diferencias.

5. $9,007 + 3,128$

6. $7,904 - 3,199$

7. $27,924 - 13,868$

8. $9.27 + 3.128$

9. $119.04 - 86.5$

10. $165.2 - 133.18$

Redondear números enteros y números decimales

Redondea los números al lugar del dígito subrayado.

11. 14.3

12. 385.7

13. 0.545

14. 496.533

15. 496.353

16. 1,857.205

Comparar números decimales

17. Escribe los números de menor a mayor.   8.062   8.26   8.026   8.6

18. Escribe los números de mayor a menor.   0.115   0.15   0.005   0.5

Escoge un proyecto

PROYECTO
3A

¿Por qué rebota una pelota saltarina?

Proyecto: Haz un plan de negocios

PROYECTO
3B

¿Cómo puedes construir un fuerte?

Proyecto: Haz el modelo de un fuerte

PROYECTO
3C

¿Cuántas personas caben en un transbordador?

Proyecto: Diseña el prototipo de un transbordador

MATEMÁTICAS EN 3 ACTOS: VISTAZO

Representación matemática

Trasbordo matutino

Video

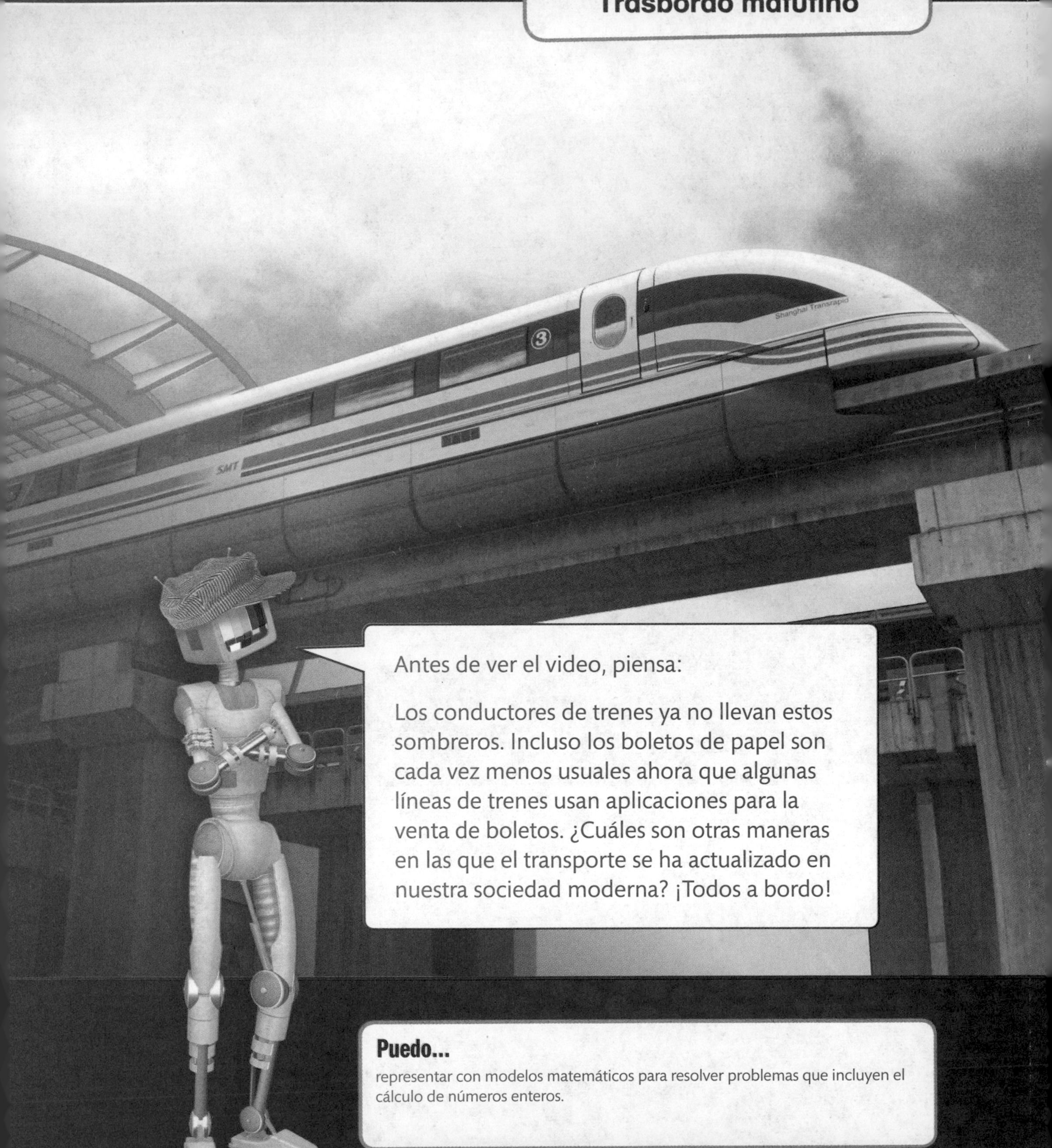

Antes de ver el video, piensa:

Los conductores de trenes ya no llevan estos sombreros. Incluso los boletos de papel son cada vez menos usuales ahora que algunas líneas de trenes usan aplicaciones para la venta de boletos. ¿Cuáles son otras maneras en las que el transporte se ha actualizado en nuestra sociedad moderna? ¡Todos a bordo!

Puedo...

representar con modelos matemáticos para resolver problemas que incluyen el cálculo de números enteros.

Nombre_____

Resuélvelo y coméntalo

En la tienda de cotillón de Izzy, las invitaciones para fiestas vienen en paquetes de 8. ¿Cuántas invitaciones hay en 10 paquetes? ¿Y en 100 paquetes? ¿Y en 1,000 paquetes? *Resuelve este problema de la manera que prefieras.*

Puedo...
calcular mentalmente para multiplicar un número entero por una potencia de 10.

Puedes usar herramientas apropiadas. Los bloques de valor de posición son útiles para representar problemas relacionados con potencias de 10.

También puedo escoger y usar herramientas matemáticas para resolver problemas.

¡Vuelve atrás! ¿Qué patrones observas en el trabajo que hiciste antes?

Aprendizaje visual A-Z Glosario

Pregunta esencial ¿Cómo se pueden usar los patrones y el cálculo mental para multiplicar un número entero por una potencia de 10?

A

El valor de cada posición en un número es 10 veces el valor de la posición que está a su derecha. La tabla de valor de posición muestra esta relación con el número 4. Busca patrones.

1, 10, 100, 1,000, 10,000 y 100,000 son potencias de 10.

Millares			Unidades		
Centenas	Decenas	Unidades	Centenas	Decenas	Unidades
					4
				4	0
			4	0	0
		4,	0	0	0
	4	0,	0	0	0
4	0	0,	0	0	0

10 veces 4
10 veces 40
10 veces 400
10 veces 4,000
10 veces 40,000

B Usa las relaciones de valor de posición para hallar $32 \times 10,000$.

Multiplica 32 por 1, 10, 100, 1,000 y 10,000.

$32 \times 1 = 32$ unidades $= 32$
$32 \times 10 = 32$ decenas $= 320$
$32 \times 100 = 32$ centenas $= 3,200$
$32 \times 1,000 = 32$ millares $= 32,000$
$32 \times 10,000 = 32$ decenas de millar $= 320,000$

Patrón
El producto tiene la misma cantidad de ceros que la potencia de 10.

C En lugar de usar la forma estándar, usa exponentes para escribir cada potencia de 10.

$32 \times 1 = 32 \times 10^0 = 32$
$32 \times 10 = 32 \times 10^1 = 320$
$32 \times 100 = 32 \times 10^2 = 3,200$
$32 \times 1,000 = 32 \times 10^3 = 32,000$
$32 \times 10,000 = 32 \times 10^4 = 320,000$

Patrón
El exponente indica cuántos ceros adicionales tendrá el producto.

¡Convénceme! **Evaluar el razonamiento** Nellie dice que $60 \times 1,000$ es 6,000, porque hay tres ceros en 1,000. Kara dice que $60 \times 1,000 = 60,000$. ¿Quién tiene razón? Explícalo.

Nombre_____

☆ Práctica guiada

¿Lo entiendes?

1. ¿Cuántos ceros tendrá el producto de 39 × 1,000? ¿Cuántos ceros tendrá el producto de 50 × 1,000?

2. Explica cómo hallar el producto de 90 × 10^4.

¿Cómo hacerlo?

Para **3** a **5**, usa el razonamiento para escribir los números que faltan.

3. 60 × 1 = _____
60 × 100 = _____
60 × 10,000 = _____

4. 13 × _____ = 13,000

5. ___ × 10^4 = 100,000

☆ Práctica independiente

Práctica al nivel Para **6** a **13**, halla cada producto.

6. 89 × 1
89 × 10
89 × 100
89 × 1,000
89 × 10,000

7. 30 × 1
30 × 10
30 × 100
30 × 1,000
30 × 10,000

8. 41 × 1
41 × 10^1
41 × 10^2
41 × 10^3
41 × 10^4

9. 90 × 1
90 × 10^1
90 × 10^2
90 × 10^3
90 × 10^4

10. 4 × 10^3

11. 85 × 100

12. 16 × 10^2

13. 10^3 × 38

Para **14** a **19**, usa el razonamiento para escribir los números que faltan.

14. 52 × 10— = 520,000

15. 68,637 = 10^1 × _____

16. _____ = 382 × 10^4

17. _____ = 10^3 × 80

18. 10— × 374 = 37,400

19. 500,000 = 50 × 10—

Resolución de problemas

20. En un partido de un campeonato de fútbol americano, el equipo local entregó una pelota a los 100 primeros aficionados que llegaron al estadio. Cada pelota le costó al equipo $28. ¿Cuánto pagó el equipo por las pelotas que regaló?

21. Construir argumentos Sin multiplicar, indica qué expresión es mayor: 93×10^3 o 11×10^4. ¿Cómo lo sabes?

22. Un camión lleva 10^2 fanegas de cebollas, 10^1 fanegas de duraznos y 10^3 fanegas de mazorcas de maíz. ¿Cuál es el peso total de los cultivos?

DATOS

Cultivo	Peso por fanega (libras)
Manzanas	48
Cebollas	57
Duraznos	50
Mazorcas de maíz	70

23. Norman compró una bolsa de 16 libras de carbón a $7.89 y una bolsa de 10.4 libras de carbón a $5.69. ¿Cuál es el peso total de las dos bolsas de carbón?

24. Razonamiento de orden superior Hay 2,000 libras en 1 tonelada. En los Estados Unidos, el límite de peso para un camión y su carga es 40 toneladas. ¿A cuántas libras equivale? ¿Cómo hallaste la respuesta?

☑ Práctica para la evaluación

25. ¿Qué opción es equivalente a multiplicar un número por 10^4?

Ⓐ Multiplicar por 40

Ⓑ Multiplicar por 100

Ⓒ Multiplicar por 1,000

Ⓓ Multiplicar por 10,000

26. Selecciona todos los enunciados que sean equivalentes a muliplicar 20×10^4.

☐ Sumar 10 a 20 cuatro veces.

☐ Multiplicar 20 por cuatro veces 10.

☐ Multiplicar 10 por cuatro veces 10.

☐ Multiplicar 20 por 10,000.

☐ Multiplicar 20 por 100,000.

Nombre_____

Resuélvelo y coméntalo

Un club escolar quiere comprar camisetas para cada uno de sus 38 miembros. Cada camiseta cuesta $23. ¿Aproximadamente cuánto dinero costarán todas las camisetas? *Resuelve este problema de la manera que prefieras.*

Puedo...
calcular mentalmente para estimar productos.

También puedo crear argumentos matemáticos.

¿Te piden una respuesta exacta o una estimación?

$23

¡Vuelve atrás! **Construir argumentos** ¿Cómo puedes usar el sentido numérico para saber que la respuesta exacta tiene que ser mayor que $600? Explica cómo lo sabes.

Pregunta esencial ¿Cómo se pueden estimar productos?

A

Una tienda necesita al menos $15,000 en ventas mensuales para tener ganancias. Si la tienda abre todos los días de marzo y el promedio de ventas es $525 diarios, ¿la tienda tendrá ganancias en marzo?

Puedes redondear para hacer una estimación.

¿El total de ventas en marzo es al menos $15,000?

B **Redondear para hacer estimaciones**

$525 se redondea a **$500**.

31 se redondea a **30**.

Halla 30 × 500.

30 × 500 = 15,000

Sabes que 3 × 5 = 15.

C Los dos números que se usaron para hacer una estimación eran menores que los números reales; por tanto, 15,000 es una estimación por defecto. La tienda ganará en realidad más de $15,000 en ventas.

Por tanto, la tienda tendrá ganancias en marzo.

¡Convénceme! **Evaluar el razonamiento** Otra tienda necesita ganar al menos $20,000 para tener ganancias en marzo. Ese mes, el promedio de sus ventas es $685 diarios. James usó el redondeo y la estimación, y dijo: "$685 es casi $700. $700 × 30 días es $21,000. ¡Creo que va a estar muy cerca!". ¿Qué crees tú?

Otro ejemplo

Estima 24 × 398.

25 y 4 son números compatibles, porque su producto es fácil de calcular mentalmente.

25 × 4 = 100

25 × 40 = 1,000

25 × 400 = 10,000

Por tanto, 10,000 es una buena estimación de 24 × 398.

> También puedes usar números compatibles para hacer una estimación.

Los dos números que se usaron para hacer una estimación son mayores que los números reales.

Por tanto, 10,000 es una estimación por exceso.

☆ Práctica guiada

¿Lo entiendes?

1. **Sentido numérico** En cada cartón de huevos cabe una docena de huevos. La granja de pollos de Michael completa 121 cartones de huevos. Michael cree que hay más de 1,500 huevos. ¿Tiene razón? Haz una estimación para averiguarlo.

¿Cómo hacerlo?

Para **2** a **5**, haz una estimación. Luego, indica si tu estimación es una estimación por exceso o por defecto.

2. 29 × 688

3. 210 × 733

4. 43 × 108

5. 380 × 690

☆ Práctica independiente

Práctica al nivel Para **6** a **17**, estima los productos.

6. 180 × 586

7. 300 × 118

8. 19 × 513

9. 38 × 249

10. 11 × 803

11. 44 × 212

12. 790 × 397

13. 42 × 598

14. 25 × 191

15. 408 × 676

16. 290 × 12

17. 854 × 733

Resolución de problemas

18. Razonar Estima 530 × 375. ¿El producto estimado está más cerca de 150,000 o de 200,000? Explícalo.

19. Ⓐ-z **Vocabulario** ¿500 es una **estimación por defecto** o **una estimación por exceso** del producto de 12 y 53?

---

20. Samuel necesita estimar el producto de 23 × 495. Explica dos métodos que puede usar Samuel para hacer la estimación.

21. Rebeca dice que 10^3 es 30, porque 10 + 10 + 10 = 30. ¿Estás de acuerdo? Explícalo.

---

22. Razonamiento de orden superior Abby cuenta 12 cajas grandes y 18 cajas pequeñas de lápices en el armario de útiles. Cada caja grande tiene 144 lápices. Cada caja pequeña tiene 24 lápices. Estima la cantidad total de lápices. ¿Tu estimación es una estimación por exceso o por defecto? Explica por qué podría ser mejor hacer una estimación por defecto en lugar de una estimación por exceso.

23. Susan redondeó para estimar 24 × 413 y halló 20 × 400. Jeremy usó números compatibles y halló 25 × 400. ¿Qué método da una estimación más cercana al producto real? Explícalo.

¿Es razonable tu respuesta?

Ⓒ **Práctica para la evaluación**

24. Lance tiene 102 paquetes de tarjetas de deportes. Cada paquete tiene 28 tarjetas. Redondea para hacer una estimación. ¿Aproximadamente cuántas tarjetas tiene Lance?

   Ⓐ 2,000

   Ⓑ 2,500

   Ⓒ 3,000

   Ⓓ 3,500

25. ¿Qué opción NO muestra una estimación razonable de 24 × 338?

   Ⓐ 6,000

   Ⓑ 7,000

   Ⓒ 7,500

   Ⓓ 10,000

Nombre_____

Resuélvelo y coméntalo

Supón que una escuela encarga 7 cajas de libros. Hay 25 libros en cada caja. ¿Cómo puedes usar papel y lápiz para hallar cuántos libros hay en total? ¿Cómo puedes comprobar si tu respuesta es razonable? *Resuelve este problema usando la estrategia que prefieras.*

Puedo...
usar estrategias de valor de posición y algoritmos para multiplicar por números de 1 dígito.

También puedo entender bien los problemas.

Puedes entender y perseverar. Formular un plan te puede ayudar a resolver problemas. ¡Muestra tu trabajo!

¡Vuelve atrás! Sin hallar la respuesta exacta, ¿cómo sabes que la respuesta al problema anterior es menor que 210?

Pregunta esencial

¿Cuál es una manera común de escribir la multiplicación?

A

La Sra. Stockton encargó 6 cajas de camisetas con el nombre de la escuela. Cada caja tiene 26 camisetas. ¿Cuántas camisetas encargó la Sra. Stockton?

Puedes multiplicar usando productos parciales. Puedes escribir y sumar los productos parciales en cualquier orden.

B **Una manera de anotar la multiplicación**

	20	6
6	$6 \times 20 = 120$	$6 \times 6 = 36$

$$\begin{array}{r} 26 \\ \times\ 6 \\ \hline \end{array}$$

Producto parcial 3 6 6×6 unidades $= 6 \times 6 = 36$
Producto parcial $+\ 1\ 2\ 0$ 6×2 decenas $= 6 \times 20 = 120$
$$\hline 156$$

C **Otra manera de anotar la multiplicación**

Puedes multiplicar los valores de posición en orden, comenzando por las unidades. Reagrupa si es necesario. Suma los valores reagrupados a cada valor de posición.

Paso 1: Multiplica las unidades.

$$\begin{array}{r} \overset{3}{2}6 \\ \times\ 6 \\ \hline 6 \end{array}$$

6×6 unidades $= 36$ unidades
$= 3$ decenas y 6 unidades

Anota las 6 unidades.
Anota las 3 decenas.

Paso 2: Multiplica las decenas.

$$\begin{array}{r} \overset{3}{2}6 \\ \times\ 6 \\ \hline 156 \end{array}$$

6×2 decenas $= 12$ decenas
12 decenas $+ 3$ decenas $= 15$ decenas

Este método de multiplicar se llama "algoritmo estándar".

La Sra. Stockton encargó 156 camisetas.

¡Convénceme! **Evaluar el razonamiento** Un estudiante hizo el cálculo que se muestra a la derecha. ¿Qué error cometió el estudiante? ¿Cuál es la respuesta correcta?

Respuesta incorrecta

$$\begin{array}{r} \overset{1}{2}6 \\ \times\ 3 \\ \hline 98 \end{array}$$

Otro ejemplo

Halla 4 × 156.

$$
\begin{array}{r}
2\,2 \\
1\,5\,6 \\
\times \qquad 4 \\
\hline
6\,2\,4
\end{array}
$$

Piensa:

4 × 6 unidades = 24; 24 es 2 decenas y 4 unidades.

4 × 5 decenas = 20 decenas; 20 decenas + 2 decenas = 22 decenas; 22 decenas es 2 centenas y 2 decenas.

4 × 1 centena = 4 centenas; 4 centenas + 2 centenas = 6 centenas.

$$
\begin{array}{r}
2\,1\,1 \\
2{,}746 \\
\times \qquad 3 \\
\hline
8{,}238
\end{array}
$$

El razonamiento y el procedimiento son iguales cuando hay 3 o 4 dígitos.

⭐ Práctica guiada

¿Lo entiendes?

1. Usa el valor de posición para explicar cada paso de cómo hallar 3 × 2,746.

¿Cómo hacerlo?

Para **2** a **5**, halla cada producto. Haz una estimación para comprobar si tu respuesta es razonable.

2.
$$
\begin{array}{r}
23 \\
\times \ 4 \\
\hline
\end{array}
$$

3.
$$
\begin{array}{r}
378 \\
\times \ 2 \\
\hline
\end{array}
$$

4.
$$
\begin{array}{r}
157 \\
\times \ 5 \\
\hline
\end{array}
$$

5.
$$
\begin{array}{r}
1{,}746 \\
\times \quad 3 \\
\hline
\end{array}
$$

⭐ Práctica independiente ⭐

Para **6** a **13**, halla cada producto. Haz una estimación para comprobar si tu respuesta es razonable.

6.
$$
\begin{array}{r}
519 \\
\times \ 4 \\
\hline
\end{array}
$$

7.
$$
\begin{array}{r}
28 \\
\times \ 3 \\
\hline
\end{array}
$$

8.
$$
\begin{array}{r}
72 \\
\times \ 5 \\
\hline
\end{array}
$$

9.
$$
\begin{array}{r}
138 \\
\times \ 5 \\
\hline
\end{array}
$$

10.
$$
\begin{array}{r}
27 \\
\times \ 3 \\
\hline
\end{array}
$$

11.
$$
\begin{array}{r}
123 \\
\times \ 9 \\
\hline
\end{array}
$$

12.
$$
\begin{array}{r}
1{,}445 \\
\times \quad 5 \\
\hline
\end{array}
$$

13.
$$
\begin{array}{r}
2{,}204 \\
\times \quad 6 \\
\hline
\end{array}
$$

Resolución de problemas

Para **14** a **16**, usa la información de las siguientes ilustraciones para hallar las masas.

14. Elefante marino   **15.** Carro deportivo   **16.** Bisonte

cebra:
435 kilogramos

bisonte:
2 veces el peso de
una cebra

carro deportivo:
4 veces el peso de
una cebra

elefante marino:
8 veces el peso de
una cebra

---

17. **Representar con modelos matemáticos** El año pasado, la abuela de Anthony le dio 33 monedas de plata y 16 monedas de oro para empezar una colección de monedas. Ahora, Anthony tiene seis veces esa cantidad de monedas en su colección. ¿Cuántas monedas tiene Anthony? Completa el diagrama de barras para mostrar tu trabajo.

monedas en total

monedas ahora

monedas para empezar

---

18. **🅰🆉 Vocabulario** Usa *distributiva* o *conmutativa* para completar la definición.

Según la propiedad _____ de la multiplicación, los factores se pueden multiplicar en cualquier orden y el producto es el mismo.

19. **Razonamiento de orden superior** ¿Crees que podrías usar un algoritmo de multiplicación para multiplicar un número de 4 dígitos por un número de 1 dígito? Explica tu respuesta.

✅ Práctica para la evaluación

20. Halla el producto.

$$
\begin{array}{r}
7\,6\,8 \\
\times \qquad 8 \\
\hline
\end{array}
$$

21. Halla el producto.

$$
\begin{array}{r}
1{,}9\,4\,5 \\
\times \qquad 3 \\
\hline
\end{array}
$$

Nombre _____

Resuélvelo y coméntalo

La Srta. Silva tiene 12 semanas para entrenar para una carrera. Planea correr 15 millas en una semana. Si continúa con el entrenamiento, ¿cuántas millas habrá corrido la Srta. Silva antes de la carrera? *Resuelve este problema usando la estrategia que prefieras.*

Puedo...
usar modelos de área, estrategias de valor de posición y propiedades de las operaciones como ayuda para multiplicar números de 2 dígitos por números de 2 dígitos.

También puedo entender bien los problemas.

Puedes usar productos parciales para ayudarte a entender el problema y resolverlo. ¡Muestra tu trabajo en el siguiente espacio!

¡Vuelve atrás! **Evaluar el razonamiento** Dwayne estimó 60 millas como la respuesta al problema anterior. ¿Es razonable la estimación? Si no lo es, ¿qué error piensas que cometió Dwayne?

Pregunta esencial **¿Cuál es una manera común de anotar la multiplicación?**

A

Un transbordador llevó 37 carros por viaje durante el fin de semana. Si el transbordador hizo 11 viajes el sábado y 13 viajes el domingo, ¿cuántos carros llevó el transbordador durante el fin de semana?

Puedes sumar y hallar que se hicieron 24 viajes el sábado y el domingo. Por tanto, el transbordador llevó 37 × 24 carros el fin de semana.

	30	7
20	20 × 30	20 × 7
4	4 × 30	4 × 7

B

Usar productos parciales

Usa el modelo de área para hallar los productos parciales de 24 × 37.

```
    37
  × 24
    28
   120
   140
 + 600
   888
```

El transbordador llevó 888 carros durante el fin de semana.

C

Usar el algoritmo estándar

Paso 1: Multiplica por las unidades.

```
     2
    37
  × 24
   148
```

Paso 2: Multiplica por las decenas.

```
     1
     2
    37
  × 24
   148
 + 740
   888
```

Suma los productos parciales.

El transbordador llevó 888 carros.

¡Convénceme! **Entender y perseverar** ¿Cuáles son algunas maneras de hacer una estimación para comprobar si una respuesta es razonable?

☆Práctica guiada

¿Lo entiendes?

1. Janet dijo que el algoritmo estándar es tan solo el método abreviado de los productos parciales. ¿Estás de acuerdo? Explícalo.

¿Cómo hacerlo?

Para **2**, usa un algoritmo o productos parciales para hallar el producto. Haz una estimación para comprobar si tu respuesta es razonable.

2.

```
      4 1
    × 2 3
    1 2 □
  + □ 2 0
    9 □□
```

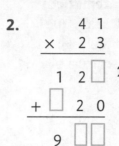

☆Práctica independiente

Práctica al nivel Para **3** a **14**, usa un algoritmo o productos parciales para hallar el producto. Usa y dibuja modelos de área si es necesario.

Haz una estimación para comprobar si tus respuestas son razonables.

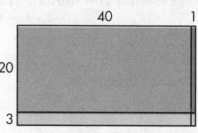

3.

```
      1 6
    × 2 2
      □ 2
  + □□ 0
    □□□
```

4.

```
      1 5
    × 1 6
      □□
    □□□
  + □□□
    □□□
```

5.
```
   27
 × 12
```

6.
```
   18
 × 15
```

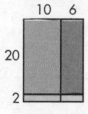

7. 53×17

8. 81×16

9. 15×16

10. 17×21

11. 12×22

12. 38×41

13. 42×52

14. 38×19

Resolución de problemas

15. Sentido numérico La altura sobre el agua del *Queen Mary 2* es aproximadamente la altura de un edificio de 14 pisos. ¿Cuál es la altura sobre el agua del *Queen Mary 2*?

Cada piso mide 12 pies de altura.

16. Representar con modelos matemáticos Escribe la ecuación de multiplicación que representa la matriz de la cuadrícula. Halla los productos parciales. Luego, calcula el producto final.

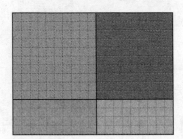

17. Razonamiento de orden superior Un ascensor puede llevar a 15 adultos o 20 niños por vez. El ascensor lleva una carga completa de pasajeros 52 veces por día. Si todos los pasajeros fueran niños en lugar de adultos, ¿cuántos niños más que adultos podría llevar el ascensor?

☑ **Práctica para la evaluación**

18. Hace diez años, Melissa plantó un árbol en el patio. Todas las semanas, Melissa tomó una foto del árbol para ver cómo crecía a medida que pasaba el tiempo. ¿Cuántas fotos del árbol tiene Melissa ahora?

  Ⓐ 62 fotos

  Ⓑ 120 fotos

  Ⓒ 520 fotos

  Ⓓ 620 fotos

Hay **52** semanas en un año.

19. El Sr. Morris compró cuadernos de dibujo para 24 de sus estudiantes. Cada cuaderno tiene 50 hojas. ¿Cuántas hojas hay en todos los cuadernos?

  Ⓐ 1,000 hojas

  Ⓑ 1,200 hojas

  Ⓒ 1,400 hojas

  Ⓓ 1,600 hojas

Nombre _____

Resuélvelo y coméntalo

Un centro de beneficencia local reunió 163 latas de comida por día durante 14 días. ¿Cuántas latas reunieron en total? Explica cómo hallaste tu respuesta.

Puedo...
multiplicar números de 3 dígitos por números de 2 dígitos.

También puedo crear argumentos matemáticos.

Puedes usar lo que sabes sobre multiplicar números de 2 dígitos por números de 2 dígitos como ayuda para resolver el problema.

COLECTA DE ALIMENTOS

¡Vuelve atrás! **Entender y perseverar** ¿Cómo puedes comprobar si tu respuesta es razonable?

Pregunta esencial **¿Cómo se pueden multiplicar números de 3 dígitos por números de 2 dígitos?**

Puente de aprendizaje visual

A

El mes pasado, una panadería vendió 389 cajas de roscas. ¿Cuántas roscas vendió la panadería el mes pasado? Halla 12 × 389.

12 roscas por caja

```
    3 8 9
  ×   1 2
─────────
      1 8    2 × 9
    1 6 0    2 × 80
    6 0 0    2 × 300
      9 0    10 × 9
    8 0 0    10 × 80
+ 3,0 0 0    10 × 300
─────────
    4,6 6 8
```

Puedes mostrar todos los productos parciales o usar el algoritmo estándar.

B **Paso 1**

Para usar el algoritmo estándar, primero multiplica por las unidades. Reagrupa si es necesario.

```
    1 1
    3 8 9
  ×   1 2
─────────
    7 7 8
```

2 × 9 unidades = 18 unidades o
                1 decena y 8
                unidades

2 × 8 decenas =16 decenas

16 decenas + 1 decena = 17 decenas

17 decenas = 1 centena y 7 decenas

2 × 3 centenas = 6 centenas

6 centenas + 1 centena = 7 centenas

C **Paso 2**

Multiplica por las decenas. Reagrupa si es necesario.

```
    3 8 9
  ×   1 2
─────────
    7 7 8
+ 3 8 9 0
```

10 × 9 unidades = 90 unidades

10 × 8 decenas = 80 decenas u 8 centenas

10 × 3 centenas = 30 centenas o 3 millares

D **Paso 3**

Suma para hallar el producto final.

```
    3 8 9
  ×   1 2
─────────
    7 7 8
+ 3 8 9 0
─────────
    4,668
```

La panadería vendió 4,668 roscas el mes pasado.

¡Convénceme! **Construir argumentos** ¿Es 300 × 10 una buena estimación de la cantidad de roscas que vendió la panadería? Explícalo.

Nombre _____

Práctica guiada

¿Lo entiendes?

1. Un teatro tiene capacidad para 540 personas por función. ¿Cuántos boletos se venden si el teatro vende todos los boletos para un mes de 30 días?

2. Sentido numérico ¿Es 500 × 30 una buena estimación para la cantidad de boletos vendidos en el teatro en un mes? Explícalo.

¿Cómo hacerlo?

Para **3** a **6**, halla los productos. Haz una estimación para ver si tu respuesta es razonable.

3. 236
× 46

4. 61
× 25

5. 951
× 62

6. 185
×   5

Práctica independiente

Práctica al nivel Para **7** a **18**, halla los productos. Haz una estimación para ver si tu respuesta es razonable.

7. 51
× 10

8. 892
× 18

9. 946
× 33

10. 735
× 41

11. 100
× 25

12. 81
× 11

13. 106
× 7

14. 90
× 59

15. 360
× 18

16. 222
× 75

17. 481
× 35

18. 659
× 17

Resolución de problemas

19. enVision® STEM ¿Cuántas veces late el corazón de un conejo en 1 hora?

Recuerda que 1 hora tiene 60 minutos.

20. En 1 hora, ¿cuántas veces más late el corazón de un conejo que el de un perro? Escribe una ecuación para mostrar tu trabajo.

DATOS

Animal	Ritmo cardíaco (latidos por minuto)
Perro	100
Jerbo	360
Conejo	212

21. Construir argumentos ¿Es 3,198 un producto razonable para 727 × 44? ¿Por qué?

22. Razonamiento de orden superior Un vivero vende plantas en bandejas. Cada plato tiene 6 plantas. Cada bandeja tiene 6 platos. El vivero vendió 18 bandejas el sábado y 21 bandejas el domingo. ¿Cuántas plantas vendió el vivero en total?

✓ Práctica para la evaluación

23. Tricia está construyendo un patio rectangular. El patio tendrá 108 ladrillos de ancho y 19 ladrillos de longitud. ¿Cuántos ladrillos necesita para construir el patio?

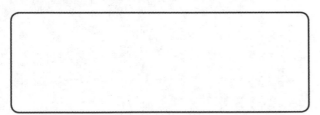

24. ¿Cuál es el producto?

$$\begin{array}{r} 312 \\ \times\ 14 \\ \hline \end{array}$$

- Ⓐ 1,560
- Ⓑ 1,568
- Ⓒ 4,268
- Ⓓ 4,368

Resuélvelo y coméntalo

Un distrito escolar está reemplazando todos los escritorios de los salones de clase. Hay 103 salones y cada salón necesita 24 escritorios nuevos. ¿Cuántos escritorios necesita comprar el distrito escolar? **Resuelve este problema de la manera que prefieras.**

Puedo...
multiplicar números que tienen un cero entre sus dígitos.

También puedo buscar patrones para resolver problemas.

Aplica lo que sabes acerca de multiplicar números de 3 dígitos y números de 2 dígitos. ¡Muestra tu trabajo!

¡Vuelve atrás! **Entender y perseverar** ¿Cuál sería una buena estimación para el problema anterior? Explícalo.

¿Cómo se pueden multiplicar números con ceros?

A

Un antiguo tren de vapor hace un recorrido turístico por día. Si se ocupan todos los asientos en cada viaje, ¿cuántos pasajeros puede llevar en 31 recorridos?

El algoritmo estándar no cambia cuando hay un cero en un factor.

El tren tiene 208 asientos en total.

B **Paso 1**

Halla 31 × 208.

Haz una estimación:

30 × 200 = 6,000

? pasajeros en total

| 208 | 31 recorridos → |

Cantidad de asientos por recorrido

C **Paso 2**

Multiplica por las unidades.

Reagrupa si es necesario.

Recuerda que el producto de multiplicar por cero es cero.

$$\begin{array}{r} 208 \\ \times\ 31 \\ \hline 208 \end{array}$$

D **Paso 3**

Multiplica por las decenas.

Reagrupa si es necesario.

Suma para obtener el producto final.

$$\begin{array}{r} {\scriptstyle 2} \\ 208 \\ \times\ 31 \\ \hline 208 \\ +\ 6240 \\ \hline 6,448 \end{array}$$

El tren puede llevar 6,448 pasajeros.

¡Convénceme! **Representar con modelos matemáticos** Supón que el tren lleva en promedio 102 asientos ocupados en cada recorrido. ¿Cuál es una estimación razonable de la cantidad de pasajeros que puede llevar el tren en 28 recorridos? Escribe una ecuación para mostrar tu trabajo.

☆Práctica guiada

¿Lo entiendes?

1. En un auditorio hay 104 filas con 24 asientos en cada una. ¿Cuántos asientos hay?

2. ¿Por qué es importante "hacer una estimación para ver si la respuesta es razonable"?

¿Cómo hacerlo?

Para **3** a **6**, halla los productos. Haz una estimación para ver si tu respuesta es razonable.

3.
$$\begin{array}{r} 205 \\ \times\ 23 \\ \hline \end{array}$$

4.
$$\begin{array}{r} 108 \\ \times\ 34 \\ \hline \end{array}$$

5.
$$\begin{array}{r} 410 \\ \times\ 44 \\ \hline \end{array}$$

6.
$$\begin{array}{r} 302 \\ \times\ 30 \\ \hline \end{array}$$

☆Práctica independiente

Práctica al nivel Para **7** a **18**, halla los productos. Haz una estimación para ver si tu respuesta es razonable.

7.
$$\begin{array}{r} 302 \\ \times\ 17 \\ \hline \end{array}$$

8.
$$\begin{array}{r} 608 \\ \times\ 23 \\ \hline \end{array}$$

9.
$$\begin{array}{r} 109 \\ \times\ 47 \\ \hline \end{array}$$

10.
$$\begin{array}{r} 510 \\ \times\ 72 \\ \hline \end{array}$$

11.
$$\begin{array}{r} 902 \\ \times\ 35 \\ \hline \end{array}$$

12.
$$\begin{array}{r} 207 \\ \times\ 61 \\ \hline \end{array}$$

13.
$$\begin{array}{r} 108 \\ \times\ 58 \\ \hline \end{array}$$

14.
$$\begin{array}{r} 505 \\ \times\ 77 \\ \hline \end{array}$$

15.
$$\begin{array}{r} 407 \\ \times\ 39 \\ \hline \end{array}$$

16.
$$\begin{array}{r} 280 \\ \times\ 66 \\ \hline \end{array}$$

17.
$$\begin{array}{r} 105 \\ \times\ 24 \\ \hline \end{array}$$

18.
$$\begin{array}{r} 360 \\ \times\ 48 \\ \hline \end{array}$$

Resolución de problemas

19. En la clase del Sr. Mello hay 27 estudiantes. Halla la cantidad total de páginas que leyeron los estudiantes hasta el final de noviembre.

20. Cada estudiante leyó 41 páginas en diciembre. ¿Cuántas páginas leyeron los estudiantes hasta el final de diciembre en total?

DATOS

Progreso con el libro de historia		
Mes	**Capítulo**	**Páginas**
Septiembre	1	35
Octubre	2	38
Noviembre	3	35

21. Meredith dice que 15.17 es mayor que 15.8, porque 17 es mayor que 8. ¿Estás de acuerdo? Explica tu razonamiento.

22. **Usar la estructura** Trudy quiere multiplicar 66 × 606. Dice que lo único que tiene que hacer es hallar 6 × 606 y luego duplicar ese número. Explica por qué el método de Trudy no dará la respuesta correcta. Luego, muestra cómo hallar el producto correcto.

23. **Razonamiento de orden superior** María necesita un trombón solo por 12 meses. Alquilar el trombón cuesta $34 por mes. Puede comprar el trombón a $495. ¿Le conviene comprar o alquilar el trombón? Explícalo. ¿Cuánto pagará?

24. Otra tienda de música alquila trombones a $30 por mes más un cargo anual de $48. ¿Qué oferta le conviene más? ¿Debería cambiar María su plan de alquiler?

Práctica para la evaluación

25. ¿Cuál es el producto?

$$\begin{array}{r} 709 \\ \times\ 41 \\ \hline \end{array}$$

Nombre _____

Resuélvelo y coméntalo

¿Cuál de las dos opciones de pago de un carro costará menos por 1 año? ¿Cuánto menos? *Resuelve este problema de la manera que prefieras.* Muestra tu trabajo.

Opciones de pago por el carro	Pago mensual	Pago cuatrimestral
	$325	$952

Puedo...
hallar el producto de números de varios dígitos.

También puedo razonar sobre las matemáticas.

Puedes razonar para relacionar las matemáticas con la vida cotidiana. Piensa en las situaciones que describen las multiplicaciones.

¡Vuelve atrás! ¿Cómo puedes estimar el total anual cuando pagas mensualmente? ¿Y cuando pagas por cuatrimestre?

Pregunta esencial

¿Cómo se puede usar la multiplicación para resolver problemas?

A

¿Cuál es total anual de agua, gas y electricidad?
¿Cuál es el total anual de los teléfonos celulares?

Cuentas	Costo (frecuencia)
Agua	$760 (cuatrimestral)
Gas y electricidad	$510 (cuatrimestral)
Teléfonos celulares	$271 (mensual)

El algoritmo convencional para multiplicar números enteros implica la descomposición de los números por el valor de posición.

Factura de teléfonos celulares: $271 por mes

MAR... FEBRERO ENERO

$271 $271 $271

B ¿Cuál es el total anual de agua, gas y electricidad?

Halla 4 × (760 + 510).

Haz una estimación: 4 × (760 + 510) es aproximadamente 4 × 1,200 = 4,800.
4 × (760 + 510) = 4 × 1,270

$$\begin{array}{r} {\scriptstyle 1\ 2} \\ 1{,}270 \\ \times\quad 4 \\ \hline 5{,}080 \end{array}$$

El total anual de agua, gas y electricidad es $5,080.

C ¿Cuál es el total anual de los teléfonos celulares?

Halla 12 × 271.

Haz una estimación: 12 × 271 es aproximadamente 10 × 270 = 2,700.

$$\begin{array}{r} {\scriptstyle 1} \\ 271 \\ \times\quad 12 \\ \hline 542 \\ +\ 2710 \\ \hline 3{,}252 \end{array}$$

El proceso para multiplicar es el mismo sin importar la cantidad de dígitos de los factores.

El total anual de los teléfonos celulares es $3,252.

¡Convénceme! **Hacerlo con precisión** ¿En qué se parecen los procesos para multiplicar en los dos cálculos anteriores? ¿En qué se diferencian?

Práctica guiada

¿Lo entiendes?

1. Carlos ahorra 18 centavos todos los días del año. Si este año tiene 365 días, ¿cuántos centavos habrá ahorrado al final del año? Escribe una ecuación para representar el problema. Luego, resuélvela.

2. Lila maneja 129 kilómetros ida y vuelta a su trabajo. ¿Cuántos kilómetros maneja en 31 días? Escribe una ecuación para representar el problema. Luego, resuélvela.

¿Cómo hacerlo?

Para **3** a **6**, estima los productos. Luego, calcula. Comprueba si tu respuesta es razonable.

3.
$$\begin{array}{r} 1\,3\,4 \\ \times\ \ 1\,1 \\ \hline \end{array}$$

4.
$$\begin{array}{r} 2\,0\,8 \\ \times\ \ 2\,6 \\ \hline \end{array}$$

5.
$$\begin{array}{r} 4\,2\,8 \\ \times\ \ \ 3\,5 \\ \hline \end{array}$$

6.
$$\begin{array}{r} 2\,7\,5 \\ \times\ \ \ 5\,6 \\ \hline \end{array}$$

Práctica independiente

Práctica al nivel Para **7** a **22**, haz una estimación y luego calcula los productos. Comprueba si tu respuesta es razonable.

7.
$$\begin{array}{r} 5\,3\,1 \\ \times\ \ \ 4\,7 \\ \hline \end{array}$$

8.
$$\begin{array}{r} 7\,5\,9 \\ \times\ \ \ 6\,8 \\ \hline \end{array}$$

9.
$$\begin{array}{r} 3\,6\,7 \\ \times\ \ \ 9\,2 \\ \hline \end{array}$$

10.
$$\begin{array}{r} 8\,1\,7 \\ \times\ \ \ 4\,5 \\ \hline \end{array}$$

11.
$$\begin{array}{r} 1{,}206 \\ \times\ \ \ 77 \\ \hline \end{array}$$

12.
$$\begin{array}{r} 543 \\ \times\ \ 18 \\ \hline \end{array}$$

13.
$$\begin{array}{r} 908 \\ \times\ \ 62 \\ \hline \end{array}$$

14.
$$\begin{array}{r} 750 \\ \times\ \ 81 \\ \hline \end{array}$$

15. $6{,}755 \times 9$

16. 869×46

17. 922×81

18. 783×14

19. 684×15

20. 650×22

21. $2{,}525 \times 37$

22. 615×41

Resolución de problemas

Para **23** y **24**, usa la tabla.

23. Representar con modelos matemáticos
Jason suele viajar por trabajo. Este año planea hacer 15 viajes a Chicago. ¿Cuál es el costo total de los pasajes de avión? Escribe una ecuación para representar el problema. Luego, resuélvela.

24. ¿Qué cuesta más: 15 viajes a Boston u 11 viajes a Nueva York? Explícalo.

Estos son precios de ida y vuelta.

Precios de pasajes de avión	
Destino	**Costo del pasaje**
Boston	$178
Nueva York	$225
Chicago	$489
Los Ángeles	$1,240

25. La cocinera de un restaurante está planificando su pedido de alimentos. Planea usar 115 libras de papas por día durante 12 días. ¿Cuántas libras de papas pedirá?

? cantidad de libras

115	115	115	115	115	115	115	115	115	115	115	115

↑
12 días

26. Razonamiento de orden superior Carolyn compró un galón de pintura que cubre 250 pies cuadrados. Quiere pintar una pared que mide 16 pies de ancho y 12 pies de altura. Explica si necesitará más de un galón de pintura o no.

Práctica para la evaluación

27. El producto de la siguiente expresión es 7,453.

$$
\begin{array}{r}
2\ 5\ 7 \\
\times\ \square\ 9 \\
\hline
\end{array}
$$

¿Cuál es el dígito que falta?

- Ⓐ 1
- Ⓑ 2
- Ⓒ 4
- Ⓓ 7

28. Cuando multiplicas un número de 3 dígitos por un número de 2 dígitos, ¿cuál es la mayor cantidad de dígitos que puede tener el producto?

Nombre _____

Resuélvelo y coméntalo

La familia de Kevin tomó 239 fotos en sus vacaciones de verano. Marco y su familia tomaron 12 veces esa cantidad de fotos en sus vacaciones. ¿Cuántas fotos tomó la familia de Marco? *Resuelve este problema de la manera que prefieras.*

Puedo...
resolver problemas verbales sobre multiplicación.

También puedo representar con modelos matemáticos para resolver problemas.

¿Cómo puedes usar una ecuación para representar la situación con modelos matemáticos?

¡Vuelve atrás! ¿Cómo puedes usar la estimación para saber si tu respuesta es razonable? Explícalo.

Pregunta esencial ¿Cómo se puede usar un diagrama de barras para resolver un problema de multiplicación?

A

En 1980 se vendió una pintura en $1,575. En 2015, la misma pintura se vendió a 5 veces esa cantidad. ¿Cuál fue el precio de la pintura en 2015?

Puedes dibujar un diagrama de barras y usar una variable para hallar el nuevo precio de la pintura.

B ¿Qué me piden que halle?

El precio de la pintura en 2015.

Sea p = el precio de la pintura en 2015.

Dibuja un diagrama de barras para representar el problema.

precio en 2015 (p)

2015	$1,575	$1,575	$1,575	$1,575	$1,575

5 veces ese precio

1980	$1,575

C Escribe y resuelve una ecuación con la variable.

$1,575 \times 5 = p$

$1,575 \times 5 = 7,875$.

Por tanto, $p = 7,875$.

En 2015, la pintura se vendió en $7,875.

Puedes usar la suma repetida o la división para comprobar tu respuesta.

¡Convénceme! **Construir argumentos** ¿Cómo puedes usar la estimación para justificar que la respuesta $7,875 es razonable?

Nombre _____

Práctica Herramientas Evaluación

☆ Práctica guiada

¿Lo entiendes?

1. Escribe un problema de la vida diaria relacionado con la multiplicación. Luego, dibuja un diagrama de barras y escribe una ecuación para resolver tu problema.

¿Cómo hacerlo?

Para **2**, escribe y resuelve una ecuación.

2. En la librería de Sharon hay 1,219 cajas de tarjetas. La tienda de May tiene 3 veces esa cantidad de cajas de tarjetas. ¿Cuántas cajas de tarjetas tiene la tienda de May?

c cajas de tarjetas

Tienda de May	1,219	1,219	1,219	3 veces esa cantidad
Librería de Sharon	1,219			

☆ Práctica independiente

Para **3** a **5**, dibuja un diagrama de barras para representar la situación. Luego, escribe y resuelve una ecuación.

3. Hay 14 salas de cine en el centro comercial. En cada sala hay 175 butacas. ¿Cuántas butacas hay en total?

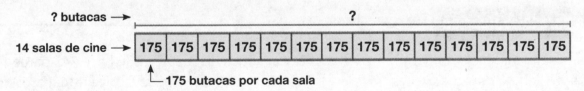

? butacas →

?

14 salas de cine → 175 | 175 | 175 | 175 | 175 | 175 | 175 | 175 | 175 | 175 | 175 | 175 | 175 | 175

↑ 175 butacas por cada sala

4. La distancia desde la casa de Brad hasta el mar es 12 veces la distancia hasta el mar desde la casa de Jennie. Si Jennie vive a 48 millas del mar, ¿a cuántas millas del mar vive Brad?

5. Una ferretería pidió 13 paquetes de clavos de un proveedor. Cada paquete trae 155 clavos. ¿Cuántos clavos pidió la ferretería?

Resolución de problemas

6. Álgebra La escuela de Sandi tiene 1,030 estudiantes. La escuela de Karla tiene 3 veces esa cantidad de estudiantes. Escribe una ecuación para hallar *e*, la cantidad de estudiantes de la escuela de Karla. Luego, resuelve tu ecuación.

	e			
Escuela de Karla	1,030	1,030	1,030	3 veces esa cantidad
Escuela de Sandi	1,030			

7. enVision® STEM La distancia de Júpiter al Sol es aproximadamente 5 veces la distancia entre la Tierra y el Sol. La Tierra está a aproximadamente 93,000,000 millas del Sol. ¿A aproximadamente qué distancia está Júpiter del Sol?

Busca una relación como ayuda para revolver este problema.

8. Razonamiento de orden superior William viaja solamente los sábados y domingos; voló 1,020 millas este mes. Jason viaja todos los días hábiles de la semana; voló 1,200 millas este mes. Si cada hombre viaja aproximadamente la misma cantidad de millas cada día, ¿quién viajó más millas por día este mes? Explícalo.

9. Entender y perseverar Hwong puede colocar 12 paquetes de café en una caja pequeña y 50 paquetes en una caja grande. Tiene 10 cajas pequeñas de café y quiere reorganizar los paquetes en cajas grandes. ¿Cuántas cajas grandes puede llenar? Explícalo.

✓ Práctica para la evaluación

10. Martín corrió 108 millas el año pasado. El mismo año, Katrina corrió 13 veces la cantidad de millas que corrió Martín. ¿Cuántas millas corrió Katrina el año pasado?

Ⓐ 1,008 millas

Ⓑ 1,404 millas

Ⓒ 1,806 millas

Ⓓ 2,000 millas

11. La fábrica de zapatos Erie hace 245 pares de zapatos por día. La fábrica de zapatos Columbus hace 34 veces la cantidad de zapatos que hace la fábrica Erie. ¿Cuántos pares de zapatos hace la fábrica Columbus por día?

Ⓐ 7,545 pares de zapatos

Ⓑ 8,010 pares de zapatos

Ⓒ 8,330 pares de zapatos

Ⓓ 8,750 pares de zapatos

Nombre _____

Un grupo de 44 estudiantes planifica un viaje en tren a Washington, D.C. Organizaron muchas funciones para recaudar fondos y reunieron $10,880. Nathan dijo: "El dinero debería alcanzarnos para pagar los boletos de tren. Viajarán aproximadamente 50 estudiantes y un boleto de ida y vuelta cuesta aproximadamente $200. Entonces, el costo total de los boletos es menos de $10,000".

¿Tiene sentido el razonamiento de Nathan?

Puedo...
evaluar el razonamiento de otros aplicando lo que sé acerca de estimar productos.

También puedo multiplicar números enteros de varios dígitos.

Viaje en tren	
14 de abril Clorisville a Washington, D.C.	$92
18 de abril Washington, D.C. a Clorisville	$92
Precio total del boleto	**$184**

Hábitos de razonamiento

¡Razona correctamente!
Estas preguntas te pueden ayudar.

- ¿Qué preguntas puedo hacer para entender el razonamiento de otros?

- ¿Hay errores en el razonamiento de otros?

- ¿Puedo mejorar el razonamiento de otros?

¡Vuelve atrás! **Evaluar el razonamiento** ¿Qué argumento puedes construir para apoyar la estimación de Nathan?

Pregunta esencial ¿Cómo se puede evaluar el razonamiento de otros?

A

La Sra. Lynch necesita enviar 89 cajas. 17 cajas pesan 150 libras cada una. Las demás cajas pesan 210 libras cada una.

María dice que las 89 cajas caben en un contenedor. Ella razona que 47 × 150 es menos que 7,500 y 42 × 210 es un poco más que 8,000; por tanto, la suma de los pesos debe ser menos que 15,400.

CARGA LÍMITE DE PESO 15,400 LB

¿Cuál es el razonamiento que usa María para apoyar su estimación?

María estima el peso total de las cajas más livianas y el peso total de las cajas más pesadas y, luego, suma las dos estimaciones.

B ¿Cómo puedo evaluar el razonamiento de otros?

Puedo

- hacer preguntas si necesito aclaración.

- decidir si la estrategia que se usó tiene sentido.

- buscar defectos en las estimaciones o los cálculos.

C

Este es mi razonamiento...

El razonamiento de María tiene defectos. María estimó que 42 × 210 es un poco más que 8,000, pero 9,000 es una mejor estimación.

Estimó los productos por defecto; por tanto, su conclusión no es válida.

Las cajas más pesadas pesan 8,820 libras. Las cajas más livianas pesan 7,050 libras.

El peso total es 15,870 libras. La suma es mayor que 15,400. El razonamiento de María no tiene sentido.

¡Convénceme! **Evaluar el razonamiento** Raúl dice que una manera de lograr que la carga no exceda el límite de peso es quitar dos de las cajas más pesadas y una de las más livianas. ¿Cómo puedes saber si el razonamiento de Raúl tiene sentido?

Nombre_____

☆ Práctica guiada

Evaluar el razonamiento

Un estadio tiene 58 secciones de asientos. Cada sección tiene 288 asientos. Para estimar la cantidad total de asientos, Mary multiplicó 60 × 300. Llegó a la conclusión de que el estadio tiene menos de 18,000 asientos.

1. ¿Cuál es el argumento de Mary? ¿Cómo lo apoya?

2. Describe al menos una cosa que harías para evaluar el razonamiento de Mary.

3. ¿Tiene sentido la conclusión de Mary? Explícalo.

☆ Práctica independiente

Evaluar el razonamiento

Un gerente tiene $10,000 para gastar en equipos nuevos. Planea comprar 300 lámparas a $72 cada una. Hizo los cálculos de la derecha y concluyó que sobra dinero suficiente para comprar más equipos.

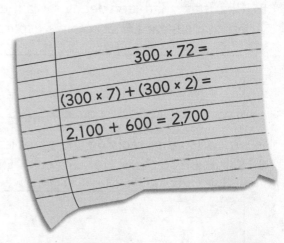

$$300 \times 72 =$$
$$(300 \times 7) + (300 \times 2) =$$
$$2,100 + 600 = 2,700$$

4. ¿Qué hace el gerente para apoyar su razonamiento?

5. Describe cómo podrías decidir si los cálculos del gerente son razonables.

Cuando evalúas el razonamiento, necesitas explicar si el método que usó otra persona tiene sentido.

6. ¿Tiene sentido la conclusión del gerente? Explícalo.

Resolución de problemas

☑ **Tarea de rendimiento**

Comprar un piano

Durante el verano, Kathleen vendió 1,092 frascos de mermelada en mercados al aire libre. Ganó $12 con cada uno. Quiere usar sus ganancias para comprar el piano Marfil-5K. Dijo: "Dado que 1,000 × 12 = 12,000, y 1,092 es mayor que 1,000, sé que mis ganancias suman más de $12,000. Por tanto, puedo comprar el piano".

Modelo de piano	Precio con impuestos
Armonía-2L	$8,675
Marfil-5K	$11,500
Tono dorado-TX	$14,250

7. Entender y perseverar Para decidir si ganó suficiente dinero, ¿Kathleen debería hacer una estimación por exceso o una estimación por defecto? ¿Por qué?

8. Razonar ¿Kathleen debe usar la multiplicación para estimar sus ganancias totales? Explica tu razonamiento.

Cuando evalúes el razonamiento, haz preguntas para comprender mejor el razonamiento de otra persona.

9. Hacerlo con precisión ¿Es apropiada la estimación de Kathleen? ¿Es correcto su cálculo? Explícalo.

10. Evaluar el razonamiento Explica si la conclusión de Kathleen es lógica. ¿Cómo lo decidiste? Si no es lógica, ¿qué puedes hacer para mejorar su razonamiento?

Sigue la ruta

Resuelve las multiplicaciones. Luego, sombrea los múltiplos de 10 para marcar una ruta que vaya desde la **SALIDA** hasta la **META**. Solo te puedes mover hacia arriba, hacia abajo, hacia la derecha o hacia la izquierda.

Actividad de práctica de fluidez

Puedo...
multiplicar números de varios dígitos con fluidez.

También puedo hacer mi trabajo con precisión.

Salida				
53 × 20	70 × 89	84 × 40	35 × 63	241 × 62
19 × 83	55 × 17	30 × 80	77 × 24	57 × 32
60 × 90	10 × 57	80 × 14	526 × 47	64 × 32
50 × 30	73 × 73	45 × 35	47 × 85	17 × 13
70 × 12	15 × 90	20 × 14	20 × 17	100 × 100
				Meta

TEMA 3 — Repaso del vocabulario

Glosario

Da un ejemplo y un contraejemplo para cada uno de estos términos.

	Ejemplo	Contraejemplo
1. Potencia de 10	_____	_____
2. Múltiplo de 10^2	_____	_____
3. Una expresión con una variable	_____	_____
4. Una estimación por defecto de 532×11	_____	_____

Lista de palabras

- estimación por defecto
- estimación por exceso
- expresión
- múltiplo
- potencia
- productos parciales
- variable

Escribe *siempre*, *a veces* o *nunca*.

5. La suma de los productos parciales es igual al producto final.

6. Un múltiplo de un número es una potencia de ese número.

7. Una estimación por defecto se obtiene al redondear cada factor a un número más grande.

8. Una potencia de un número es un múltiplo de ese número.

Escribe V si la expresión es *verdadera* o F si es *falsa*.

9. $642 \times 12 = 642$ decenas $+ 1{,}284$ unidades

10. $41 \times 10^6 = 41{,}000{,}000$

11. $80 \times 10^3 = 8{,}000$

12. Supón que los dos factores de una multiplicación son múltiplos de 10. Explica por qué la cantidad de ceros del producto puede ser diferente de la cantidad total de ceros de los factores. Incluye un ejemplo.

Nombre _____

Grupo A   páginas 81 a 85

Halla 65×10^3.

Mira el exponente de la potencia de 10. Agrega esa cantidad de ceros al otro factor para hallar el producto.

65000

Recuerda que debes mirar la cantidad de ceros o el exponente de la potencia de 10.

1. 12×10^4 **2.** 100×815

3. $10^2 \times 39$ **4.** $6{,}471 \times 10^1$

Grupo B   páginas 85 a 88

Estima 37×88.

Paso 1

Redondea los dos factores.

37 es aproximadamente 40 y 88 es aproximadamente 90.

Paso 2

Multiplica los factores redondeados.

$40 \times 90 = 3{,}600$

Recuerda que debes redondear los factores o usar números compatibles.

Estima los productos.

1. 7×396 **2.** 17×63

3. 91×51 **4.** 45×806

Grupo C   páginas 89 a 92

```
 1 3
 2 4 9
×   4
 9 9 6
```

Piensa:

4×9 unidades $= 36$; 36 es **3 decenas** y 6 unidades.

4×4 **decenas** $= 16$ decenas; 16 decenas $+ 3$ decenas $= 19$ decenas; 19 decenas es 1 centena y **9 decenas**.

4×2 centenas $= 8$ centenas; 8 centenas $+ 1$ centena $= 9$ centenas

Recuerda que debes llevar la cuenta de los valores de posición.

Halla los productos.

1. 133×3 **2.** 343×5

3. 893×7 **4.** $1{,}278 \times 4$

Grupo D   páginas 93 a 96

Halla 17×35.

```
   2
   3
   17
×  35
   85   ← Multiplica 17 por 5 unidades.
+ 510   ← Multiplica 17 por 3 decenas.
  595
```

Recuerda que puedes dibujar matrices o modelos de área para representar la multiplicación.

Halla los productos.

1. 21×13 **2.** 34×52

3. 89×27 **4.** 78×47

Halla 53 × 406.

Haz una estimación: 50 × 400 = 20,000

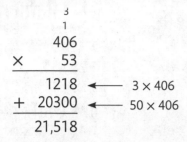

Recuerda que debes reagrupar si es necesario. Haz una estimación para ver si es razonable.

> Halla los productos.

1. 54 × 9

2. 76 × 59

3. 47 × 302

4. 32 × 871

5.   604
    ×   55

6.   7,133
    ×   4

Haz un dibujo y escribe una ecuación. Resuelve el problema.

La piscina de James mide 16 pies de longitud. La del parque Wing mide 4 veces esa longitud. ¿Cuál es la longitud de la piscina del parque?

ℓ = longitud de la piscina del parque Wing

16	16	16	16

↑
longitud de la piscina de James

16 × 4 = ℓ

ℓ = 64 pies

La longitud de la piscina del parque Wing es 64 pies.

Recuerda que los dibujos y las ecuaciones pueden ayudarte a representar y resolver problemas.

> Haz un dibujo y escribe una ecuación. Resuelve los problemas.

1. Alexandria tiene una colección de 34 muñecas. Una tienda de juguetes tiene 15 veces la cantidad de muñecas que tiene Alexandria. ¿Cuántas muñecas hay en la tienda?

2. Una tienda recibió un envío de 37 televisores valuados en $625 cada uno. ¿Cuál es el valor total del envío?

Piensa en tus respuestas a estas preguntas como ayuda para **evaluar el razonamiento de otros**.

Hábitos de razonamiento

- ¿Qué preguntas puedo hacer para entender el razonamiento de otros?

- ¿Hay errores en el razonamiento de otros?

Recuerda que debes considerar todas las partes de un argumento detenidamente.

Sarah tiene 214 bolsas de cuentas. En cada bolsa hay suficientes cuentas para 22 pulseras. Sarah estima que, dado que 200 × 20 = 4,000, hay suficientes cuentas para al menos 4,000 pulseras.

Indica cómo puedes evaluar el razonamiento de Sarah.

Nombre _____

1. La Dra. Peterson trabaja 178 horas por mes. ¿Cuántas horas trabaja al año?

Ⓐ 2,000

Ⓑ 2,136

Ⓒ 3,000

Ⓓ 2,200

2. Un plátano tiene 105 calorías. La semana pasada, Brendan y Lía comieron 14 plátanos en total. ¿Cuántas calorías representa esto?

3. En un depósito, se cargaron 127 camiones de entrega con 48 paquetes en cada uno.

A. Estima la cantidad total de paquetes que llevaron los camiones. Escribe una ecuación para representar tu trabajo.

B. ¿Hiciste una estimación por exceso o por defecto? Explica cómo lo sabes.

4. ¿Es correcta la siguiente ecuación? Explícalo.

$$5.6 \times 10^3 = 560$$

Ⓐ La ecuación es incorrecta. El producto debe tener 3 ceros.

Ⓑ La ecuación es correcta. El producto debe tener 1 cero.

Ⓒ La ecuación es incorrecta. El producto no debe tener ningún cero.

Ⓓ La ecuación es incorrecta. El producto debe tener 2 ceros.

5. La última novela de misterio cuesta $24. En la tabla se muestran las ventas de esta novela en una librería.

DATOS	Día	Libros vendidos
	Jueves	98
	Viernes	103
	Sábado	157
	Domingo	116

A. ¿Cuál fue la cantidad de ventas en dólares de la novela de misterio el sábado? Escribe una ecuación para representar tu trabajo.

B. ¿Cuál fue la cantidad de ventas en dólares de la novela de misterio el viernes? Escribe una ecuación para representar tu trabajo.

6. Hay 45 latas de mezcla de frutos secos. En cada lata hay 338 frutos secos. A continuación se muestra el trabajo de Mary. ¿Qué número falta? Escribe tu respuesta en el recuadro.

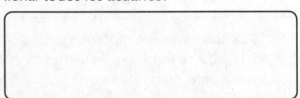

$$
\begin{array}{r}
3\ 3\ 8 \\
\times\ \ \ \ 4\ 5 \\
\hline
1\ 6\ 9\ 0 \\
1\ 3\ \boxed{}\ 2\ 0 \\
\hline
1\ 5\ 2\ 1\ 0
\end{array}
$$

7. En el zoológico hay 36 acuarios grandes. Cada uno tiene 205 galones de agua. ¿Cuántos galones de agua se necesitan para llenar todos los acuarios?

8. Kai pidió 1,012 tarjetas de béisbol. Sharon pidió 5 veces esa cantidad de tarjetas. Escribe y resuelve una ecuación para hallar *b*, la cantidad de tarjetas de béisbol que pidió Sharon.

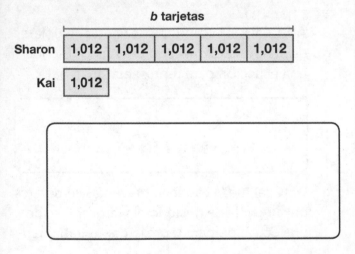

b tarjetas

Sharon	1,012	1,012	1,012	1,012	1,012

Kai	1,012

9. Multiplica.

$$
\begin{array}{r}
2\ 8\ 9 \\
\times\ \ \ 1\ 6 \\
\hline
\end{array}
$$

10. Empareja cada número de la izquierda con una expresión equivalente.

	12×10^0	12×100	12×10^3	12×10^1
1,200	❑	❑	❑	❑
120	❑	❑	❑	❑
12	❑	❑	❑	❑
12,000	❑	❑	❑	❑

11. Selecciona todas las expresiones que sean iguales a 3×10^3.

- [ ] $3 \times 1,000$
- [ ] 3×100
- [ ] 30×100
- [ ] 300×100
- [ ] 300×10

12. Rosanne tiene 142 canciones en su reproductor de MP3. Teresa tiene 11 veces esa cantidad de canciones. ¿Cuántas canciones tiene Teresa?

Ropa de béisbol

El entrenador Sandberg quiere comprar ropa para la liga de béisbol. La liga ya tiene gorras con su logotipo, pero al entrenador le gustaría ofrecer la opción de comprar una camiseta, una sudadera, pantalones de deporte o una chaqueta con el logotipo. Usa la información de la tabla para responder a las preguntas.

1. Los jugadores preguntaron a sus familiares y amigos si querían comprar una camiseta con el logotipo de la liga. Si 254 personas quieren una camiseta, ¿cuál es el costo total? Escribe una ecuación para representar tu trabajo.

Tienda de deportes de Jackie

Artículo	Precio del artículo
chaqueta	$53
sudadera	$32
camiseta	$14
pantalones de deporte	$24

2. El entrenador Sandberg quiere pedir 127 sudaderas.

Parte A

¿El costo total de las sudaderas será más o menos de $3,000? Haz una estimación para decidirlo. Explica tu razonamiento.

Parte B

¿Cuál es el costo total de 127 sudaderas?

3. ¿Qué costaría más: 32 camisetas o 14 sudaderas? ¿Cómo puedes saberlo sin multiplicar?

4. Hay 18×10^1 jugadores en la liga.

Parte A

La liga reunió $1,560 mediante eventos para recaudar fondos. Trenton estima el costo de comprar chaquetas para todos los jugadores de la liga. Llega a la conclusión de que la liga reunió suficiente dinero. ¿Estás de acuerdo con Trenton? Explícalo.

180 se redondea a 200.

53 se redondea a 50.

$200 \times \$50 = \$1,000$

Parte B

¿Cuánto costaría pedir pantalones de deporte para todos los jugadores? Escribe y resuelve una ecuación con una variable para mostrar tu trabajo.

5. ¿Qué cuesta más: 136 pantalones de deporte o 103 sudaderas? ¿Cuánto más?

6. El entrenador Sandberg quiere pedir 115 chaquetas y 27 gorras a $12 cada una.

Parte A

Estima el costo total de este pedido. Muestra tu trabajo.

Parte B

¿Cuál es el costo total? Compara tu respuesta y tu estimación.

Usar modelos y estrategias para multiplicar números decimales

Pregunta esencial: ¿Cuáles son los procedimientos más comunes para estimar y hallar los productos de los números decimales?

Recursos digitales

Libro del estudiante

Aprendizaje visual

Práctica

Evaluación

Herramientas

Glosario

En una hora, el Sol da energía suficiente para hacer funcionar todas las cosas de la Tierra durante un año completo.

Podemos usar la energía solar para obtener calor y electricidad sin contaminar el aire.

Veamos si podemos usar el Sol para cargar mi reproductor de música. Este es un proyecto sobre la energía solar.

Proyecto de enVision STEM: Energía solar

Investigar Usa la Internet u otras fuentes para aprender sobre la energía solar. Halla al menos cinco maneras en que usamos la energía solar en la actualidad.

Diario: Escribir un informe Incluye lo que averiguaste. En tu informe, también:

- describe al menos una manera en que podrías usar la energía solar. ¿Te ayudaría a ahorrar dinero?

- estima cuánto gasta tu familia en los costos de energía, como luz, gasolina, calefacción y refrigeración.

- inventa y resuelve problemas donde multipliques números enteros y números decimales.

⭐Repasa lo que sabes⭐

A-Z Vocabulario

Escoge el mejor término del recuadro. Escríbelo en el espacio en blanco.

- centésimas
- décimas
- estimación por defecto
- estimación por exceso
- exponente
- milésimas
- potencia
- productos parciales
- redondear

1. Una manera de estimar un número es _____ el número.

2. Usar 50 para la cantidad de semanas que hay en un año es un/una _____ .

3. En el número 3.072, el dígito 7 está en el lugar de las _____ y el dígito 2 está en el lugar de las _____.

4. 10,000 es un/una _____ de 10 porque $10 \times 10 \times 10 \times 10 = 10{,}000$.

Multiplicación de números enteros

Halla los productos.

5. 64×100

6. $7{,}823 \times 10^3$

7. $10 \times 1{,}405$

8. 53×413

9. 906×57

10. $1{,}037 \times 80$

Redondear números decimales

Redondea los números a la décima más cercana.

11. 842.121

12. 10,386.145

13. 585.055

Propiedades de la multiplicación

Usa las propiedades conmutativa y asociativa de la multiplicación para completar las multiplicaciones.

14. $96 \times 42 = 4{,}032$; por tanto, $42 \times 96 =$ _____

15. $4 \times (58 \times 25) = 4 \times (25 \times$ ____$) = ($ ____ $\times$ ____$) \times 58 =$ _____

16. $(293 \times 50) \times 20 = 293 \times (50 \times$ ____$) =$ _____

Nombre _____

PROYECTO 4A

¿Cómo puedes establecer un plan de actividad física?

Proyecto: Haz un plan de actividad física

PROYECTO 4B

¿Cuánto cuesta vestir a un equipo?

Proyecto: Presupuesta un equipo

¿Cuánto avanza un cohete en 100 segundos?

Proyecto: Haz un cartel

¿Cuánto más debes pagar?

Proyecto: Haz una representación de datos

Nombre _____

Resuélvelo y coméntalo

Javier ayuda a sus padres a pegar carteles en su sala de cine. Cada cartel tiene un grosor de 0.012 pulgadas. ¿Qué grosor tiene una pila de 10 carteles? ¿Y de 100 carteles? ¿Y de 1,000? **Resuelve este problema de la manera que prefieras.**

Puedo...
hallar el producto de un número decimal y una potencia de 10.

También puedo buscar patrones para resolver problemas.

Puedes usar la estructura de nuestro sistema numérico y el cálculo mental como ayuda.

¡Vuelve atrás! **Usar la estructura** ¿En qué se parecen tu respuesta para los 1,000 carteles y 0.012? ¿En qué se diferencian?

Pregunta esencial ¿Qué patrones pueden ayudarte a multiplicar números decimales por potencias de 10?

A

Puedes usar el valor de posición y lo que sabes sobre números enteros para multiplicar números decimales por potencias de 10. ¿Qué patrones encuentras?

Ya sabemos lo que ocurre cuando multiplicamos un número entero por potencias de 10.

$363 \times 1 =$
$363 \times 10^1 =$
$363 \times 10^2 =$
$363 \times 10^3 =$

Centenas de millar	Decenas de millar	Millares	Centenas	Decenas	Unidades
			3	6	3
		3	6	3	0
	3	6	3	0	0
3	6	3	0	0	0

B En una tabla de valor de posición, se repite el mismo patrón cuando un número decimal se multiplica por potencias de 10.

$3.63 \times 1 =$
$3.63 \times 10^1 =$
$3.63 \times 10^2 =$
$3.63 \times 10^3 =$

Millares	Centenas	Decenas	Unidades	Décimas	Centésimas
			3.	6	3
		3	6.	3	0
	3	6	3.	0	0
3	6	3	0.	0	0

El valor del dígito en una posición es 10 veces su valor cuando se mueve un lugar a la izquierda. Cuando multiplicamos un número por 10, sus dígitos se mueven hacia la izquierda.

C Si miramos los números, aparece otro patrón.

$3.63 \times 1 = 3.63$

$3.63 \times 10^1 = 36.3$

$3.63 \times 10^2 = 363.0$

$3.63 \times 10^3 = 3630.0$

Parece que el punto decimal se mueve un lugar a la derecha cada vez.

¡Convénceme! **Usar la estructura** Completa la tabla. ¿Qué patrones puedes usar para situar el punto decimal?

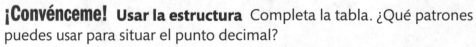

	$\times 10^1$	$\times 10^2$	$\times 10^3$
1.275			
26.014			
0.4			

Nombre_____

☆Práctica guiada

¿Lo entiendes?

1. Al multiplicar por potencias de 10, como en 4.58×10^3, ¿cómo sabes que estás moviendo el punto decimal en la dirección correcta?

¿Cómo hacerlo?

Para **2** a **5**, halla los productos.

2. 0.009×10 3. 3.1×10^3

4. 0.062×10^2 5. 1.24×10^4

☆Práctica independiente

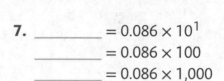

Los patrones de valor de posición te pueden ayudar a resolver estos problemas.

Práctica al nivel Para **6** y **7**, halla los productos.

6. $42.3 \times 1 =$ _____
   $42.3 \times 10 =$ _____
   $42.3 \times 10^2 =$ _____

7. _____ $= 0.086 \times 10^1$
   _____ $= 0.086 \times 100$
   _____ $= 0.086 \times 1{,}000$

Para **8** a **15**, halla los productos.

8. 63.7×10 9. 563.7×10^2 10. 0.365×10^4 11. 5.02×100

12. 94.6×10^3 13. 0.9463×10^2 14. 0.678×100 15. 681.7×10^4

Para **16** a **18**, halla el exponente que falta.

16. $0.629 \times 10^{\square} = 62.9$

17. $10^{\square} \times 0.056 = 560$

18. $1.23 = 10^{\square} \times 0.123$

Resolución de problemas

Para **19** a **21**, usa la tabla para hallar las respuestas.

19. Monroe observa especímenes con el microscopio en la clase de ciencias. El microscopio aumenta los objetos a 100 veces su tamaño real. Halla el tamaño de cada espécimen cuando se lo ve con el microscopio.

20. La maestra de Monroe quiere que cada estudiante dibuje el espécimen más largo. ¿Cuál es el espécimen más largo?

21. Visto con el microscopio, un espécimen mide 0.75 cm de longitud. ¿Cuál es su longitud real?

Espécimen	Longitud real (cm)	Tamaño en microscopio (cm)
A	0.008	
B	0.011	
C	0.0025	
D	0.004	

---

22. Los binoculares de Jon agrandan los objetos a 10 veces su tamaño real. Si la longitud de una hormiga es 0.43 pulgadas, ¿cuál es la longitud cuando se la mira con los binoculares?

23. **Razonamiento de orden superior** Jefferson trazó una recta de 9.5 pulgadas de longitud. Brittany trazó una recta de 10 veces esa longitud. ¿Cuál es la diferencia de longitud entre las dos rectas?

---

24. **Construir argumentos** José corrió 2.6 millas. Pavel corrió 2.60 millas. ¿Quién llegó más lejos? Explica tu razonamiento.

✓ Práctica para la evaluación

25. Marca todas las ecuaciones que sean verdaderas.

- ☐ $4.82 \times 1{,}000 = 482{,}000$
- ☐ $4.82 \times 10^2 = 482$
- ☐ $0.482 \times 10^1 = 48.2$
- ☐ $0.482 \times 10^3 = 482$
- ☐ $48.2 \times 10^4 = 4{,}820$

26. Marca todas las ecuaciones que sean verdaderas si se escribe 10^2 dentro del recuadro.

- ☐ $37 = \square \times 0.37$
- ☐ $0.37 = \square \times 0.037$
- ☐ $370 = \square \times 3.7$
- ☐ $0.37 = \square \times 3.7$
- ☐ $3.7 = \square \times 0.037$

Resuélvelo y coméntalo

René necesita 32 hebras de cordel para un proyecto de arte. Cada hebra debe medir 1.25 centímetros de longitud. ¿Aproximadamente cuántos centímetros de cordel necesita? *Resuelve este problema de la manera que prefieras.*

Generalizar ¿Cómo puedes relacionar lo que sabes sobre hacer estimaciones con números enteros para hacer estimaciones con números decimales? ¡Muestra tu trabajo!

Lección 4-2
Estimar el producto de un número decimal y un número entero

Puedo...
usar el redondeo y los números compatibles para estimar el producto de un número decimal y un número entero.

También puedo hacer generalizaciones a partir de ejemplos.

¡Vuelve atrás! ¿Tu estimación es una estimación por exceso o por defecto? ¿Cómo lo sabes?

¿Cuáles son algunas maneras de estimar productos de números decimales y números enteros?

Puente de aprendizaje visual

A

Un organizador de bodas debe comprar 16 libras de queso cheddar en rebanadas. ¿Aproximadamente cuánto costará el queso?

Las palabras *aproximadamente cuánto* significan que necesitas solo una estimación.

Puedes usar diferentes estrategias para estimar un producto.

$2.15 la libra

B **Una manera**

Redondea cada número al dólar más cercano y a la decena más cercana.

$2.15 × 16

$2 × 20

$2 × 20 = $40

El queso costará aproximadamente $40.

C **Otra manera**

Usa números compatibles que puedas multiplicar mentalmente.

$2.15 × 16

$2 × 15

$2 × 15 = $30

El queso costará aproximadamente $30.

¡Convénceme! **Razonar** ¿Aproximadamente cuánto costarán 18 libras de queso si el precio es $3.95 por libra? Usa dos maneras de estimar el producto. ¿Tus estimaciones son estimaciones por exceso o por defecto? Explícalo.

Otro ejemplo

Manuel camina un total de 0.75 millas para ir y volver de la escuela todos los días. Si hasta ahora hubo 105 días de escuela este año, ¿aproximadamente cuántas millas ha caminado en total?

Redondea al número entero más cercano.

105×0.75

$\downarrow \quad\quad \downarrow$

$105 \times 1 = 105$

Usa números compatibles.

105×0.75

$\downarrow \quad\quad \downarrow$

$100 \times 0.8 = 80$

Asegúrate de situar el punto decimal correctamente.

Ambos métodos dan estimaciones razonables de cuánto ha caminado Manuel.

☆ Práctica guiada

¿Lo entiendes?

1. **Sentido numérico** Hay aproximadamente 20 días de escuela en un mes. ¿Aproximadamente cuántas millas camina Manuel cada mes? Escribe una ecuación para mostrar tu trabajo.

2. Sin multiplicar, ¿cuál de las estimaciones de Otro ejemplo crees que está más cerca de la respuesta exacta? Explica tu razonamiento.

¿Cómo hacerlo?

Para **3** a **8**, redondea o usa números compatibles para estimar los productos.

3. 0.87×112	**4.** 104×0.33
5. 9.02×80	**6.** 0.54×24
7. 33.05×200	**8.** 0.79×51

☆ Práctica independiente

Para **9** a **16**, estima los productos.

9. 0.12×105

10. 45.3×4

11. 99.2×82

12. 37×0.93

13. 1.67×4

14. 3.2×184

15. 12×0.37

16. 0.904×75

Resolución de problemas

17. ¿Aproximadamente cuánto dinero necesita Stan para comprar 5 camisetas y 10 insignias?

18. Joseph compra un par de pantalones cortos a $17.95 y 4 camisetas. ¿Aproximadamente cuánto dinero gasta?

Recuerdo	Costo
Insignia	$1.95
Camiseta	$12.50

DATOS

19. Marcy compró 18.8 libras de duraznos en un huerto de autoservicio. Cada libra cuesta $1.28. ¿Aproximadamente cuánto pagó Marcy por los duraznos? Escribe una ecuación para representar tu trabajo.

20. **Hacerlo con precisión** Joshua tenía $20. Gastó $4.58 el viernes, $7.43 el sábado y $3.50 el domingo. ¿Cuánto dinero le queda? Muestra cómo hallaste la respuesta.

21. **Razonamiento de orden superior** La Sra. Webster trabaja 4 días por semana en su oficina y 1 día por semana en su casa. El camino a la oficina tiene 23.7 millas. El camino a su casa tiene 21.8 millas. ¿Aproximadamente cuántas millas maneja cada semana para ir y volver del trabajo? Explica cómo hallaste tu respuesta.

Práctica para la evaluación

22. Si redondeas a la décima más cercana, ¿qué opción te dará una **estimación por defecto**?

- ☐ 39.45×1.7
- ☐ 27.54×0.74
- ☐ 9.91×8.74
- ☐ 78.95×1.26
- ☐ 18.19×2.28

23. Si redondeas al número entero más cercano, ¿qué opción te dará una **estimación por exceso**?

- ☐ 11.6×9.5
- ☐ 4.49×8.3
- ☐ 12.9×0.9
- ☐ 0.62×1.5
- ☐ 8.46×7.38

Nombre_____

Resuélvelo y coméntalo

Mara tiene 4 lotes en el jardín. El área de cada uno es 0.7 acres. ¿Cuál es el área total de los lotes del jardín? Usa objetos o las siguientes cuadrículas para mostrar tu trabajo.

¿Cómo puedes representar la multiplicación de un número decimal y un número entero?

Puedo...
usar modelos para representar la multiplicación de un número decimal y un número entero.

También puedo entender bien los problemas.

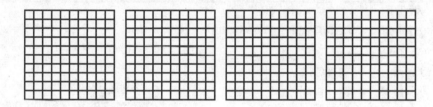

¡Vuelve atrás! **Evaluar el razonamiento** Ed dice que una cuadrícula decimal muestra 10 décimas. Mónica dice que muestra 100 centésimas. ¿Quién tiene razón? Explícalo.

Pregunta esencial ¿Cómo se puede representar la multiplicación de un número decimal por un número entero?

Puente de aprendizaje visual

A

¿Cómo puedes usar modelos para hallar 4 × 0.36?

Cuando representamos un número decimal, es importante establecer el tipo de bloque que representa 1.

Puedes usar bloques de valor de posición para mostrar la multiplicación de un número decimal por un número entero.

representa 1

representa 0.1

representa 0.01

B Multiplicar 4 × 0.36 es igual que combinar 4 grupos de 0.36 cada uno.

0.36   +0.36   +0.36   +0.36

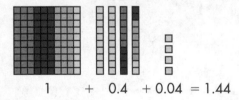

Los bloques de valor de posición muestran que 4 × 0.36 = 1.44.

Si reagrupamos tras combinar los bloques, obtenemos:

1   +   0.4   + 0.04 = 1.44

¡Convénceme! **Entender y perseverar** Bari hizo un tren con 5 vagones, cada uno de 1.27 metros de longitud. ¿Cuál es la longitud del tren completo? Usa bloques de valor de posición para representar el problema. Luego, usa una ecuación para hallar el producto y compara las respuestas.

Nombre _____

☆ Práctica guiada

¿Lo entiendes?

1. Sin multiplicar, ¿4 × 0.36 es mayor o menor que 4? Explícalo.

¿Cómo hacerlo?

Para **2** a **5**, halla los productos. Puedes usar bloques de valor de posición como ayuda.

2. 0.8 × 4   **3.** 0.7 × 3

4. 0.5 × 6   **5.** 0.6 × 5

☆ Práctica independiente

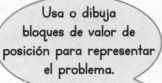

Para **6** y **7**, halla los productos. Usa bloques de valor de posición como ayuda.

Usa o dibuja bloques de valor de posición para representar el problema.

6. 0.55 × 3 = _____

7. _____ = 0.45 × 2

Para **8** a **19**, halla los productos. Usa bloques de valor de posición como ayuda.

8. 5 × 0.5   **9.** 4 × 0.27   **10.** 6 × 0.13   **11.** 0.78 × 5

12. 10 × 0.32   **13.** 6 × 2.03   **14.** 1.35 × 5   **15.** 100 × 0.12

16. 4 × 0.15   **17.** 3 × 2.5   **18.** 0.9 × 7   **19.** 0.35 × 3

Resolución de problemas

20. Una ciudad está construyendo 3 parques en una nueva subdivisión. Cada parque tendrá 1.25 acres. ¿Cuántos acres tendrán los 3 parques en total? Usa bloques de valor de posición para representar el problema si necesitas ayuda.

¿En qué se parece multiplicar con números decimales a multiplicar números enteros?

21. Razonamiento de orden superior La ciudad compró más terrenos cerca de la subdivisión. Si deciden que cada parque tenga 12.5 acres, ¿cuántos acres más ocuparán los parques?

22. Escribe una ecuación de multiplicación que coincida con el sombreado de la cuadrícula.

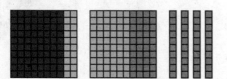

23. Evaluar el razonamiento Jen multiplicó 9 por 0.989 y obtuvo 89.01 como resultado. ¿Cómo puedes usar la estimación para mostrar que la respuesta de Jen es incorrecta? ¿Qué error crees que cometió Jen?

☑ Práctica para la evaluación

24. Anita necesita 5 libras de plátanos para hacer pan de plátanos para una venta de pasteles. Cada libra de plátanos cuesta $0.50.

Parte A

¿Cómo puede usar Anita bloques de valor de posición para hallar el costo total de los plátanos? ¿Cuál es el costo total?

Parte B

¿Cómo puede Anita usar lo que sabe sore la multiplicación de los números enteros para comprobar que su respuesta sea correcta?

Nombre_____

Resuélvelo y coméntalo

Un carro recorre 1.15 kilómetros en 1 minuto. Si viaja a una velocidad constante, ¿qué distancia recorrerá en 3 minutos? ¿Y en 5 minutos? *Resuelve este problema de la manera que prefieras.*

Puedo...
multiplicar un número decimal por un número entero.

También puedo hacer generalizaciones a partir de ejemplos.

Generalizar
Puedes relacionar lo que sabes sobre la multiplicación de números enteros con la multiplicación de un número decimal por un número entero.

¡Vuelve atrás! ¿Cómo se puede usar la suma para responder las preguntas anteriores?

Pregunta esencial ¿Cómo se puede multiplicar un número decimal por un número entero?

A

Por cada boleto que se venda para un partido de béisbol de los Lions se recolectarán $0.15 para una obra benéfica. Si compraras 12 boletos, ¿cuánto dinero iría para la obra benéfica?

Para multiplicar 0.15 × 12 puedes pensar en 15 × 12 y los patrones de valor de posición.

B ## Una manera

Suma 0.15 doce veces.

```
  0.15
  0.15
  0.15
  0.15
  0.15
  0.15
  0.15
  0.15
  0.15
  0.15
  0.15
+ 0.15
  1.80
```

C ## Otra manera

Primero, multiplica como lo harías con números enteros.

```
     1
    12
  × 15
    60
   120
   180
```

Usa el sentido numérico para situar el punto decimal.

```
     1
    12
  × 0.15
     60
    120
   1.80
```

Fíjate que los dígitos son iguales.

¡Convénceme! **Generalizar** Estas dos multiplicaciones son similares:

33	0.33
× 19	× 19
297	297
+ 330	+ 330
627	627

Sitúa el punto decimal donde corresponde en cada respuesta. Explica tu razonamiento.

Nombre _____

☆ Práctica guiada

¿Lo entiendes?

1. ¿Cuál es la diferencia entre multiplicar un número entero por un número decimal y multiplicar dos números enteros?

2. Si un grupo compra 24 boletos, ¿cuánto dinero iría a la obra benéfica? Explica cómo hallaste la respuesta.

¿Cómo hacerlo?

Para **3** a **8**, halla los productos.

3.   9.8
     ×   2

4.   0.67
     ×   8

5. 34 × 5.3

6. 4.6 × 21

7. 0.6 × 15

8. 55 × 1.1

☆ Práctica independiente

> Usa lo que sabes sobre la multiplicación de números enteros y los valores de posición como ayuda.

Para **9** a **20**, halla los productos.

9.   34.6
     ×   9

10.   64.2
     ×   20

11.   40
     × 0.22

12.   57
     × 2.3

13. 5.8 × 11

14. 56 × 0.4

15. 170 × 0.003

16. 0.3 × 99

17. 26 × 1.61

18. 50 × 0.914

19. 10.76 × 100

20. 2.54 × 12

Resolución de problemas

21. enVision® STEM Para satisfacer el pico de la demanda de energía, una cooperativa de energía eléctrica compra electricidad generada localmente. Pagan $0.07 por cada kWh (kilovatio-hora) generado con energía solar. ¿Cuánto dinero gana una escuela cuando le vende 956 kWh a la cooperativa?

> Redondea y haz una estimación para comprobar que tu respuesta sea razonable.

22. La aerolínea por la que viaja Vince tiene un límite de equipaje de 41 libras. Vince tiene dos bolsos verdes, que pesan 18.4 libras cada uno, y un bolso azul, que pesa 3.7 libras. ¿Están los bolsos dentro del límite de peso? Explícalo.

23. Michael lleva un registro del tiempo que usa la computadora familiar por semana durante 10 semanas. Hizo una tabla de frecuencias con los datos que reunió. ¿Cuántas horas usó Michael la computadora?

Cantidad de horas	Frecuencia
$3\frac{1}{2}$	2
4	4
$4\frac{1}{2}$	3
5	1

24. Evaluar el razonamiento Sara está multiplicando dos factores; uno es un número entero y el otro tiene dos lugares decimales. Ella dice que el producto podría tener un solo lugar decimal. ¿Tiene razón? Da un ejemplo y explica tu razonamiento.

25. Razonamiento de orden superior Heather limpia una región rectangular en su patio para hacer un huerto. Si la longitud es un número entero de un dígito y el ancho es 5.5 metros, ¿cuál es la menor área posible? ¿Y la mayor área posible? Explica cómo hallaste tus respuestas.

✓ Práctica para la evaluación

26. ¿Cuál de las siguientes ecuaciones **NO** es verdadera?

Ⓐ $75 \times 3 = 225$

Ⓑ $75 \times 0.3 = 22.5$

Ⓒ $7.5 \times 3 = 2.25$

Ⓓ $75 \times 0.03 = 2.25$

27. ¿Cuál de las siguientes ecuaciones **NO** es verdadera?

Ⓐ $50 \times 12 = 600$

Ⓑ $50 \times 0.12 = 6$

Ⓒ $0.5 \times 12 = 60$

Ⓓ $50 \times 1.2 = 60$

Nombre _____

Resuélvelo y coméntalo

Un rectángulo tiene un área de 0.24 metros cuadrados. ¿Cuáles son algunas longitudes y anchos posibles para el rectángulo? Explica por qué. *Resuelve este problema de la manera que prefieras. Si quieres, puedes usar una cuadrícula de centésimas.*

Puedo...
usar cuadrículas para multiplicar números decimales.

También puedo hacer mi trabajo con precisión.

¿Las dos dimensiones pueden ser mayores que 1 metro? ¿Las dos dimensiones pueden ser menores que 1 metro? *Muestra tu trabajo en el siguiente espacio.*

¡Vuelve atrás! **Generalizar** ¿Cómo usaste lo que sabías sobre números enteros y el valor de posición para hallar las dimensiones posibles?

Pregunta esencial **¿Cómo se puede representar la multiplicación de números decimales?**

A

Un granjero tiene un campo cuadrado de 1 milla de ancho por 1 milla de longitud. Su sistema de irrigación le permite regar las 0.5 millas del norte de su campo. Si sus tomates están plantados en una sección que tiene 0.3 millas de ancho, ¿cuál es el área de los tomates regados?

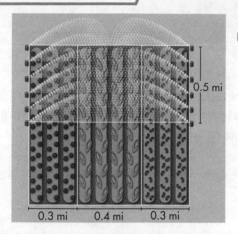

Norte

0.5 mi

0.3 mi   0.4 mi   0.3 mi

B Este problema puede mostrarse en una cuadrícula de centésimas, cuyos lados representan una milla. El área de los tomates tiene 0.3 millas de ancho; por tanto, colorea las primeras tres columnas de rojo. El área regada son las 0.5 millas superiores; por tanto, colorea las 5 filas de arriba de azul.

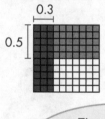

0.3

0.5

El área de los tomates regados es el área rosada, donde se superponen las partes coloreadas.

C Esta área se puede escribir como un producto de números decimales.

$0.3 \times 0.5 = 0.15$

Hay 0.15 millas cuadradas de tomates regados.

Como los dos factores son menores que 1, el producto es menor que los dos factores.

¡Convénceme! **Hazlo con precisión** Usa una cuadrícula de centésimas doble para representar 0.7×1.6. ¿Qué representa la longitud de cada lado de la cuadrícula? Explica cómo obtener el producto final.

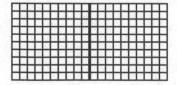

Nombre _____

☆Práctica guiada

¿Lo entiendes?

1. Escribe una ecuación de multiplicación que se corresponda con el modelo.

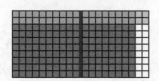

2. Explica por qué 2.7 no es una respuesta razonable para 0.3 × 0.9. ¿Cuál es la respuesta correcta?

¿Cómo hacerlo?

Para **3** y **4**, sombrea las cuadrículas de centésimas para hallar el producto.

3. 0.7 × 0.8

4. 0.1 × 2.1

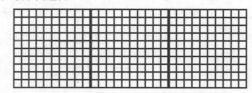

☆Práctica independiente

Para **5** a **8**, sombrea las cuadrículas de centésimas para hallar el producto.

Recuerda que el área donde se superponen las partes sombreadas representa el producto.

5. 0.4 × 0.5

6. 0.3 × 0.7

7. 0.5 × 1.7

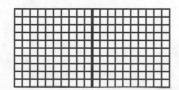

8. 0.6 × 1.2

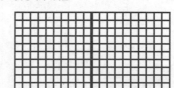

Para **9** a **16**, halla los productos. Puedes usar cuadrículas como ayuda.

9. 0.2 × 0.8   **10.** 2.4 × 0.7   **11.** 3.9 × 0.4   **12.** 0.5 × 0.7

13. 0.9 × 0.1   **14.** 0.2 × 1.5   **15.** 0.6 × 0.6   **16.** 2.8 × 0.3

Resolución de problemas

17. Representar con modelos matemáticos Escribe una ecuación de multiplicación que represente este modelo decimal.

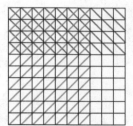

18. Razonamiento de orden superior La calculadora de Tony muestra que $3.4 \times 0.5 = 1.7$, lo que es correcto. Explica por qué la cantidad de lugares decimales del producto no es la misma que la cantidad de lugares decimales de los dos factores.

19. La estantería de Jack tiene 6 estantes. En cada estante caben 12 libros. Jack ya puso 54 libros en los estantes. ¿Cuántos libros más caben en la estantería?

20. Sentido numérico Escribe un número que tenga un 6 en el lugar de las milésimas, un 5 en el lugar de las centésimas y un 0 en el lugar de las décimas. Luego, escribe un número menor y otro mayor que tu número.

21. Si multiplicas dos números decimales menores que 1, ¿puedes predecir si el producto será menor o mayor que alguno de los factores? Explícalo.

22. Judy dice que puede hallar 0.5×2.4 si divide 2.4 en dos partes iguales. ¿Tiene razón? Dibuja un modelo decimal para explicar tu respuesta.

☑ Práctica para la evaluación

23. Halla dos números que, cuando los multiplicas, obtienes un producto de 0.54. Escribe los números en el recuadro.

Producto = 0.54							
6	0.7	0.9	0.8	7	8	0.6	9

Nombre _____

Resuélvelo y coméntalo

Julie plantó 0.5 de su patio con verduras. Del área de las verduras, 0.4 tienen pimientos. ¿Qué parte del patio tiene pimientos?

Puedo...
multiplicar dos números decimales usando lo que sé sobre el valor de posición y los productos parciales con números enteros.

También puedo usar herramientas matemáticas correctamente.

Puedes usar herramientas apropiadas, como una cuadrícula, para representar la multiplicación de números decimales.

¡Vuelve atrás! ¿Qué observas sobre los factores y el producto en el problema anterior?

Pregunta esencial

¿Cómo se pueden multiplicar números decimales usando productos parciales?

A

> June caminó 1.7 millas en 1 hora. Si camina a la misma velocidad, ¿cuántas millas caminará en 1.5 horas?

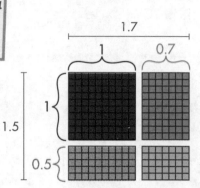

> Puedes usar lo que sabes sobre productos parciales y números enteros para representar la multiplicación con números decimales.

B Primero, haz una estimación.

$$1.7 \times 1.5$$
$$\downarrow \qquad \downarrow$$
$$2 \times 2 = 4$$

> Dado que 2 es mayor que 1.7 y que 1.5, 4 es una estimación por exceso.

C Al igual que con los números enteros, puedes usar un modelo de área para separar el problema en partes.

	1.0	0.7
1.0	$1.0 \times 1.0 = 1.00$	$1.0 \times 0.7 = 0.7$
0.5	$0.5 \times 1.0 = 0.5$	$0.5 \times 0.7 = 0.35$

D Los productos parciales forman las diferentes piezas del modelo de área.

$$
\begin{array}{r}
1.7 \\
\times\ 1.5 \\
\hline
0.35 \\
0.50 \\
0.70 \\
1.00 \\
\hline
2.55
\end{array}
$$

$1.7 \times 1.5 = 2.55$, que está cerca de la estimación. June caminará 2.55 millas.

¡Convénceme! **Entender y perseverar** En el ejemplo anterior, ¿cuántas millas caminará June en 2.8 horas? Primero, haz una estimación y, luego, compara tu respuesta con la estimación.

☆Práctica guiada

¿Lo entiendes?

1. Carter llenó botellas de 6.5 onzas con salsa. Pudo llenar 7.5 botellas. ¿Cuántas onzas de salsa tenía? Dibuja un modelo de área para mostrar los productos parciales.

¿Cómo hacerlo?

Para **2** a **5**, primero haz una estimación. Luego, halla los productos. Comprueba que tu respuesta sea razonable.

2. $\begin{array}{r} 9.3 \\ \times\ 4.1 \\ \hline \end{array}$

3. $\begin{array}{r} 3.2 \\ \times\ 0.6 \\ \hline \end{array}$

4. 0.7×1.9

5. 12.6×0.2

☆Práctica independiente

6. Halla 7.5×1.8 usando productos parciales. Dibuja un modelo de área para mostrar los productos parciales.

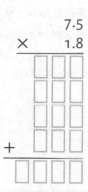

$\begin{array}{r} 7.5 \\ \times\ 1.8 \\ \hline \end{array}$

Para **7** a **14**, primero haz una estimación. Luego, multiplica usando productos parciales. Comprueba que tu respuesta sea razonable.

7. $\begin{array}{r} 5.2 \\ \times\ 4.6 \\ \hline \end{array}$

8. $\begin{array}{r} 19.1 \\ \times\ 8.5 \\ \hline \end{array}$

9. $\begin{array}{r} 0.5 \\ \times\ 4.5 \\ \hline \end{array}$

10. $\begin{array}{r} 8.6 \\ \times\ 0.8 \\ \hline \end{array}$

11. 5.5×0.6

12. 3.5×0.4

13. 6.8×7.2

14. 8.3×6.4

Resolución de problemas

15. enVision® STEM La gravedad de Venus es 0.35 veces la gravedad de Júpiter. ¿Cuál es la gravedad de Venus en relación con la gravedad de la Tierra?

Gravedad superficial relativa (a la Tierra)	
Planeta	**Gravedad**
Mercurio	0.39
Neptuno	1.22
Júpiter	2.6

16. ¿Aproximadamente cuántas veces la gravedad superficial de Neptuno es la gravedad superficial de Júpiter?

---

17. Un cuarto de galón de agua pesa aproximadamente 2.1 libras. Hay 4 cuartos en un galón. ¿Cuánto pesa un galón de agua?

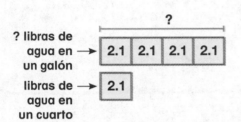

? libras de agua en un galón → | 2.1 | 2.1 | 2.1 | 2.1 |

libras de agua en un cuarto → | 2.1 |

18. Isaac compró tres paquetes de frutos secos. Compró un paquete de maníes que pesaba 3.07 libras y dos paquetes de nueces que pesaban 1.46 libras y 1.5 libras. ¿Qué pesaban más: los maníes o las nueces? ¿Cuánto más?

---

19. Entender y perseverar ¿Cómo te ayuda una estimación a situar el punto decimal en un producto en el lugar correcto? Explica tu razonamiento.

20. Razonamiento de orden superior El área de la superficie de la mesa de Dimitri es un número entero de pies cuadrados. ¿La longitud y el ancho pueden ser números decimales con una posición decimal cada uno? Explica tu respuesta.

✓ Práctica para la evaluación

21. Joy bebe 4.5 botellas de agua por día. Cada botella contiene 16.5 onzas líquidas. ¿Cuántas onzas líquidas de agua bebe por día?

- Ⓐ 20.10 onzas líquidas
- Ⓑ 64.00 onzas líquidas
- Ⓒ 74.25 onzas líquidas
- Ⓓ 82.50 onzas líquidas

22. Una milla cuadrada equivale a 2.6 kilómetros cuadrados. ¿Cuántos kilómetros cuadrados hay en 14.4 millas cuadradas?

- Ⓐ 11.52 kilómetros cuadrados
- Ⓑ 17.00 kilómetros cuadrados
- Ⓒ 37.44 kilómetros cuadrados
- Ⓓ 86.40 kilómetros cuadrados

Nombre _____

Resuélvelo y coméntalo

El peso de una bolsa pequeña de pasas es 0.3 veces el peso de una bolsa grande. La bolsa grande pesa 0.8 libras. ¿Cuál es el peso de la bolsa pequeña? *Resuelve este problema de la manera que prefieras.*

Puedes hacer una estimación para saber si la respuesta es mayor o menor que 0.5 libras.

Puedo...
usar propiedades para multiplicar números decimales.

También puedo buscar patrones para resolver problemas.

Peso neto
0.8 lb

¡Vuelve atrás! **Buscar relaciones** ¿En qué se parece resolver este problema a hallar el producto de 3 y 8? ¿En qué se diferencia?

Pregunta esencial

¿Cómo se pueden usar propiedades para multiplicar números decimales?

A

Para participar en un concurso, un cartel tiene que medir 0.5 m² o menos. ¿Jemelle puede participar con su cartel?

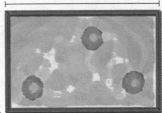

Cartel de Jemelle

0.9 metros

0.6 metros

Usa lo que sabes sobre los números decimales y las propiedades para multiplicar 0.6 × 0.9.

B

Paso 1

Vuelve a escribir la expresión de multiplicación.

$0.6 \times 0.9 = (6 \times 0.1) \times (9 \times 0.1)$

Usa las propiedades asociativa y conmutativa para volver a ordenar los factores.

$(6 \times 0.1) \times (9 \times 0.1) = (6 \times 9) \times (0.1 \times 0.1)$

C

Paso 2

Multiplica los números enteros. Multiplica los números decimales. Escribe el producto.

$(6 \times 9) \times (0.1 \times 0.1) =$

$54 \times 0.01 = 0.54$

Una décima de una décima es una centésima. $0.1 \times 0.1 = 0.01$

$0.54 > 0.5$; por tanto, Jemelle no puede participar con ese cartel.

¡Convénceme! Usar la estructura Tyler explicó cómo multiplicó 0.7×0.2. "Multipliqué $7 \times 2 = 14$. Sé que una décima por una décima es una centésima; por tanto, usé centésimas para escribir el producto. El producto es 0.14". Usa propiedades para mostrar que Tyler tiene razón.

---

154 **Tema 4** | Lección 4-7

Otro ejemplo

Una rebanada de pan tiene 1.25 gramos de grasa. ¿Cuántos gramos de grasa hay en 1.5 rebanadas?

$1.25 \times 1.5 =$

$= (125 \times 0.01) \times (15 \times 0.1)$

$= (125 \times 15) \times (0.01 \times 0.1)$

$= 1{,}875 \times 0.001$

$= 1.875$

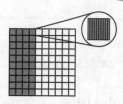

El dibujo muestra que una décima de una centésima es una milésima.
$0.1 \times 0.01 = 0.001$

Hay 1.875 gramos de grasa en 1.5 rebanadas de pan.

Práctica guiada

¿Lo entiendes?

1. Mason multiplica $(3 \times 5) \times (0.1 \times 0.1)$. ¿Qué multiplicación decimal quiere resolver?

2. Completa el trabajo de Mason para hallar el producto.

¿Cómo hacerlo?

Para **3** a **6**, usa propiedades para hallar los productos.

3. 0.3×0.7 **4.** 0.63×2.8

5. 2.6×1.4 **6.** 4.5×0.08

Práctica independiente

Para **7** a **15**, halla los productos.

7. 0.6×0.2

8. 0.33×0.8

9. 1.7×0.22

10. 1.8×0.9

11. 0.03×1.6

12. 4.2×4.2

13. 11.1×0.8

14. 1.16×0.4

15. 1.6×0.01

Resolución de problemas

16. En marzo, llovió 3.6 pulgadas en total. En abril, llovió 1.4 veces esa cantidad. ¿Cuánto llovió en abril?

17. Un caimán recién nacido mide 0.5 pies de longitud. Un caimán adulto mide 16.4 veces esa longitud. ¿Cuántos pies de longitud más que el caimán bebé mide el caimán adulto?

18. Entender y perseverar El club Naturaleza organizó un concurso de salto de saltamontes. La distancia que saltó Capitán Brinco es 1.2 veces la distancia que saltó Rayo Verde. La distancia que saltó Gran Saltamontes es 1.5 veces la distancia que saltó Capitán Brinco. Completa la tabla para mostrar las distancias que saltaron Capitán Brinco y Gran Saltamontes.

Saltamontes	Distancia
Rayo Verde	1.4 pies
Capitán Brinco	
Gran Saltamontes	

19. Amanda compró una bolsa de 6 tazas de queso rallado por $6.89. Usó 2.25 tazas para hacer lasaña y 1.25 tazas para hacer pizza. ¿Cuánto queso le quedó?

¿Hay información que no necesitas para resolver el problema?

20. Razonamiento de orden superior Jimena hizo un dibujo de la Torre Eiffel de 6.5 pulgadas de altura. Le pareció que era muy alta, entonces multiplicó la altura por 0.8. El segundo dibujo era muy bajo, entonces multiplicó la altura por 1.2. Predice si el último dibujo de Jimena fue más bajo, igual o más alto que el primer dibujo. Halla la altura del último dibujo para comprobar tu predicción.

✓ Práctica para la evaluación

21. ¿Qué expresión es equivalente a 0.4 × 0.3?

- Ⓐ $(4 \times 0.01) \times (3 \times 0.01)$
- Ⓑ $(4 \times 10) \times (3 \times 10)$
- Ⓒ $(4 \times 0.1) \times (3 \times 0.1)$
- Ⓓ $(4 \times 0.1) \times (3 \times 0.01)$

22. ¿Qué expresión es equivalente a 0.71 × 2.8?

- Ⓐ $(71 \times 28) \times (0.01 \times 0.1)$
- Ⓑ $(71 \times 28) \times (0.1 \times 0.1)$
- Ⓒ $(0.71 \times 2.8) \times (0.01 \times 0.1)$
- Ⓓ $(71 \times 28) \times (100 \times 10)$

Nombre _____

Resuélvelo y coméntalo

Tres estudiantes de la clase de la Sra. Cho escribieron las siguientes multiplicaciones en el pizarrón. Los dígitos de los productos que se muestran son correctos, pero todavía no se situó el punto decimal. ¿Dónde debería ir el punto decimal en cada producto?

1. $7.85 \times 16 = 1256$

2. $0.98 \times 0.5 = 49$

3. $1.06 \times 1.5 = 159$

Puedo...
usar el sentido numérico para situar el punto decimal en un producto.

También puedo hacer generalizaciones a partir de ejemplos.

Puedes razonar para considerar el tamaño de cada factor cuando sitúas el punto decimal. ¡Muestra tu trabajo!

¡Vuelve atrás! **Generalizar** Si ambos factores son menores que 1, ¿qué sabes sobre su producto?

Pregunta esencial ¿Cómo se puede usar el sentido numérico para multiplicar números decimales?

A

Aprendiste a hacer una estimación cuando multiplicas números decimales. También puedes usar el sentido numérico para razonar sobre el tamaño relativo de los factores y el producto.

> Puedes usar el sentido numérico para situar el punto decimal en el lugar correcto.

$$49.20 \times 0.55 = 2706$$

B   Piensa en el tamaño relativo de los factores.

Multiplicar un número por un número decimal menor que 1 da un producto menor que el otro factor.

Dado que 0.55 es menor que 1, el producto es menor que 49.2.

Dado que 0.55 es aproximadamente un medio, el producto es aproximadamente la mitad de 49.2, o aproximadamente la mitad de 50. Por tanto, el punto decimal debería estar entre el 7 y el 0.

$$49.2 \times 0.55 = 27.06$$

C   Usa el sentido numérico para razonar sobre el producto.

¿Cómo puedes situar el punto decimal en el producto de la siguiente ecuación?

6.2 × 5.1 es 3162.

Observa que la unidad más pequeña en ambos factores es una décima (0.1). Dado que el producto de 0.1 y 0.1 es 0.01, el producto de 6.2 y 5.1 tendrá dos lugares decimales.

Por tanto, $6.2 \times 5.1 = 31.62$.

> Tiene sentido, porque 6 por 5 es igual a 30.

¡Convénceme! **Construir argumentos** En las siguientes multiplicaciones falta el punto decimal en la respuesta. Usa el sentido numérico para decidir dónde debería estar el punto decimal. Explica tu razonamiento.

$$54.7 \times 0.53 = 28991$$

$$54.7 \times 5.3 = 28991$$

☆Práctica guiada

¿Lo entiendes?

1. Describe el factor desconocido.

_____ × 5.1 es aproximadamente 300.

2. Sentido numérico Janelle escribió 23.4 como el producto de 7.8 × 0.3. Usa el sentido numérico para decidir si Janelle situó el punto decimal en el lugar correcto del producto. Si no lo hizo, escribe el producto correcto.

¿Cómo hacerlo?

Usa el sentido numérico para decidir en qué lugar del producto debe ir el punto decimal.

3. $5 \times 3.4 = 17$

4. $1922 = 3.1 \times 6.2$

5. $0.6 \times 0.4 = 24$

☆Práctica independiente

Para **6** a **9**, el producto se muestra sin el punto decimal. Usa el sentido numérico para situar el punto decimal en el lugar correcto.

6. $5.01 \times 3 = 1503$

7. $6.22 \times 3 = 1866$

8. $81 = 0.9 \times 0.9$

9. $1.8 \times 1.9 = 342$

Para **10** a **15**, indica si el punto decimal de los productos está en el lugar correcto. Si no es así, vuelve a escribir el producto con el punto decimal en el lugar correcto.

10. $12 \times 4.8 = 57.6$

11. $5.2 \times 6.4 = 3.328$

12. $6.99 \times 21 = 14.679$

13. $6.2 = 0.05 \times 12.4$

14. $60.84 = 18 \times 3.38$

15. $9.01 \times 91 = 81.991$

Usa el sentido numérico o la estimación como ayuda.

Resolución de problemas

16. Un criador de cerdos necesita 60 pies cuadrados para criar un cerdo. ¿El chiquero de la ilustración es lo suficientemente grande? Explica tu razonamiento.

6.4 pies

10.5 pies

---

17. Evaluar el razonamiento Quincey dice que 3 es una buena estimación para 3.4 × 0.09. ¿Tiene razón? ¿Por qué?

18. Ron compró 2 DVD a $12.95 cada uno y gastó $25 en revistas. ¿Gastó más en DVD o en revistas? ¿Cuánto más? Escribe ecuaciones para mostrar tu trabajo.

---

19. Los galones se pueden convertir a litros usando un factor de 3.79. Es decir, 1 galón es aproximadamente 3.79 litros. ¿Aproximadamente cuántos litros hay en 37 galones? ¿Tu respuesta es una estimación por defecto o por exceso? Explícalo.

20. Razonamiento de orden superior Halla dos factores cuyo producto sea 0.22.

✓ Práctica para la evaluación

21. ¿Cuál de los siguientes es el factor que falta?

_____ × 2.3 = 34.73

Ⓐ 0.151

Ⓑ 1.51

Ⓒ 15.1

Ⓓ 151

22. ¿Qué dos factores dan un producto de 7.5?

Ⓐ 0.3 y 0.25

Ⓑ 0.3 y 2.5

Ⓒ 3 y 0.25

Ⓓ 3 y 2.5

Nombre _____

Resuélvelo y coméntalo   Susan quiere preparar sándwiches para un picnic. Para ello, necesita 1.2 libras de jamón, 1.5 libras de salchichón de Bolonia y 2 libras de queso. ¿Cuánto gastará en total? *Resuelve este problema de la manera que prefieras. Usa modelos como ayuda.*

Puedo...
aplicar lo que sé de matemáticas para resolver problemas.

También puedo resolver problemas de varios pasos.

precio por libra	
Jamón	$3.40
Salchichón	$2.90
Queso	$4.99

Hábitos de pensamiento

¡Razona correctamente! Estas preguntas pueden ayudarte.

- ¿Cómo puedo usar las matemáticas para resolver este problema?
- ¿Cómo puedo usar imágenes, objetos o una ecuación para representar el problema?
- ¿Cómo puedo usar números, palabras, signos y símbolos para resolver el problema?

¡Vuelve atrás! ¿Qué conocimientos matemáticos usaste para resolver este problema?

Pregunta esencial

¿Cómo se puede representar un problema con una ecuación?

A

Alex compra verduras para la cena: 6 mazorcas de maíz, 1.4 libras de habichuelas verdes y 2.5 libras de papas. ¿Cuánto dinero gastará?

Habichuelas verdes	$1.80/lb
Papas	$0.70/lb
Maíz	$0.35/mazorca

¿Qué necesito hacer para resolver este problema?

Necesito hallar cuánto dinero gastará Alex en sus verduras.

B ### ¿Cómo puedo representarlo matemáticamente?

Puedo

- usar conceptos y destrezas ya aprendidos.

- decidir qué pasos debo seguir para hallar la respuesta.

- usar una ecuación para representar y resolver el problema.

C

 Este es mi razonamiento...

Usaré una ecuación para representar esta situación.

Sea t el costo total.
$$t = (6 \times \$0.35) + (1.4 \times \$1.80) + (2.5 \times \$0.70)$$

Multiplica el dinero como multiplicarías con números decimales.

Maíz	Habichuelas verdes	Papas
0.35	1.8	0.7
× 6	× 1.4	× 2.5
.30	.32	.35
1.80	.40	1.40
2.10	.80	1.75
	1.00	
	2.52	

Ahora, suma los subtotales.

$$\$2.10 + \$2.52 + \$1.75 = \$6.37$$

Por tanto, Alex gastará $6.37 en verduras.

¡Convénceme! **Representar matemáticamente** Beth compró 3.2 libras de papas y le dio un billete de $5 al dependiente. Escribe una ecuación para mostrar cuánto cambio recibirá. Explica de qué manera tu ecuación representa este problema.

Práctica Herramientas Evaluación

⭐ Práctica guiada

Representar con modelos matemáticos

Jackie descargó 14 canciones, cada una a $0.99, y luego otra que costaba $1.29. Tenía un cupón de descuento por $2.50. ¿Cuánto pagó en total?

> Puedes representar con modelos matemáticos escribiendo una ecuación que muestre la relación entre las cantidades del problema.

1. ¿Qué debes hallar primero?

2. Escribe una ecuación para representar el problema.

3. ¿Cuál es la solución del problema?

⭐ Práctica independiente

Representar con modelos matemáticos

George compró 2.5 libras de cada tipo de fruta de las que se muestran en el cartel. ¿Cuál es el costo total de las frutas que compró?

4. ¿Qué debes hallar?

Manzanas	$1.30/lb
Uvas	$1.65/lb
Plátanos	$0.49/lb

5. Escribe una ecuación para representar el problema.

6. ¿Cuál es la solución del problema?

Resolución de problemas

Colección de monedas

Tina y Shannon contaron las monedas de su colección. Tina descubrió que tenía 538 monedas más que Shannon. ¿Cuál de las dos colecciones vale más? ¿Cuánto más?

Tipo de moneda	Cantidad ahorrada	
	Tina	Shannon
	917	488
	100	23
	45	10
	19	22

7. **Entender y perseverar** ¿Necesitas toda la información dada para resolver el problema? Explícalo.

8. **Razonar** ¿En qué se parece hallar el valor de la colección de monedas de Tina a hallar el valor de la colección de monedas de Shannon?

Decidir qué pasos debes seguir para hallar la respuesta final te puede ayudar a representar con modelos matemáticos.

9. **Representar con modelos matemáticos** Escribe y resuelve una ecuación para representar el valor total de las monedas de la colección de Tina. Luego, escribe y resuelve una ecuación para representar el valor total de las monedas de la colección de Shannon.

10. **Hacerlo con precisión** ¿Cuál de las dos colecciones vale más? ¿Cuánto más? Muestra tu trabajo.

Nombre _____

Emparéjalo

Trabaja con un compañero.

Señala una pista y léela.

Mira la tabla de la parte de abajo de la página y busca la pareja de esa pista. Escribe la letra de la pista en la casilla que corresponde.

Halla una pareja para cada pista.

Puedo...
multiplicar números enteros de varios dígitos.

También puedo crear argumentos matemáticos.

Pistas

A El producto es 240.

B El producto es 100.

C El producto es 462.

D El producto es 255.

E El producto es 400.

F El dígito del producto en el lugar de las milésimas es 9.

G El dígito del producto en el lugar de las milésimas es 3.

H El dígito del producto en el lugar de las centenas es 9.

51 × 63	10 × 10	42 × 11	20 × 12
15 × 17	40 × 23	331 × 29	25 × 16

Repaso del vocabulario

Glosario

Lista de palabras

- estimación por defecto
- estimación por exceso
- exponente
- hacer una estimación
- números compatibles
- potencia de 10
- producto
- productos parciales

Escribe *siempre, a veces* o *nunca*.

1. Multiplicar un número decimal por 10^4 mueve el punto decimal 4 lugares a la derecha.

2. El producto de un número entero y un número decimal es un número entero.

3. El producto de dos números decimales menores que 1 es mayor que cualquiera de los dos factores.

4. El producto de un número multiplicado por 0.1 es igual a multiplicar 10 veces ese número por 0.01.

Tacha los números que **NO** son potencias de 10.

5. 10^6 40×10^3 1×0.001 0.55 0.001

Traza una línea de cada número de la columna A al mismo valor en la columna B.

Columna A   **Columna B**

6. $7.2 \times 1,000$ $3,800$

7. 0.38×10^4 0.38

8. 240×0.03 0.072

9. 3.8×0.1 7.2×10^3

10. 0.08×0.9 7.2

Usar el vocabulario al escribir

11. Los dígitos del producto de 0.48 y un número decimal entre 350 y 400 son 182136. Explica cómo puedes situar el punto decimal en el lugar correcto sin conocer el otro factor. Luego, sitúa el punto decimal en el producto.

Grupo A páginas 129 a 132, 133 a 136 _____

Usa los patrones de la tabla para hallar
8.56 × 10 y 0.36 × 100.

Multiplica por	Mueve el punto decimal a la derecha
10	1 lugar
100	2 lugares
1,000	3 lugares

8.56 × 10 = 85.6 = 85.6

0.36 × 100 = 36.0 = 36

Recuerda que puedes redondear o usar números compatibles para hacer una estimación.

Halla los productos.

1. 10 × 4.5

2. 10^3 × 3.67

3. 100 × 4.5

4. 0.008 × 10^2

Estima los productos.

5. 0.38 × 99

6. 8 × 56.7

7. 11 × 4.89

8. 24 × 3.9

Grupo B páginas 137 a 140, 141 a 144 _____

Halla 3 × 0.15.

Usa bloques de valor de posición para representar la multiplicación como una suma repetida.

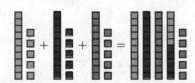

Por tanto, 3 × 0.15 = 0.45.

Recuerda que puedes redondear o usar números compatibles para hacer una estimación y comprobar si tu respuesta es razonable.

Halla los productos. Usa bloques de valor de posición si es necesario.

1. 50 × 3.67

2. 5.86 × 5

3. 14 × 9.67

4. 8 × 56.7

5. 11 × 0.06

6. 2.03 × 6

7. 25 × 1.63

8. 5.62 × 75

Grupo C páginas 145 a 148, 149 a 152

Halla 0.2×1.7.

Representa la multiplicación con cuadrículas de centésimas.

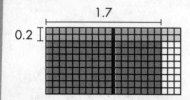

El lugar donde se superponen las partes coloreadas es el producto.
Por tanto, $0.2 \times 1.7 = 0.34$.

Halla los productos.

1. 1.3×0.4

2. 5.8×5.2

3. 8.3×10.7

4. 3.4×0.7

5. 2.4×3.6

6. 9.7×11.2

7. 1.5×0.6

8. 67.5×9.2

Grupo D páginas 153 a 156

Usa propiedades para hallar 0.8×0.4.

Vuelve a escribir los números decimales como el producto de un número entero y un número decimal. Luego, usa las propiedades asociativa y conmutativa para volver a ordenar los factores.

$$0.8 \times 0.4 =$$
$$= (8 \times 0.1) \times (4 \times 0.1)$$
$$= (8 \times 4) \times (0.1 \times 0.1)$$
$$= 32 \times 0.01$$
$$= 0.32$$
Por tanto, $0.8 \times 0.4 = 0.32$.

Recuerda que si se multiplican dos factores menores que uno, el producto es menor que cualquiera de los dos factores.

Usa propiedades para hallar los productos.

1. 0.6×0.3

2. 2.5×0.7

3. 0.04×1.9

4. 0.23×0.8

5. 0.1×8.2

6. 5.7×3.6

7. 4.2×6.5

8. 9.11×0.3

Grupo E páginas 157 a 160 _____

En el siguiente producto falta el punto decimal. Usa el sentido numérico para situar el punto decimal en el lugar correcto.

43.5 × 1.7 = 7395

Dado que 1.7 es mayor que 1, el producto será mayor que 43.5. Dado que 43.5 es aproximadamente 40 y 1.7 es aproximadamente 2, la respuesta será aproximadamente 80. El punto decimal debería estar entre el 3 y el 9.

$$\begin{array}{r} 43.5 \\ \times\ \ 1.7 \\ \hline 73.95 \end{array}$$

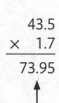

Por tanto, 43.5 × 1.7 = 73.95

Recuerda que puede ser útil comparar cada factor con 1 para determinar el tamaño relativo del producto.

En los siguientes productos falta el punto decimal. Usa el sentido numérico para situar el punto decimal en el lugar correcto.

1. 4 × 0.21 = 84

2. 4.5 × 6.2 = 279

3. 7 × 21.6 = 1512

4. 6.4 × 3.2 = 2048

5. 31.5 × 0.01 = 315

6. 1.4 × 52.3 = 7322

7. 0.12 × 0.9 = 108

8. 12.5 × 163.2 = 2040

Piensa en tus respuestas a estas preguntas como ayuda para **representar con modelos matemáticos**.

Hábitos de razonamiento

• ¿Cómo puedo usar lo que sé de matemáticas para resolver este problema?

• ¿Cómo puedo usar dibujos, objetos y ecuaciones para representar el problema?

• ¿Cómo puedo usar números, palabras, signos y símbolos para resolver este problema?

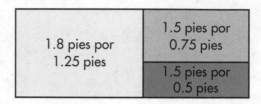

Recuerda que puedes escribir una ecuación para mostrar cómo se relacionan las cantidades en un problema.

El Sr. Jennings hizo la siguiente ventana de vidrio de colores con las dimensiones que se muestran. ¿Cuál es el área total de la ventana?

1.8 pies por 1.25 pies	1.5 pies por 0.75 pies
	1.5 pies por 0.5 pies

1. ¿Qué necesitas hallar primero?

2. Escribe una ecuación para representar el problema. Luego, resuélvelo.

Patti fue a la panadería. Compró un pan a $3.49, 6 pastelitos a $1.25 cada uno y una botella de jugo a $1.79. Pagó con un billete de $20. ¿Cuánto cambio recibirá Patti?

3. ¿Qué necesitas hallar primero?

4. Responde la pregunta. Escribe ecuaciones para mostrar tu trabajo.

Nombre_____

1. Una tarjeta de crédito tiene 0.76 mm de espesor. ¿Qué espesor tiene una pila de 10^3 tarjetas de crédito? Explícalo.

2. Leo tiene 59 ladrillos de 0.19 m de longitud cada uno. Los acomoda en una fila.

A. Estima la longitud de la fila de ladrillos de Leo. Escribe una ecuación para representar tu trabajo.

B. Halla la longitud exacta de la fila de ladrillos.

3. Susan coloreó la siguiente cuadrícula decimal. Escribe una expresión que represente el área coloreada. Luego, evalúa la expresión.

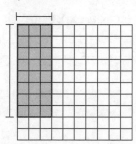

4. Une cada expresión de la izquierda con su producto.

	4	40	0.4	0.04
5 × 0.08	❑	❑	❑	❑
0.5 × 0.08	❑	❑	❑	❑
50 × 0.8	❑	❑	❑	❑
5 × 0.8	❑	❑	❑	❑

5. Michelle compró 4.6 yardas de tela, a $4.95 la yarda. ¿Cuánto gastó? Escribe tu respuesta en el recuadro.

6. Selecciona todas las expresiones que son iguales a 0.75 × 0.5.

❑ $\frac{5}{10} \times \frac{75}{10}$ ❑ $\frac{5}{10} \times \frac{75}{100}$

❑ $\frac{5}{100} \times \frac{75}{100}$ ❑ $\frac{50}{100} \times \frac{75}{100}$

❑ $\frac{75}{100} \times \frac{5}{10}$

7. Selecciona todas las ecuaciones que son verdaderas si el número que falta es 10^2.

❑ $0.031 \times \boxed{} = 31$

❑ $0.501 \times \boxed{} = 501$

❑ $4.08 \times \boxed{} = 408$

❑ $0.97 \times \boxed{} = 97$

❑ $0.55 \times \boxed{} = 550$

8. Nadia dibujó un cuadrado en su cuaderno. Cada lado mide 2.5 centímetros.

2.5 cm

A. ¿Cuál es el perímetro del cuadrado de Nadia? Escribe una ecuación para representar tu trabajo.

B. ¿Cuál es el área del cuadrado de Nadia? Escribe una ecuación para representar tu trabajo.

9. Une cada expresión de la izquierda con su producto.

	3.04	30.4	304	3,040
3.04×10^2	❑	❑	❑	❑
0.304×10^4	❑	❑	❑	❑
3.04×10	❑	❑	❑	❑
0.304×10	❑	❑	❑	❑

10. Selecciona todas las expresiones que son iguales a 0.09×0.4.

❑ $\frac{9}{100} \times \frac{4}{10}$ ❑ $\frac{4}{10} \times \frac{9}{100}$

❑ $\frac{4}{100} \times \frac{9}{100}$ ❑ $\frac{40}{100} \times \frac{9}{100}$

❑ $\frac{9}{10} \times \frac{4}{10}$

11. Un vaso de limonada tiene 115 calorías. ¿Cuántas calorías tienen 3.5 vasos de limonada? Escribe una ecuación para representar tu trabajo.

12. A Natalie le gusta mandar postales cuando se va de vacaciones. En 2014, una estampilla para postales costaba $0.34.

A. Natalie compró 10 estampillas para sus postales. ¿Cuál es el costo total de las estampillas? Explícalo.

B. Natalie y sus amigos decidieron comprar 100 estampillas para postales. ¿Cuál es el costo total de las estampillas? Explícalo.

13. Sin multiplicar, une cada expresión de la izquierda con el producto correcto. Usa el sentido numérico como ayuda.

	19.716	29.682	2.023	9.568
8.32×1.15	❑	❑	❑	❑
5.78×0.35	❑	❑	❑	❑
6.12×4.85	❑	❑	❑	❑
7.95×2.48	❑	❑	❑	❑

14. Derrick corre 2.25 millas por día. ¿Cuántas millas en total correrá en 10 días? Explícalo.

15. Selecciona todas las ecuaciones que son verdaderas si el número decimal que falta es 0.65.

- ☐ $10^2 \times \boxed{} = 65$
- ☐ $10^4 \times \boxed{} = 650$
- ☐ $10^1 \times \boxed{} = 6.5$
- ☐ $10^3 \times \boxed{} = 65$
- ☐ $10^1 \times \boxed{} = 65$

16. Un granjero planta 0.4 de su campo con trigo. El campo mide 2.3 acres.

A. Sombrea las cuadrículas para representar la multiplicación.

B. ¿En cuántos acres se plantó trigo? Usa el modelo y una ecuación para explicarlo.

17. Bradley camina 0.65 millas todos los viernes para ir a la casa de su amigo. Para volver, toma otro camino, que tiene 1.2 millas. ¿Cuántas millas caminará Bradley para ir y volver de la casa de su amigo en un año? Muestra tu trabajo. Recuerda que hay 52 semanas en 1 año.

18. Alyssa pinta 3 paredes de azul. Cada pared mide 8.3 pies de altura y 7.5 pies de ancho.

A. Redondea la longitud y el ancho al número entero más cercano. Luego, estima el área que pintará Alyssa. Escribe ecuaciones para representar tu trabajo.

B. Halla el área exacta. Escribe ecuaciones para representar tu trabajo.

C. Compara tu estimación con la respuesta exacta. ¿Por qué es razonable tu respuesta?

19. Leticia y Jamal fueron a la panadería.

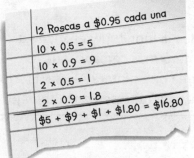

Rosca	$0.95
Pastelito	$1.99
Pastel de frutas	$3.29

A. Jamal quiere comprar 6 pastelitos. ¿Cuánto costarán? Escribe una ecuación para representar tu trabajo.

B. Leticia quiere comprar 12 roscas. Para hallar el total, usa productos parciales. Dice: "$16.80 está cerca de mi estimación de 12 × $1 = $12; por tanto, el total es razonable". ¿Estás de acuerdo con ella? Explica tu razonamiento.

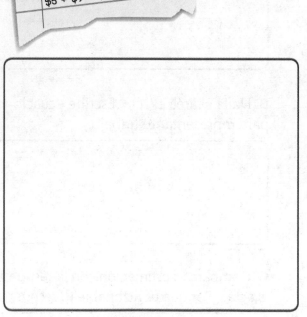

12 Roscas a $0.95 cada una
10 × 0.5 = 5
10 × 0.9 = 9
2 × 0.5 = 1
2 × 0.9 = 1.8
$5 + $9 + $1 + $1.80 = $16.80

20. El área de un cuadrado de tela es 4.85 pulgadas cuadradas. ¿Cuál es el área de una colcha hecha con 10^2 cuadrados de tela? Explícalo.

21. Jen compró 3.72 libras de manzanas en el mercado. Andrea compró 4 veces la cantidad de manzanas que compró Jen.

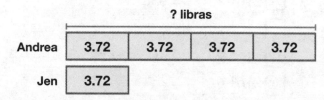

	? libras			
Andrea	3.72	3.72	3.72	3.72
Jen	3.72			

A. ¿Cuál de estas expresiones representa el problema? Usa el diagrama de barras como ayuda.

Ⓐ 3.72 × 4

Ⓑ 3.72 × 1

Ⓒ 3.72 ÷ 4

Ⓓ 3.72 ÷ 1

B. ¿Cuántas libras de manzanas compró Andrea?

La *tasa de cambio* es la cantidad de moneda (dinero) de un país que recibes a cambio de una cantidad de dinero de otro país. La siguiente tabla muestra la tasa de cambio reciente entre el dólar estadounidense y las monedas de otros países.

Por ejemplo, si tienes $2 (dólares estadounidenses), puedes cambiarlos por 26.48 pesos mexicanos:

$2 \times 13.24 = 26.48$.

$1.00 ESTADOUNIDENSE =
6.29 bolívares venezolanos
6.45 coronas suecas
61.92 rupias indias
101.82 yenes japoneses
86.4 chelines kenianos
13.24 pesos mexicanos

1. Jade tiene $10, Julio tiene $100 y Anna tiene $1,000. ¿Cuántos yenes japoneses recibirá cada uno a cambio de sus dólares?

2. Ivana tiene $5.50. Luc tiene 1.4 veces esa cantidad de dinero.

   Parte A
   ¿Cuántas rupias indias recibirá Ivana?

   Parte B
   ¿Cuántos dólares tiene Luc? ¿Cuántas rupias puede recibir por ese dinero? Redondea tu respuesta a la centésima más cercana.

3. Haz una estimación para resolver el problema. Marcos tiene $250. ¿Aproximadamente cuántos bolívares venezolanos puede obtener? ¿Tu estimación es una estimación por exceso o por defecto? Explícalo.

4. Jorge va a viajar a Kenia para fotografiar la fauna local. ¿Cuántos chelines kenianos puede obtener por $500? Sus amigos le dieron un certificado de regalo por $50 para que gaste en su viaje. ¿Cuántos chelines kenianos puede obtener por esa cantidad?

5. Kofi viajará a México para ver las pirámides aztecas y mayas. Quiere cambiar $300 antes de llegar a su destino. ¿Cuántos pesos mexicanos puede obtener? Escribe y resuelve una ecuación para representar tu trabajo.

6. Mary planea irse de vacaciones a Europa. La tasa de cambio entre el dólar estadounidense y el euro es 0.73.

Parte A

Dibuja bloques de valor de posición para representar cuántos euros recibirá Mary por 3 dólares estadounidenses.

Parte B

¿Cuántos euros puede obtener Mary por $3? Escribe una ecuación para representar tu trabajo.

Parte C

¿Cómo te ayuda el modelo a hallar el producto?

Usar modelos y estrategias para dividir números enteros

Pregunta esencial: ¿Cuáles son algunos procedimientos comunes para la división? ¿Por qué funcionan?

Uno de los veranos más calurosos de la historia de los EE. UU. fue el de 2012.

¿Alguien quiere más té helado? Este es un proyecto sobre cómo hallar el promedio de las temperaturas usando la división.

Proyecto de enVision STEM: Promedio de temperatura

Investigar Busca el promedio diario de temperatura de tu ciudad o pueblo para todos los días durante un mes en un sitio web sobre el tiempo u otra fuente que brinde informes del tiempo. El promedio diario de temperatura se calcula en función de un periodo de 24 horas.

Diario: Escribir un informe Incluye lo que averiguaste sobre las temperaturas diarias. En tu informe, también:

- busca el promedio de temperatura máxima diaria durante un mes. ¿Qué día se registró la temperatura más alta?

- busca el promedio de temperatura mínima diaria durante un mes. ¿Qué día se registró la temperatura más baja?

- inventa y resuelve problemas de división basados en tus datos.

✫Repasa lo que sabes✫

A-Z Vocabulario

Escoge el mejor término del recuadro.
Escríbelo en el espacio en blanco.

| • cociente | • divisor |
| • dividendo | • residuo |

1. En la ecuación $80 \div 10 = 8$, el número 80 es el _____.

2. El número que se usa para dividir otro número es el _____.

3. El resultado de dividir dos números es el _____.

Multiplicación y división

Multiplica o divide.

4. $630 \div 9$

5. $480 \div 6$

6. $755 \div 5$

7. $657 \div 9$

8. 57×13

9. 71×109

10. 132 personas se ofrecieron como voluntarias para planear las actividades de la feria estatal del mes próximo. Los voluntarios formaron 12 grupos iguales. ¿Cuántos voluntarios había en cada grupo?

11. Un pueblo organizó una competencia de varios juegos deportivos. Cada comunidad tiene 14 participantes. En los juegos compiten 112 comunidades. ¿Cuántos participantes compiten?

Ⓐ 1,676　　　Ⓑ 1,568　　　Ⓒ 126　　　Ⓓ 98

Hacer una estimación

12. Un condado tiene el objetivo de construir 12,000 casetas para paradas de autobús en 48 meses. Si el condado construye 215 casetas por mes, ¿cumplirá el objetivo? Explica una manera de estimar la respuesta.

PROYECTO 5A

¿Cuánto cuesta ir de excursión?

Proyecto: Planea una excursión educativa

PROYECTO 5B

¿Cómo funciona una línea de montaje?

Proyecto: Diseña una línea de montaje para fabricar vehículos de juguete

PROYECTO 5C

¿Qué hacen los maratonistas para tomar suficiente agua?

Proyecto: Ubica las estaciones de hidratación

MATEMÁTICAS EN 3 ACTOS: VISTAZO

Representación matemática

Video

Panqueques apilados

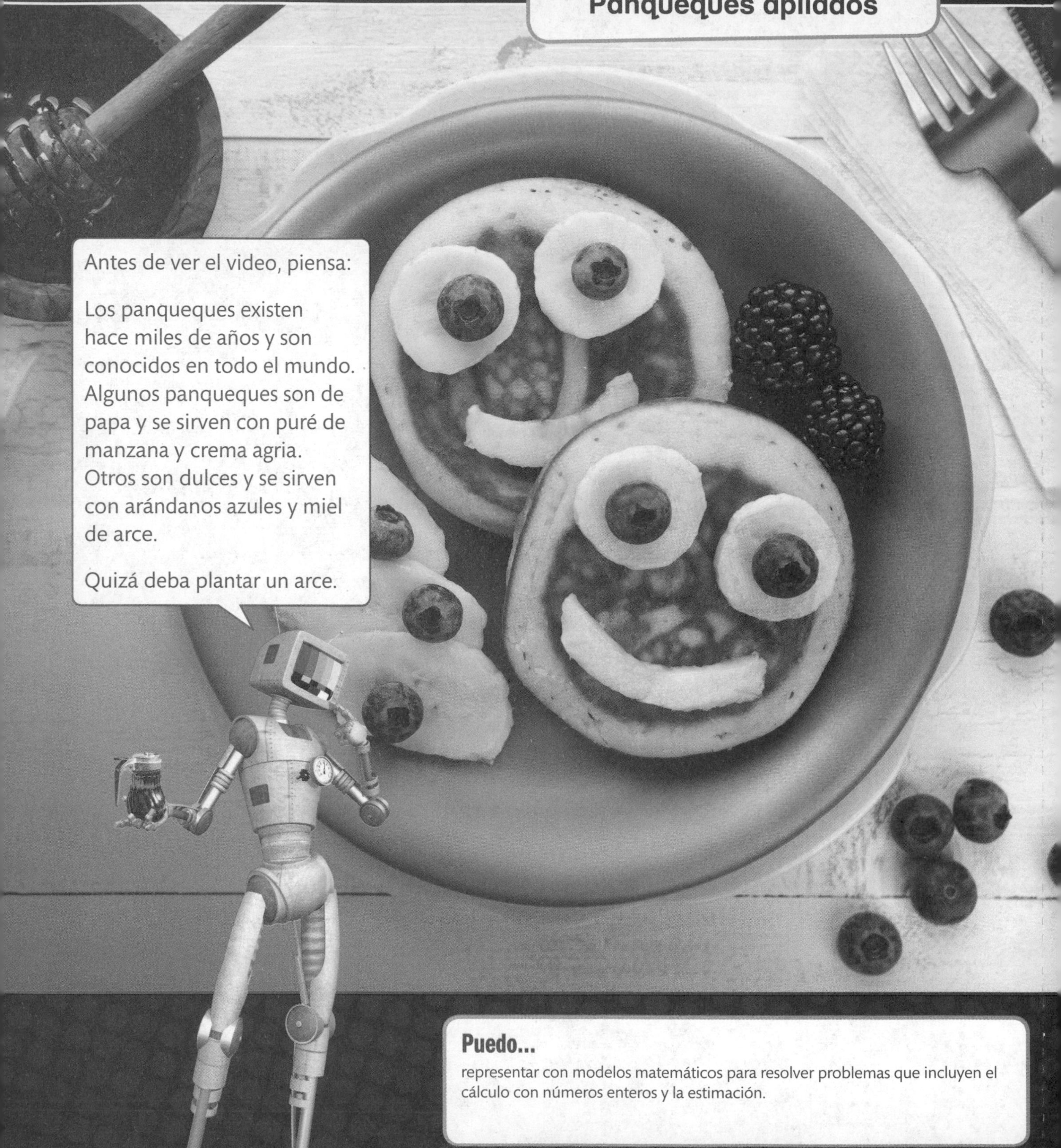

Antes de ver el video, piensa:

Los panqueques existen hace miles de años y son conocidos en todo el mundo. Algunos panqueques son de papa y se sirven con puré de manzana y crema agria. Otros son dulces y se sirven con arándanos azules y miel de arce.

Quizá deba plantar un arce.

Puedo...

representar con modelos matemáticos para resolver problemas que incluyen el cálculo con números enteros y la estimación.

Nombre _____

Resuélvelo y coméntalo

Una panadería vende pastelitos en cajas de 20 a las tiendas locales. ¿Cuántas cajas se usaron si se vendieron 60 pastelitos? ¿Y si se vendieron 600? ¿Y 6,000? **Resuelve este problema de la manera que prefieras.**

Puedo...
usar patrones para hallar cocientes.

También puedo buscar patrones para resolver problemas.

Halla la respuesta para 60 pastelitos. Luego, puedes buscar relaciones como ayuda para hallar la respuesta para 600 y 6,000 pastelitos. ¡Muestra tu trabajo!

Pastelitos vendidos	Pastelitos por caja	Cantidad de cajas
60	20	
600	20	
6,000	20	

¡Vuelve atrás! ¿Cómo puedes usar la multiplicación como ayuda para dividir 6,000 por 20?

Pregunta esencial **¿Cómo se pueden usar patrones para dividir múltipos de 10?**

A

Un avión lleva 18,000 pasajeros en 90 viajes. El avión está lleno en cada viaje. ¿Cuántos pasajeros caben en el avión?

Halla 18,000 ÷ 90, la cantidad de pasajeros en cada viaje.

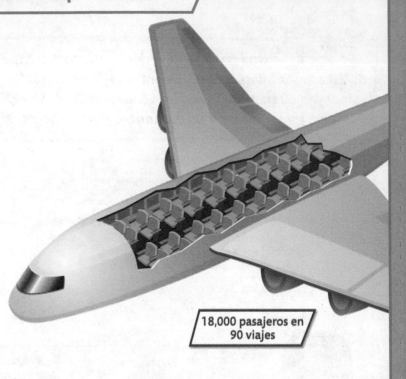

18,000 pasajeros en 90 viajes

B Piensa en una operación básica como ayuda.

$18 \div 9 = 2$

Piensa en patrones del valor de posición y en múltiplos de 10:

$180 \div 90 = 18$ decenas $\div 9$ decenas $= 2$

$1,800 \div 90 = 180$ decenas $\div 9$ decenas $= 20$

$18,000 \div 90 = 1,800$ decenas $\div 9$ decenas $= 200$

Por tanto, en el avión caben 200 pasajeros.

C O usa la multiplicación.

$90 \times 2 = 180$

$90 \times 20 = 1,800$

$90 \times 200 = 18,000$

Por tanto, $18,000 \div 90 = 200$.

En el avión caben 200 pasajeros.

Piensa en la multiplicación como ayuda para dividir.

¡Convénceme! **Buscar relaciones** Si el avión mencionado llevó a 10,000 personas en 50 viajes, ¿a cuántas llevó en cada viaje? En cada viaje, el avión llevó a la misma cantidad de personas.

¿Qué operación básica te ayudó a hallar la respuesta?

Nombre _____

☆ Práctica guiada

¿Lo entiendes?

1. ¿Por qué 210 ÷ 30 es lo mismo que 21 decenas ÷ 3 decenas?

2. Un avión llevó a 12,000 personas en 40 viajes. Si en cada viaje el avión estaba lleno, ¿a cuántas personas llevó en cada viaje?

Usa una operación básica como ayuda.

¿Cómo hacerlo?

Para **3** a **9**, halla los cocientes. Usa el cálculo mental.

3. 210 ÷ 30 = 21 decenas ÷ 3 decenas = _____

4. 480 ÷ 60 = 48 decenas ÷ 6 decenas = _____

5. 15,000 ÷ 30 = 1,500 decenas ÷ 3 decenas = _____

6. _____ = 8,100 ÷ 90   **7.** 2,800 ÷ 70 = _____

8. 30,000 ÷ 50 = _____   **9.** _____ = 1,800 ÷ 60

☆ Práctica independiente

Práctica al nivel Para **10** a **25**, calcula mentalmente para hallar los números que faltan.

10. 560 ÷ 70 = 56 decenas ÷ 7 decenas = _____   **11.** 360 ÷ 60 = 36 decenas ÷ 6 decenas = _____

12. 6,000 ÷ 50 = 600 decenas ÷ 5 decenas = _____   **13.** 24,000 ÷ 60 = 2,400 decenas ÷ 6 decenas = _____

14. _____ = 2,000 ÷ 20   **15.** 6,300 ÷ 90 = _____   **16.** _____ ÷ 10 = 24

17. 21,000 ÷ _____ = 700   **18.** 2,500 ÷ 50 = _____   **19.** 72,000 ÷ _____ = 800

20. 56,000 ÷ _____ = 800   **21.** _____ ÷ 10 = 100   **22.** 45,000 ÷ 90 = _____

23. _____ = 42,000 ÷ 70   **24.** 64,000 ÷ _____ = 800   **25.** 32,000 ÷ _____ = 400

Resolución de problemas

26. La tabla muestra la cantidad de pasajeros que llegaron y se fueron en avión de un aeropuerto. Cada vuelo llevaba la misma cantidad de pasajeros. ¿Cuántos pasajeros había en cada vuelo?

DATOS		
Total de pasajeros	27,000
Cantidad de vuelos	90
Tripulación	900

27. **Álgebra** Un camión entrega 478 docenas de huevos a varias tiendas por día. Escribe y resuelve una ecuación para hallar *n*, la cantidad de huevos que entrega el camión por día.

28. Paula quiere distribuir 480 tomates en partes iguales en 80 canastas. ¿Cuántos tomates pondrá Paula en cada canasta?

29. **Hacerlo con precisión** Ernesto midió el ancho de cada una de las siguientes monedas.

| 0.7 pulgadas | 0.84 pulgadas | 0.74 pulgadas |

¿Cuál es la diferencia entre el ancho de la moneda más ancha y el de la menos ancha?

30. **Razonamiento de orden superior** Un panadero usa 30 gramos de sal marina en cada tanda de pan. La sal marina viene en un paquete de 18 kilogramos o en uno de 800 gramos. ¿Qué paquete debería comprar el panadero para que no sobre sal marina después de hacer el pan? Explícalo.

1 kilogramo es igual a 1,000 gramos.

✓ Práctica para la evaluación

31. ¿Cuánto es 2,400 dividido por 80?

Ⓐ 3

Ⓑ 4

Ⓒ 30

Ⓓ 40

32. ¿Qué expresión tiene un cociente de 70?

Ⓐ 420 ÷ 60

Ⓑ 4,200 ÷ 6

Ⓒ 4,200 ÷ 60

Ⓓ 4,200 ÷ 600

Nombre _____

Resuélvelo y coméntalo

La escuela de Kyle necesita comprar carteles para una función para recaudar fondos. La escuela tiene un presupuesto de $147 y cada cartel cuesta $13. ¿Aproximadamente cuántos carteles puede comprar la escuela de Kyle? *Resuelve este problema de la manera que prefieras.*

Puedo...
estimar cocientes.

También puedo entender bien los problemas.

Puedes usar números compatibles para estimar cocientes. ¡Muestra tu trabajo!

¡Vuelve atrás! **Entender y perseverar** ¿Qué números están cerca de 147 y 13 y se podrían calcular mentalmente con facilidad?

Pregunta esencial ¿Cómo se pueden usar números compatibles para estimar cocientes?

A

Betty ganó $159 por la venta de unas pulseras. Todas las pulseras tenían el mismo precio. ¿Aproximadamente cuánto costaba cada una?

$159 por 75 pulseras

Puedes usar la división para hallar el precio.

Conoces la cantidad de dinero que se ganó y la cantidad de pulseras.

B

La pregunta dice: "¿Aproximadamente cuánto?". Por tanto, con hacer una estimación es suficiente.

Usa números compatibles para estimar 159 ÷ 75.

Piensa: 159 está cerca de 160. ¿Hay un número que esté cerca de 75 y pueda dividir 160 exactamente? Intenta con 80.

$160 \div 80 = 2$

Por tanto, 160 y 80 son números compatibles.

16 se puede dividir por 8 exactamente

C

Como $160 \div 80 = 2$, 159 ÷ 75 es aproximadamente 2.

Betty cobró *aproximadamente* $2 por cada pulsera.

Usa la multiplicación para comprobar si es razonable:

$2 \times 80 = 160$.

¡Convénceme! **Entender y perseverar** Supón que Betty gana $230 con la venta de las 75 pulseras. Estima el precio de cada pulsera. ¿Qué números compatibles usaste?

Nombre_____

Práctica guiada

¿Lo entiendes?

1. Betty tiene 425 pulseras más para vender. Quiere guardarlas en bolsas donde caben 20 pulseras. Betty estima que necesitará aproximadamente 25 bolsas. ¿Estás de acuerdo? ¿Por qué?

¿Cómo hacerlo?

Para **2** a **7**, haz una estimación con números compatibles.

2. $287 \div 42$ **3.** $320 \div 11$

4. $208 \div 72$ **5.** $554 \div 62$

6. $815 \div 23$ **7.** $2,491 \div 48$

Práctica independiente

Práctica al nivel Para **8** a **10**, completa los espacios en blanco para hallar las estimaciones.

8. $412 \div 84$
$400 \div \boxed{} = \boxed{}$

9. $288 \div 37$
$280 \div \boxed{} = \boxed{}$

10. $2,964 \div 73$
$2,800 \div \boxed{} = \boxed{}$

Para **11** a **22**, haz una estimación con números compatibles.

11. $228 \div 19$ **12.** $1,784 \div 64$ **13.** $7,260 \div 83$

14. $2,280 \div 12$ **15.** $485 \div 92$ **16.** $540 \div 61$

17. $1,710 \div 32$ **18.** $2,740 \div 67$ **19.** $4,322 \div 81$

20. $5,700 \div 58$ **21.** $7,810 \div 44$ **22.** $6,395 \div 84$

Resolución de problemas

Paquetes de gorras de béisbol

23. Representar con modelos matemáticos El cartel muestra el precio de diferentes tamaños de paquetes de gorras de béisbol. El entrenador Lewis comprará el paquete mediano. ¿Aproximadamente cuánto costará cada gorra? Escribe una ecuación para representar el problema.

Pequeño:
20 gorras
$180.00

Medio:
32 gorras
$270.00

Grande:
50 gorras
$360.00

24. Faltan 91 días para la venta de manualidades. Andrea debe hacer 817 anillos para ese día. Quiere hacer aproximadamente la misma cantidad de anillos por día. ¿Aproximadamente cuántos anillos debería hacer Andrea por día? Explica cómo puede usar números compatibles para hacer estimaciones.

25. Razonamiento de orden superior Una empresa compró 3,128 botellas de agua. Cada departamento necesita 55 botellas. Halla números compatibles para estimar la cantidad de departamentos que recibirán las botellas necesarias. Explícalo.

26. Rita tenía $20. Luego, ahorró $5.85 por semana durante 8 semanas. ¿Cuánto dinero tiene ahora? Usa el diagrama de barras para resolver el problema. Muestra tu trabajo.

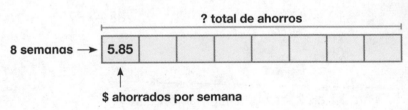

? total de ahorros

8 semanas → 5.85

$ ahorrados por semana

27. Lía compró 225 flores y 12 floreros. Colocó aproximadamente la misma cantidad de flores en cada florero. ¿Cuál es la mejor estimación de la cantidad de flores que puso en cada florero?

Ⓐ 40 flores

Ⓑ 30 flores

Ⓒ 20 flores

Ⓓ 10 flores

28. Una escuela tiene 617 estudiantes. Cada clase tiene entre 28 y 32 estudiantes. ¿Cuál es la mejor estimación de la cantidad de clases en la escuela?

Ⓐ 14 clases

Ⓑ 20 clases

Ⓒ 30 clases

Ⓓ 60 clases

Nombre _____

Resuélvelo y coméntalo

Un estacionamiento tiene 270 lugares para estacionar. En cada fila hay 18 espacios. ¿Cuántas filas tiene el estacionamiento? *Resuelve este problema de la manera que prefieras.*

Puedes usar herramientas apropiadas, como papel cuadriculado, para resolver el problema. ¡Muestra tu trabajo!

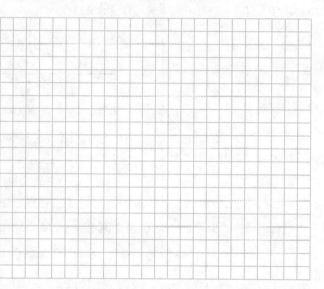

Puedo... usar modelos como ayuda para hallar cocientes.

También puedo escoger y usar una herramienta matemática para resolver problemas.

¡Vuelve atrás! ¿Cómo puedes usar la estimación para comprobar que la respuesta del problema anterior es razonable?

 Pregunta esencial

¿Cómo se pueden usar modelos de área y propiedades para hallar cocientes?

A

Emily tiene un jardín rectangular con un área de 360 pies cuadrados. La longitud del jardín es 20 pies. ¿Cuántos pies de ancho mide el jardín?

Piensa: $20 \times a = 360$
o $360 \div 20 = a$.

Puedes usar *a* para representar el lado desconocido. Usa el valor de posición y la propiedad distributiva para hallar la longitud del lado desconocido.

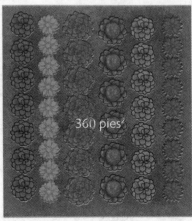

20 pies   360 pies²

B

$20 \times 10 = 200$ y $20 \times 20 = 400$;

por tanto, *a* está entre 10 y 20.

Es decir, $a = 10 + ?$

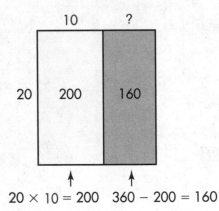

$20 \times 10 = 200$ $360 - 200 = 160$

$20 \times ? = 160$

C

$20 \times 8 = 160$

Por tanto, $a = 10 + 8 = 18$.

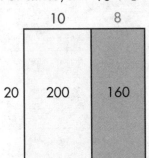

Multiplica para comprobar:

$20 \times 18 = 20 \times (10 + 8) = 200 + 160 = 360$

Por tanto, $360 \div 20 = 18$.

El jardín tiene 18 pies de ancho.

¡Convénceme! **Entender y perseverar** Usa el diagrama, el valor de posición y la propiedad distributiva para hallar el cociente de $408 \div 12$. Pista: Halla el valor de *x* y resuelve el problema.

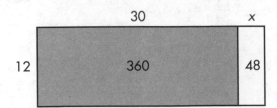

Nombre_____

Práctica Herramientas Evaluación

✫Práctica guiada

¿Lo entiendes?

1. Escribe los números que faltan para hallar $154 \div 11$.

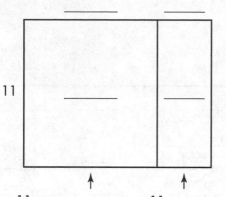

$11 \times \underline{\quad} = \underline{\quad}$ $\quad 11 \times \underline{\quad} = \underline{\quad}$

$154 = 11 \times \underline{\quad} + 11 \times \underline{\quad}$

$\quad = 11 \times (\underline{\quad} + \underline{\quad})$

$\quad = 11 \times \underline{\quad}$

Por tanto, $154 \div 11 = \underline{\quad}$.

¿Cómo hacerlo?

2. Usa el diagrama para hallar $156 \div 12$.

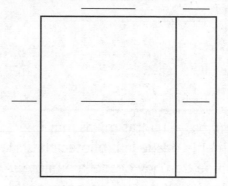

Por tanto, $156 \div 12 = \underline{\quad}$.

Para **3** y **4**, usa papel cuadriculado o haz un dibujo para hallar los cocientes.

3. $682 \div 22$ **4.** $143 \div 11$

Primero, estima cuántas decenas habrá en el cociente.

✫Práctica independiente✫

Práctica al nivel Para **5** a **11**, usa papel cuadriculado o haz un dibujo para hallar los cocientes.

5. Usa el diagrama para hallar $182 \div 13$.

Por tanto, $182 \div 13 = \underline{\quad}$.

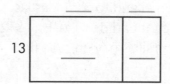

6. $342 \div 38$ **7.** $720 \div 16$ **8.** $608 \div 19$

9. $752 \div 47$ **10.** $375 \div 25$ **11.** $576 \div 24$

Resolución de problemas

12. Ángelo entrena para una carrera de bicicletas de larga distancia. Recorre 15 millas por hora. ¿Cuántas horas tardará en recorrer 210 millas?

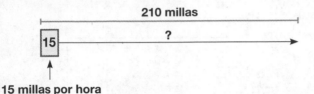

210 millas

15   ?

15 millas por hora

13. Razonamiento de orden superior Un tapete rectangular mide 21 pulgadas de longitud y tiene un área de 714 pulgadas cuadradas. Halla el ancho. ¿Cabrá el tapete en una entrada que mide 36 pulgadas de ancho? Muestra tu trabajo.

---

14. Usa el mapa. ¿Cuántas millas más que directamente desde la biblioteca hasta la estación de tren hay desde la biblioteca hasta la estación de tren pasando por el parque?

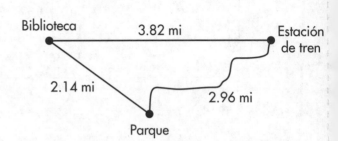

Biblioteca   3.82 mi   Estación de tren

2.14 mi   2.96 mi

Parque

15. Álgebra Si caminas de la estación de tren a la biblioteca; luego, al parque y, por último, de vuelta a la estación, ¿cuántas millas habrás caminado en total? Escribe una ecuación para representar tu trabajo.

---

16. Entender y perseverar Explica cómo puedes usar el dibujo para mostrar que $391 \div 23 = 17$.

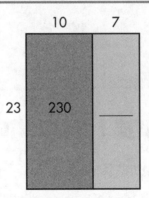

10   7

23   230   _____

---

17. Hay 16 filas de sillas en el auditorio. Todas las filas tienen la misma cantidad de sillas. Hay 512 sillas en total. ¿Cuántas sillas hay en cada fila?

Ⓐ 22 sillas

Ⓑ 30 sillas

Ⓒ 32 sillas

Ⓓ 33 sillas

18. Un patio tiene un área de 286 pies cuadrados. Si la longitud del patio es 22 pies, ¿cuál es el ancho?

Ⓐ 10 pies

Ⓑ 13 pies

Ⓒ 14 pies

Ⓓ 144 pies

Nombre_____

Resuélvelo y coméntalo

Un hotel prepara mesas para una conferencia para 156 personas. Si en cada mesa caben 12 personas, ¿cuántas mesas se necesitarán? *Resuelve este problema de la manera que prefieras.*

Puedes usar la estimación para resolver este problema. Piensa en cuántos grupos de 12 puedes quitar de 156. ¡Muestra tu trabajo!

Puedo...
hallar cocientes de números enteros.

También puedo escoger y usar una herramienta matemática para resolver problemas.

¡Vuelve atrás! **Entender y perseverar** ¿Cómo puedes comprobar que la respuesta de una división es correcta?

Pregunta esencial ¿Cómo se pueden usar cocientes parciales para resolver divisiones?

A

Un teatro tiene 357 asientos dispuestos en filas de 15 asientos cada una. ¿Cuántas filas tiene el teatro? Sea f igual a la cantidad de filas.
Piensa: $15 \times r = 375$ o $375 \div 15 = r$.

Un modelo de área te puede ayudar a hallar cuántos grupos de 15 hay en 375.

B

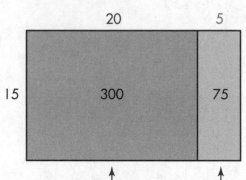

	20	5
15	300	75

$20 \times 15 = 300$ $375 - 300 = 75$
$5 \times 15 = 75$

$300 + 75 = 375$, sin sobrantes.
Por tanto, $375 \div 15 = 25$.

$$\begin{array}{r} 5 \\ 20 \\ 15\overline{)375} \\ -\ 300 \\ \hline 75 \\ -\ 75 \\ \hline 0 \end{array}$$

¿Cuántos grupos de 15 hay en 375? Intenta con 20.

20 grupos de 15 = 300

¿Cuántos grupos de 15 hay en 75? Intenta con 5.

5 grupos de 15 = 75

$375 \div 15 = 25$, porque $15 \times 25 = 375$.

Por tanto, el teatro tiene 25 filas y 0 asientos adicionales.

¡Convénceme! **Evaluar el razonamiento** A la derecha se muestra la solución de Dinah al problema anterior. ¿Es correcta su solución? Explícalo.

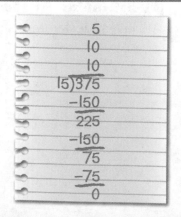

Práctica Herramientas Evaluación

✫Práctica guiada

¿Lo entiendes?

1. Muestra una manera de usar cocientes parciales para hallar 233 ÷ 11.

2. ¿Qué estimación puedes hacer para comprobar que la respuesta al problema 1 es correcta?

¿Cómo hacerlo?

Para **3** a **6**, usa cocientes parciales para dividir. Muestra tu trabajo.

3. 15)210   **4.** 13)286

5. 25)575   **6.** 32)960

✫Práctica independiente

Práctica al nivel Para **7** a **16**, usa cocientes parciales para dividir. Muestra tu trabajo.

7.
$$\begin{array}{r} 19)\overline{247} \\ -\ 190 \\ \hline 57 \\ -\ 38 \\ \hline 19 \\ -\ 19 \\ \hline 0 \end{array}$$

☐ grupos de 19 = 190

☐ grupos de 19 = 38

☐ grupo de 19 = 19

8.
$$\begin{array}{r} 14)\overline{631} \\ -\ 280 \\ \hline 351 \\ -\ 280 \\ \hline 71 \\ -\ 70 \\ \hline 1 \end{array}$$

☐ grupos de 14 = 280

☐ grupos de 14 = 280

☐ grupos de 14 = 70

Sobra 1

Suma los cocientes parciales:

☐ + ☐ + ☐ = ☐

Suma los cocientes parciales:

☐ + ☐ + ☐ = ☐ y ☐ sobrante

9. 11)132   **10.** 21)845   **11.** 16)304   **12.** 32)480

13. 23)715   **14.** 30)660   **15.** 43)731   **16.** 16)610

Resolución de problemas

17. En una reserva natural de 969 acres hay 19 guepardos. ¿Aproximadamente cuántos acres hay para cada guepardo si cada uno recorre la misma cantidad de acres?

18. Una fábrica produce 272 sillas en una jornada de 8 horas. Si la fábrica produce la misma cantidad de sillas por hora, ¿cuántas sillas produce en 30 minutos?

19. En una cafetería hay asientos para 5×10^2 estudiantes. Cada mesa tiene 2×10^1 asientos. ¿Cuántas mesas hay en la cafetería?

20. Representar con modelos matemáticos Peter maneja 992 millas de Chicago a Dallas. Su hermana, Anna, maneja 1,068 millas de Phoenix a Dallas. Escribe y resuelve una ecuación para hallar cuántas millas más que Peter conduce Anna.

21. Escribe una ecuación de multiplicación y una ecuación de división para representar el siguiente modelo.

22. Razonamiento de orden superior ¿Cómo puedes usar cocientes parciales para hallar $325 \div 13$? Explícalo.

✅ **Práctica para la evaluación**

23. ¿Qué expresiones son equivalentes a 35?

- ☐ $1,400 \div 4$
- ☐ $420 \div 12$
- ☐ $875 \div 25$
- ☐ $7,700 \div 22$
- ☐ $14,000 \div 40$

24. ¿Qué expresiones son equivalentes a 22?

- ☐ $704 \div 32$
- ☐ $1,078 \div 49$
- ☐ $1,890 \div 30$
- ☐ $1,430 \div 65$
- ☐ $4,500 \div 50$

Nombre ____________________

Lección 5-5
Usar la repartición para dividir: Divisores de 2 dígitos

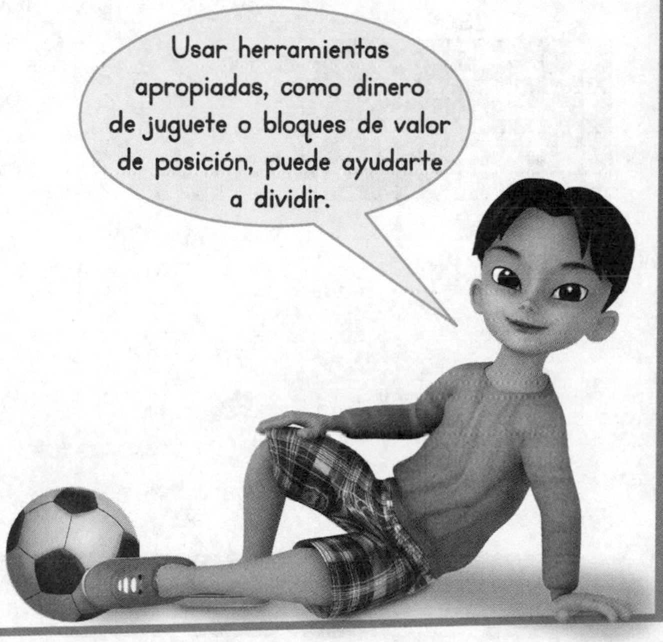

Puedo...
usar el valor de posición y la repartición para dividir.

También puedo escoger y usar una herramienta matemática para resolver problemas.

Resuélvelo y coméntalo El Club de Reciclaje tiene $294 para comprar un juego de cubos de reciclaje para cada uno de los 14 miembros. Cada uno de los 14 juegos de cubos será idéntico al otro y costará lo mismo. ¿Cuánto es el máximo que pueden gastar en un juego de cubos? Usa objetos o haz dibujos como ayuda para resolver el problema. Explica cómo hallaste la respuesta.

Usar herramientas apropiadas, como dinero de juguete o bloques de valor de posición, puede ayudarte a dividir.

¡Vuelve atrás! ¿Por qué puedes usar la división para responder a esta pregunta?

A

 Pregunta esencial **¿Cómo se puede anotar la división con un divisor de dos dígitos?**

Los trabajadores de una huerta tienen 258 plantas de toronja para plantar en 12 filas iguales. ¿Cuántas plantas habrá en cada fila?

Puedes pensar en el valor de posición y en modelos de área para resolver el problema.

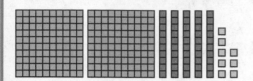

Haz una estimación: 248 ÷ 12 está cerca de 250 ÷ 10 = 25.

B

Reagrupa los bloques para llenar las 12 filas.

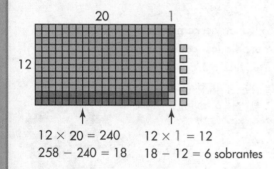

12 × 20 = 240   12 × 1 = 12
258 − 240 = 18   18 − 12 = 6 sobrantes

240 + 12 = 252
Por tanto, 258 ÷ 14 = 21R6

$$\begin{array}{r} 21 \\ 12\overline{)258} \\ -\underline{240} \\ 18 \\ -\underline{12} \\ 6 \end{array}$$

25 decenas divididas en 12 grupos iguales son 2 decenas en cada grupo.

12 grupos de 20 = 240

18 unidades divididas en 12 grupos iguales es 1 unidad en cada grupo.

12 grupos de 1 = 12

plantas sobrantes

258 ÷ 12 = 21 R6, porque 12 × 21 + 6 = 258.

Habrá 21 plantas en cada fila y sobrarán 6 plantas.

¡Convénceme! **Razonar** ¿Qué significa el residuo en el problema anterior?

Nombre _____

☆ Práctica guiada

¿Lo entiendes?

1. Si el huerto tiene 200 plántulas y se plantan 12 plántulas en cada fila, ¿cuántas filas estarán llenas? Dibuja bloques de valor de posición para mostrar tu respuesta.

2. En el Problema 1, ¿qué representa el residuo?

¿Cómo hacerlo?

Para **3** y **4**, divide. Escribe los números que faltan.

3.

```
      □□
14) 1  9  6
  – □□□
      5□
    – □□
       0
```

4.

```
         □ R46
80) 7  6  6
  – □□□
       □□
```

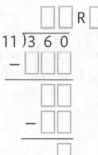

Una estimación te puede ayudar a decidir si tu respuesta es razonable.

☆ Práctica independiente

Práctica al nivel Para **5** a **13**, divide. Escribe los números que faltan.

5.

```
      □ 6
19) 3  0  4
  – 1 □□
    □□ 1
  – 1 □□
        □
```

6.

```
       □ R □
61) 5  9  3
  – □□□
     □□
```

7.

```
      □□ R □
11) 3  6  0
  – □□□
     □□
   – □□
      □
```

8. 17) 544

9. 50) 250

10. 68) 867

11. 23) 966

12. 79) 492

13. 40) 375

Resolución de problemas

14. Rita y su familia se mudan de Grand Junction a Dallas. El camión de mudanza viaja a un promedio de 60 millas por hora. ¿Aproximadamente cuántas horas tardará el camión en llegar a Dallas? Explica tu trabajo.

DATOS

Dallas, TX, a Grand Junction, CO	980 millas
Nashville, TN, a Norfolk, VA	670 millas
Charleston, SC, a Atlanta, GA	290 millas
Denver, CO, a Minneapolis, MN	920 millas
Little Rock, AR, a Chicago, IL	660 millas

15. Debido a demoras por reparaciones en el viaje de Little Rock a Chicago, un camionero tuvo que viajar a 48 millas por hora. ¿Aproximadamente cuánto duró ese viaje?

16. Razonamiento de orden superior Una científica tiene que hacer 15 experimentos y necesita 72 mililitros de agua destilada para cada uno. Tiene una botella de 975 mililitros de agua destilada. ¿Hay suficiente agua en la botella para los 15 experimentos? Explícalo.

17. Representar con modelos matemáticos El muelle de pesca de Puerto Lavaca mide 3,200 pies de longitud. Hay un pescador por cada diez pies de longitud. Escribe y resuelve una ecuación para hallar cuántos pescadores hay en el muelle.

18. Todd hizo una tabla para mostrar diferentes planes para ahorrar $500. Completa la tabla. ¿Qué plan puede usar Todd para ahorrar $500 en menos de 16 semanas y tener $20 adicionales? Explica cómo hallaste la respuesta.

Planes para ahorrar $500		
Plan	Cantidad que ahorra cada semana	Cantidad de semanas que necesita para lograrlo
A	$20	25
B	$30	
C	$40	
D	$50	

✓ Práctica para la evaluación

19. Halla una expresión que dé un cociente de 9 R15. Escribe la expresión en el recuadro.

Cociente: 9 R15

$335 \div 40$ $360 \div 40$ $365 \div 40$
$375 \div 40$ $409 \div 40$ $415 \div 40$

Nombre _____

Resuélvelo y coméntalo

La ciudad construyó un parque para andar en patineta que costó $3,240 y se pagará en pagos mensuales del mismo valor a lo largo de dos años. ¿De cuánto será cada pago mensual? Usa objetos o haz dibujos para ayudarte a resolver el problema. Explica cómo hallaste tu respuesta.

Puedo...
usar el valor de posición y la repartición para dividir.

También puedo buscar patrones para resolver problemas.

Para entender el problema, debes leerlo con cuidado para hallar toda la información importante.

¡Vuelve atrás! **Usar la estructura** ¿Cómo usaste lo que sabes sobre el valor de posición para hallar la respuesta al problema?

Pregunta esencial ¿Cómo se puede anotar la división con un divisor de dos dígitos y un dividendo de cuatro dígitos?

A

Jake trabaja en una florería. La tienda acaba de recibir una entrega de 1,830 rosas. Si las rosas deben distribuirse exactamente en 15 recipientes, ¿cuántas rosas debe poner Jake en cada recipiente?

Puedes usar el valor de posición y modelos de área para resolver el problema.

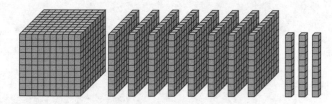

B

No hay suficientes millares para poner mil cada grupo; por tanto, hay que reagrupar los millares en centenas.

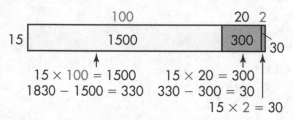

100   20 2

15	1500	300
		30

$15 \times 100 = 1500$ $15 \times 20 = 300$
$1830 - 1500 = 330$ $330 - 300 = 30$
$15 \times 2 = 30$

$1,500 + 300 + 30 = 1,830$

Por tanto, $1,830 \div 15 = 122$.

$$
\begin{array}{r}
122 \\
15\overline{)1,830} \\
-\underline{1,500} \\
330 \\
-\underline{300} \\
30 \\
-\underline{30} \\
0
\end{array}
$$

18 centenas divididas en 15 grupos iguales es 1 centena en cada grupo.

15 grupos de $100 = 1500$

33 decenas divididas en 15 grupos iguales es 2 decenas en cada grupo.

15 grupos de $20 = 300$

30 unidades divididas en 15 grupos iguales es 2 unidades en cada grupo.

15 grupos de $2 = 30$

sin sobrantes

$1,830 \div 15 = 122$ porque $15 \times 122 = 1,830$

Debería haber 122 rosas en cada recipiente sin rosas sobrantes.

¡Convénceme! **Razonar** ¿Por qué 122 es una respuesta razonable al problema?

Otro ejemplo

Divide 4,108 ÷ 82.

Piensa en 41 centenas divididas en 82 grupos iguales.

$$\begin{array}{r} 50 \\ 82\overline{)4108} \\ -\underline{4100} \\ 8 \end{array}$$

41 centenas divididas en 82 grupos iguales es 5 decenas en cada grupo.

82 grupos de 50 = 4,100

sobrantes

4,108 ÷ 82 = 50 R8, porque 82 × 50 + 8 = 4,108.

☆ Práctica guiada

¿Lo entiendes?

1. Usa bloques de valor de posición para representar 3,710 ÷ 18.

¿Cómo hacerlo?

Para **2** a **5**, divide. Usa bloques de valor de posición como ayuda.

2. 4,632 ÷ 15

3. 3,332 ÷ 30

4. 25)1,013

5. 40)916

☆ Práctica independiente

Para **6**, dibuja un modelo de área para la división.

6. 16)3,418

Para **7** a **12**, divide. Usa bloques de valor de posición o modelos de área como ayuda.

7. 7,905 ÷ 35

8. 5,500 ÷ 90

9. 2,838 ÷ 11

10. 46)875

11. 28)1,240

12. 18)6,020

Resolución de problemas

13. **Sentido numérico** Los miembros de un club recolectaron 1,370 manzanas. Piensan vender bolsas con 15 manzanas cada una. ¿Cuántas bolsas pueden llenar? Explícalo.

14. Jason da clases de patinaje sobre hielo. Gana $24.50 por cada clase. ¿Cuánto gana Jason en 5 días si da 6 clases por día?

---

15. **Razonar** A la derecha se muestra una entrega a una florería. La tienda hace arreglos florales para centros de mesa con 36 flores del mismo tipo. ¿Podrán hacer al menos 10 arreglos florales usando cada tipo de flor? ¿Y al menos 100 arreglos florales? Explícalo.

580 tulipanes
2,410 margaritas
4,000 claveles

---

16. Amelia y Ben tienen respuestas diferentes para 1,955 ÷ 85. Sin dividir, ¿cómo puedes saber quién tiene razón?

Amelia: 1,955 ÷ 85 = 23
Ben: 1,955 ÷ 85 = 203

17. **Razonamiento de orden superior** Estima el cociente de 4,839 ÷ 15 a la centena más cercana. Explica cómo hallaste la estimación.

✓ Práctica para la evaluación

18. Halla 5,092 ÷ 38. ¿Cómo puedes comprobar si tu respuesta es razonable?

Nombre _____

Resuélvelo y coméntalo

Escoge una estrategia para resolver cada problema. Explica tus soluciones.

Problema 1: El vivero de Bob vende cajas de frutas cítricas. Vienen 24 naranjas por caja y tienen 5,643 naranjas para empacar. ¿Cuántas cajas pueden llenar?

Problema 2: Este año, se cosecharon 4,338 toronjas hasta el momento. Bob tiene 18 contenedores para almacenar las toronjas. Si se distribuyen las toronjas en cantidades iguales entre los 18 contenedores, ¿cuántas toronjas habrá en cada uno?

Puedo...
escoger diferentes estrategias para dividir.

También puedo entender bien los problemas.

Los números y las situaciones de los problemas pueden ayudarte a escoger las estrategias. ¡Muestra tu trabajo!

¡Vuelve atrás! **Entender y perseverar** ¿En qué se parecen las dos estrategias que escogiste? ¿En qué se diferencian?

Pregunta esencial ¿Cuáles son algunas de las estrategias que se pueden usar para resolver un problema de división?

A

Una empresa tiene tres impresoras. La impresora que pueden usar todos los 15 empleados es la de la Sala 102. Si las páginas se distribuyen por igual entre los empleados, ¿cuántas páginas puede imprimir cada empleado?

Impresora	Cantidad de páginas para imprimir
Sala 101	4,618
Sala 102	3,720
Sala 103	5,075

B

Primero, puedes hacer una estimación. $3,720 \div 15$ está entre $3,000 \div 15 = 200$ y $4,500 \div 15 = 300$.

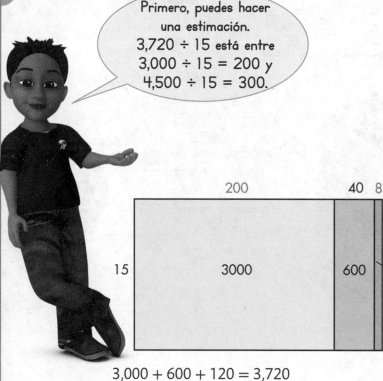

200	40	8
3000	600	120

$$3,000 + 600 + 120 = 3,720$$
Por tanto, $3,720 \div 15 = 248$.

```
      248
15)3720
   −3000      15 grupos de 200 = 3,000
    720
   − 600      15 grupos de 40 = 600
    120
   − 120      15 grupos de 8 = 120
      0
```

Cada empleado puede imprimir 248 páginas.

¡Convénceme! Razonar ¿Cómo puedes comprobar tu respuesta?

Otro ejemplo

¿Cuántos folletos de 32 páginas puede imprimir la impresora de la Sala 101?

La impresora de la Sala 101 puede imprimir 144 folletos.

$$
\begin{array}{r}
4 \\
40 \\
100
\end{array} \Big\} 144
$$

$$
\begin{array}{r}
32\overline{)4618} \\
-\,3200 \quad \text{100 grupos de 32} \\
\hline
1418 \\
-\,1280 \quad \text{40 grupos de 32} \\
\hline
138 \\
-\,128 \quad \text{4 grupos de 32} \\
\hline
10 \quad \text{10 páginas sobrantes}
\end{array}
$$

Debes hallar cuántos grupos de 32 hay en 4,618. Puedes usar la división y mostrar los cocientes parciales.
Puedes estimar 4,618 ÷ 32 usando 4,500 ÷ 30 = 150.

☆ Práctica guiada

¿Lo entiendes?

1. ¿Puede el residuo ser mayor que el divisor? ¿Por qué?

¿Cómo hacerlo?

2. Estima 452 ÷ 21.

3. Divide.
$21\overline{)452}$

Recuerda que debes comprobar si tu respuesta es razonable.

☆ Práctica independiente

Para **4** a **11**, haz una estimación y luego halla el cociente. Usa la estimación para comprobar si tu respuesta es razonable.

4. $54\overline{)378}$

5. $83\overline{)664}$

6. 761 ÷ 5

7. 510 ÷ 30

8. 7,704 ÷ 24

9. 7,830 ÷ 33

10. 3,136 ÷ 64

11. 6,253 ÷ 71

Resolución de problemas

Para **12**, usa la tabla de la derecha.

12. **Entender y perseverar** Bob vende cajas de obsequio de tangelos en diciembre. El año pasado, la huerta vendió un total de 3,300 tangelos. Si cada caja se vende a $28, ¿cuánto dinero ganó Bob con la venta de cajas de obsequio de tangelos?

DATOS	Cajas de obsequio de cítricos de Bob	
	Cítricos	**Cantidad por caja**
	Toronjas	18
	Naranjas	24
	Tangelos	12

13. **Razonamiento de orden superior** Un grupo de 20 unidades de algo se llama *veintena*. Por ejemplo, un período de 20 años es una veintena de años. La Estatua de la Libertad fue inaugurada en 1886. ¿Aproximadamente cuántas veintenas de años pasaron?

14. En una planta automotriz, 34 trabajadores inspeccionan cada carro antes de enviarlo al vendedor. Un día, los trabajadores hicieron 9,690 inspecciones. ¿Cuántos carros se enviaron? Explícalo.

9,690

?

Práctica para la evaluación

15. ¿Qué divisiones tienen un cociente de 46? Escríbelas en el recuadro.

Cociente = 46
$10\overline{)4,600}$ $21\overline{)966}$ $53\overline{)2,385}$
$43\overline{)946}$ $46\overline{)2,116}$

Nombre _____

Resuélvelo y coméntalo

Escribe un problema verbal para la ecuación:

$2{,}530 \div 23 = q$

Resuelve tu problema de la manera que prefieras.

Puedo...
entender problemas y seguir trabajando si no puedo seguir adelante.

También puedo resolver problemas de varios pasos.

Hábitos de razonamiento

¡Razona correctamente!
Estas preguntas pueden ayudarte.

- ¿Qué información se da?
- ¿Cómo se relacionan las cantidades?
- ¿Qué estrategias conozco para resolver este tipo de problemas?
- ¿Qué herramientas pueden servirme?
- ¿Cómo puedo comprobar si mi solución tiene sentido?

¡Vuelve atrás! **Entender y perseverar** ¿En tu problema verbal se pide que halles la misma cantidad en cada grupo o la cantidad de grupos iguales?

Pregunta esencial **¿Cómo se puede entender los problemas y perseverar para resolverlos?**

A

Durante 3 meses, una clase de quinto grado recaudó dinero para beneficencia. Si la clase divide el dinero en cantidades iguales entre 32 organizaciones diferentes, ¿cuántos dólares recibirá cada organización y cuántos dólares sobrarán?

DATOS

Dinero recaudado	
Septiembre	$1,104
Octubre	$2,117
Noviembre	$3,275

Puedes entender el problema respondiendo a estas preguntas. ¿Cuánto dinero se recaudó en total? ¿Cuánto debe recibir cada organización?

Este es mi razonamiento...

B **¿Cómo puedo entender el problema y resolverlo?**

Puedo

- identificar las cantidades dadas.

- entender cómo se relacionan las cantidades.

- escoger e implementar una estrategia apropiada.

- comprobar que mi trabajo y mi respuesta tengan sentido.

C Primero, escribo una ecuación de suma para hallar la cantidad recaudada en total:

$1,104 + 2,117 + 3,275 = 6,496$

Luego, escribo una ecuación de división para representar la repartición en cantidades iguales:

$6,496 \div 32 =$
$(6400 + 96) \div 32 =$
$(6400 \div 32) + (96 \div 32) =$
$200 + 3 = 203$

Por tanto, cada organización recibirá $203.

¡Convénceme! **Evaluar el razonamiento** Julio dice que se puede resolver el problema dividiendo por 32 el total de cada mes y luego sumando los tres cocientes. ¿Estás de acuerdo? ¿Crees que este método es más fácil o más difícil? Justifica tu respuesta.

¿No puedes seguir adelante? Intenta resolver un problema más sencillo.

Nombre _____

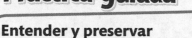

Práctica guiada

Entender y preservar

Dana comienza su colección con 875 estampillas. Sus abuelos le dan 332 estampillas. Luego, ella compra 72 más. ¿Cuántas páginas de su álbum puede completar?

24 estampillas en una página

1. ¿Qué sabes?

2. ¿Qué intentas hallar?

3. ¿Cómo se relacionan las cantidades? ¿Cuál es la respuesta al problema? Escribe ecuaciones para representar tu trabajo.

Práctica independiente

Entender y preservar

Tania ahorra para sus vacaciones. Quiere tener al menos $75 para cada uno de los 12 días de su viaje. Si ahorra $85 por mes durante 10 meses, ¿tendrá suficiente dinero?

4. Usa la estrategia de cálculo mental para hallar la cantidad total que ahorrará Tania. Luego, escribe una ecuación de división para ver si ahorrará suficiente dinero.

5. Jorge dice que puede resolver el problema de otra manera. Dice que puede comparar 85×10 y 75×12. ¿Estás de acuerdo? Explica tu razonamiento.

Huerto de Calabazas

En la tabla se muestra la cantidad de semillas que los dueños del Huerto de Calabazas recibieron de diferentes proveedores. Cada calabaza que cosechan suele pesar entre 10 y 12 libras. Hay 60 filas, y los granjeros plantarán la misma cantidad de semillas en cada fila. ¿Cuántas semillas plantarán en cada fila?

Proveedor de semillas	Cantidad de semillas
Las semillas de Sid	1,220
Provoduría de semillas de Vicky	750
Semillas y más	1,450

DATOS

6. **Entender y perseverar** ¿Qué sabes? ¿Qué intentas hallar?

7. **Razonar** ¿Cómo se relacionan las cantidades del problema? ¿Qué pasos se necesitan para resolver el problema?

8. **Representar con modelos matemáticos** Escribe ecuaciones con variables para representar los pasos necesarios para resolver el problema.

Piensa en las estrategias para resolver problemas como ayuda.

9. **Hacerlo con precisión** Resuelve las ecuaciones y responde a la pregunta.

10. **Razonar** ¿Qué estrategia puedes usar para comprobar si tu respuesta tiene sentido?

Trabaja con un compañero. Necesitan papel y lápiz. Cada uno escoge un color diferente: celeste o azul.

El compañero 1 y el compañero 2 apuntan a uno de sus números negros al mismo tiempo. Ambos hallan el producto de esos números.

El compañero que escogió el color en el que aparece el producto puede anotar una marca de conteo. Sigan la actividad hasta que uno de los dos tenga siete marcas de conteo.

Puedo...
multiplicar números enteros de varios dígitos.

También puedo crear argumentos matemáticos.

Compañero 1					Compañero 2
52	884	5,238	3,672	5,964	**17**
68	24,354	11,502	7,668	2,808	**54**
97	1,649	1,156	2,448	20,746	**46**
451	12,628	2,716	1,456	4,462	**36**
213	1,872	2,392	7,667	9,798	**28**
	16,236	3,128	3,621	1,904	

Marcas de conteo del compañero 1

Marcas de conteo del compañero 2

Repaso del vocabulario

Glosario

Comprender el vocabulario

Escoge el mejor término de la Lista de palabras.
Escríbelo en el espacio en blanco.

1. Una manera de estimar la respuesta a una división es reemplazar el divisor y el dividendo con _____.

2. La parte que sobra cuando se divide en grupos iguales se llama _____.

3. Para decidir dónde situar el primer dígito de un cociente, se hace un/una _____ de la cantidad de dígitos de la respuesta.

4. La respuesta a una división es el/la _____.

Da un ejemplo y un contraejemplo para los siguientes términos.

	Ejemplo	Contraejemplo
5. Múltiplo de 10		
6. Producto de 10		
7. Cociente de 10		

Usar el vocabulario al escribir

8. Escribe una división cuyo dividendo tenga 3 dígitos, el divisor sea 20 y tenga un residuo de 10. Usa al menos tres términos de la Lista de palabras para explicar cómo escogiste los números de tu ejemplo.

Grupo A páginas 181 a 184 _____

Halla 32,000 ÷ 80 calculando mentalmente.

Usa operaciones básicas y patrones del valor de posición como ayuda.

32 ÷ 8 = 4
320 ÷ 80 = 4
3,200 ÷ 80 = 40
32,000 ÷ 80 = 400

Recuerda que debes buscar una operación básica de división en los números. Multiplica para comprobar tu respuesta.

Halla los cocientes. Calcula mentalmente.

1. 360 ÷ 40   **2.** 270 ÷ 90

3. 2,100 ÷ 30   **4.** 4,800 ÷ 80

5. 72,000 ÷ 80   **6.** 81,000 ÷ 90

Grupo B páginas 185 a 188 _____

Estima 364 ÷ 57.

Usa números compatibles y patrones para dividir.

364 ÷ 57
↓   ↓
360 ÷ 60 = 6

Por tanto, 364 ÷ 57 es aproximadamente 6.

Recuerda que los números compatibles son números con los que se puede calcular mentalmente con facilidad.

Haz estimaciones usando números compatibles.

1. 168 ÷ 45   **2.** 525 ÷ 96

3. 379 ÷ 63   **4.** 234 ÷ 72

5. $613 ÷ 93   **6.** $748 ÷ 92

Grupo C páginas 189 a 192 _____

Halla 195 ÷ 13.

Dibuja un modelo como ayuda para hallar la cantidad de decenas y unidades del cociente.

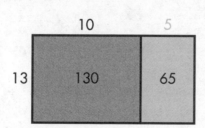

1 decena + 5 unidades = 15.

Por tanto, 195 ÷ 13 = 15.

Recuerda que primero debes hallar la cantidad de decenas y, luego, la cantidad de unidades.

Usa un modelo para hallar los cocientes.

1. 180 ÷ 15   **2.** 154 ÷ 14

3. 351 ÷ 27   **4.** 192 ÷ 16

5. 143 ÷ 11   **6.** 217 ÷ 31

7. 130 ÷ 26   **8.** 270 ÷ 18

Halla $336 \div 21$ usando cocientes parciales.

```
      6
     10
  21)336
    −210    10 grupos de 21 = 210
     126
    −126    6 grupos de 21 = 126
       0
```

Suma los cocientes parciales: $10 + 6 = 16$.

Por tanto, $336 \div 21 = 16$.

Recuerda que debes sumar los cocientes parciales para hallar el cociente real.

Usa cocientes parciales para dividir.

1. $30)\overline{570}$ **2.** $17)\overline{714}$

3. $24)\overline{984}$ **4.** $40)\overline{920}$

5. $13)\overline{858}$ **6.** $29)\overline{986}$

7. $35)\overline{980}$ **8.** $73)\overline{803}$

Halla $461 \div 50$.

```
      9
  50)461
    −450    50 grupos de 9 = 450
     11     sobrantes
```

Recuerda que, para comprobar tu respuesta, puedes multiplicar el cociente por el divisor y, luego, sumar el residuo, si lo hay.

1. $20)\overline{420}$ **2.** $31)\overline{558}$

3. $45)\overline{387}$ **4.** $58)\overline{653}$

5. $59)\overline{826}$ **6.** $70)\overline{910}$

7. $78)\overline{698}$ **8.** $27)\overline{849}$

9. Iván usa 30 palillos de manualidades para hacer una cabaña de juguete. Tiene una caja de 342 palillos. ¿Cuántas cabañas de juguete puede hacer? ¿Cuántos palillos sobrarán?

Grupo F páginas 201 a 204 _____

Halla 3,657 ÷ 23.

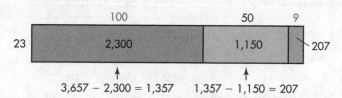

$$\begin{array}{r} 159 \\ 23\overline{)3,657} \\ -2,300 \\ \hline 1,357 \\ -1,150 \\ \hline 207 \\ -207 \\ \hline 0 \end{array}$$

36 centenas divididas en 23 grupos iguales es 1 centena en cada grupo.

23 grupos de 100 = 2,300

135 decenas divididas en 23 grupos iguales es 5 decenas en cada grupo.

23 grupos de 50 = 1,150

207 unidades divididas en 23 grupos iguales es 9 unidades en cada grupo.

23 grupos de 9 = 207

sin sobrantes

Recuerda que puedes multiplicar el divisor por potencias de 10 para estimar el cociente.

Divide. Usa bloques de valor de posición como ayuda.

1. $14\overline{)966}$ **2.** $53\overline{)6,519}$

3. $91\overline{)728}$ **4.** $72\overline{)2,376}$

5. $26\overline{)8,168}$ **6.** $66\overline{)612}$

7. $40\overline{)5,520}$ **8.** $39\overline{)3,871}$

Grupo G páginas 205 a 208 _____

Halla 789 ÷ 19

$$\begin{array}{r} 41 \\ 19\overline{)789} \\ -760 \\ \hline 29 \\ -19 \\ \hline 10 \end{array}$$

78 decenas divididas en 19 grupos iguales es 4 decenas en cada grupo.

19 grupos de 40 = 760

29 unidades divididas en 19 grupos iguales es 1 unidad en cada grupo.

19 grupos de 1 = 19

sobrantes

Recuerda que, para comprobar tu respuesta, puedes multiplicar el cociente por el divisor y, luego, sumar el residuo, si lo hay.

1. $16\overline{)224}$ **2.** $38\overline{)792}$

3. $42\overline{)504}$ **4.** $47\overline{)5,170}$

5. $58\overline{)7,211}$ **6.** $12\overline{)3,549}$

7. $25\overline{)1,352}$ **8.** $33\overline{)1,500}$

9. $42\overline{)5,825}$ **10.** $28\overline{)2,941}$

Piensa en tus respuestas a estas preguntas como ayuda para **entender y perseverar** cuando resuelves problemas.

Hábitos de razonamiento

- ¿Qué sé?
- ¿Qué necesito hallar?
- ¿Cuál es mi plan para resolver el problema?
- ¿Qué otra cosa puedo hacer si no puedo seguir adelante?
- ¿Cómo puedo comprobar si mi solución tiene sentido?

Selena planea visitar a su tía dentro de 5 semanas. Ahorró $365, pero cree que el viaje costará $500. Selena piensa ahorrar la misma cantidad por semana hasta tener $500 para el viaje. ¿Cuánto debe ahorrar Selena por semana?

Puedo escribir una ecuación para hallar cuánto dinero más necesita Selena:

$$500 - 365 = 135$$

Luego, divido la cantidad necesaria por 5 semanas: $135 \div 5 = 27$.

Selena debe ahorrar $27 por semana.

Mi respuesta es razonable, porque $365 + 27 + 27 + 27 + 27 + 27 = 500$.

Recuerda que debes pensar en qué pasos se necesitan para resolver cada problema.

> Resuelve los problemas. Muestra tu trabajo.

1. El entrenador de fútbol americano gastó un total de $890, con $50 de impuesto incluidos, en 35 camisetas para el equipo. Cada camiseta costó lo mismo. ¿Cuál era el precio de una camiseta antes de agregar el impuesto?

2. Una gimnasta entrena 6 días por semana. Entrena la misma cantidad de horas cada día. Si entrena un total de 120 horas en un período de 4 semanas, ¿cuántas horas entrena por día?

3. Nathan trabaja la misma cantidad de horas por día, 5 días por semana. Gana $12 por hora. La semana pasada ganó $420. ¿Cuántas horas trabajó por día la semana pasada? Escribe ecuaciones para representar tu trabajo.

4. Un edificio de apartamentos tiene 15 pisos con 26 apartamentos en cada uno. Hay 3 clases de apartamentos en el edificio: de 1, 2 o 3 dormitorios. El edificio tiene la misma cantidad de cada clase de apartamento. ¿Cuántos apartamentos de cada clase hay? Muestra tu trabajo.

1. Selecciona todas las ecuaciones que el número 60 haga verdaderas.

☐ $420 \div \square = 70$

☐ $1{,}800 \div \square = 300$

☐ $5{,}400 \div \square = 90$

☐ $2{,}400 \div \square = 40$

☐ $500 \div \square = 10$

2. ¿Cuál de las siguientes es la mejor estimación de $487 \div 67$?

Ⓐ 80

Ⓑ 70

Ⓒ 10

Ⓓ 7

3. El comité de la feria compró 985 premios pequeños. Los premios se dividirán en cantidades iguales entre 20 puestos de juegos.

A. ¿En qué lugar estará el primer dígito del cociente?

B. ¿Cuántos premios habrá en cada puesto?

C. ¿Cuántos premios sobrarán?

4. Una sala rectangular tiene un área de 425 pies cuadrados. El ancho de la sala es 17 pies.

	20	☐
17	340	85

Escribe un número en el recuadro para mostrar la dimensión que falta.

¿Cual es la longitud de la sala?

_____ pies

5. A. Divide.

$2{,}700 \div 30 =$ _____

B. Selecciona todas las expresiones que son iguales a $2{,}700 \div 30$.

☐ $270 \div 3$

☐ 270 decenas $\div$ 3 decenas

☐ $2{,}700 \div 3$ decenas

☐ $2{,}700 \div 3$

☐ 2,700 decenas $\div 30$

6. Selecciona el cociente para cada expresión.

	700	7	60	70
$420 \div 6$	☐	☐	☐	☐
$420 \div 60$	☐	☐	☐	☐
$4{,}200 \div 6$	☐	☐	☐	☐
$4{,}200 \div 70$	☐	☐	☐	☐

7. Usa la tabla.

Planes de Althea para ahorrar $384		
Plan	Cantidad para ahorrar por semana	Cantidad de semanas que le tomará
A	$20	20
B	$30	
C	$50	8

A. Si usa el plan B, ¿cuántas semanas tardará Althea en alcanzar su meta de ahorro? Escribe el número que falta en la tabla.

B. Muestra cómo hallaste tu respuesta a la parte **A**.

8. La granja Cinco Estrellas compró 2,400 manzanos. Si se pueden plantar 80 manzanos en cada acre de tierra, ¿cuántos acres se necesitarán para plantar todos los manzanos?

A. Identifica la expresión que representa el problema.

Ⓐ 2,400 × 80   Ⓒ 80 × 2,400

Ⓑ 80 ÷ 2,400   Ⓓ 2,400 ÷ 80

B. ¿Cuántos acres serán necesarios para plantar todos los árboles?

9. La Sra. Reiss tiene 264 crayones para su clase de arte de 22 estudiantes. ¿Cuántos crayones recibirá cada estudiante si los crayones se dividen en cantidades iguales? Usa el modelo.

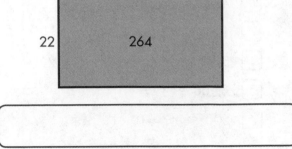

10. Selecciona todas las expresiones cuyo valor sea 9.

☐ 270 ÷ 3

☐ 250 ÷ 25

☐ 270 ÷ 30

☐ 207 ÷ 23

☐ 189 ÷ 21

11. Kari quiere hallar 3,277 ÷ 29.

A. Sin hacer la división, ¿de qué número estará más cerca el cociente?

Ⓐ 1

Ⓑ 10

Ⓒ 100

Ⓓ 1,000

B. ¿Cuál es el cociente exacto?

12. El costo de alquiler de un hotel para una reunión familiar es $975. Si asisten 65 personas y todas pagan el mismo precio, ¿cuánto paga cada persona?

A. ¿Cuál de las siguientes expresiones representa el problema?

Ⓐ 975 + 65   Ⓒ 975 × 65

Ⓑ 975 ÷ 65   Ⓓ 975 ÷ 2

B. ¿Cuánto paga cada persona?

Ⓐ $16   Ⓒ $14

Ⓑ $15   Ⓓ $13

---

13. El campamento de verano Arroyo tiene 188 excursionistas esta semana. Si hay 22 excursionistas en cada cabaña, ¿cuál es la menor cantidad de cabañas que se necesita?

Ⓐ 7 cabañas   Ⓒ 9 cabañas

Ⓑ 8 cabañas   Ⓓ 10 cabañas

---

14. El área de un salón de banquetes rectangular es 7,400 pies cuadrados. La longitud de uno de los lados del salón es 82 pies. Explica cómo puedes usar números compatibles para estimar el ancho del salón.

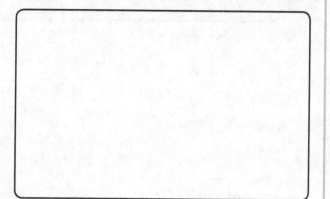

15. El costo de alquiler de un autobús es $1,344. Tony quiere saber cuánto pagará cada persona si viajan 32 personas en el autobús y comparten el costo en partes iguales. Completa los cocientes parciales que faltan en el trabajo de Tony.

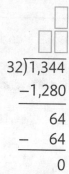

$$\begin{array}{r} \square \\ \square\square \\ 32)\overline{1,344} \\ -1,280 \\ \hline 64 \\ -64 \\ \hline 0 \end{array}$$

---

16. Jessie hizo 312 barras nutritivas pequeñas. Puso 24 barras en cada bolsa y planea vender cada bolsa a $6.

A. Escribe dos ecuaciones con variables que puede usar Jessie para hallar la cantidad de dinero que ganará si vende todas las bolsas.

B. ¿Cuánto ganará Jessie si vende todas las bolsas?

17. Selecciona todas las ecuaciones que el número 40 haga verdaderas.

☐ $280 \div \boxed{} = 7$

☐ $800 \div \boxed{} = 20$

☐ $4{,}000 \div \boxed{} = 10$

☐ $3{,}200 \div \boxed{} = 80$

☐ $800 \div \boxed{} = 200$

18. Selecciona el cociente para cada expresión.

	9	80	90	8
$2{,}700 \div 30$	☐	☐	☐	☐
$270 \div 30$	☐	☐	☐	☐
$2{,}400 \div 30$	☐	☐	☐	☐
$240 \div 30$	☐	☐	☐	☐

19. Charles consume 4,350 calorías al caminar 15 millas del Camino de los Apalaches. ¿Cuántas calorías consume por milla?

A. Identifica la expresión que representa el problema.

Ⓐ $4{,}350 \div 15$

Ⓑ $4{,}350 \times 15$

Ⓒ $4{,}350 - 15$

Ⓓ $4{,}350 \div 10$

B. ¿Cuántas calorías consume por milla?

20. Halla el cociente de $432 \div 48$.

21. ¿Qué cocientes parciales se pueden sumar para hallar $465 \div 15$?

Ⓐ 20 y 1

Ⓑ 30 y 1

Ⓒ 30 y 9

Ⓓ 30 y 10

22. En la tabla se muestra la cantidad de estudiantes que irán a una excursión. Se necesita un adulto por cada 15 estudiantes.

DATOS

Grado	Cantidad de estudiantes
Quinto grado	310
Sexto grado	305
Séptimo grado	225

¿Cuántos adultos se necesitan para la excursión del séptimo grado?

Nombre _____

Útiles escolares

Una tienda tuvo una oferta de útiles escolares en agosto. El gerente de la tienda anotó cuántas unidades de distintos tipos de artículo se vendieron. Cada unidad del mismo artículo costaba lo mismo. Usa la información de la tabla para responder a las preguntas.

Útiles escolares	Mochilas	Papel	Cuadernos	Bolígrafos	Lápices
Cantidad vendida	60	616	432	568	784

1. El total de ventas de las mochilas fue $1,200. ¿Cuánto costaba cada mochila? Escribe una ecuación para representar tu trabajo.

2. La tienda vendió 71 paquetes de bolígrafos. Usa números compatibles para estimar cuántos bolígrafos había en cada paquete. Muestra tu trabajo.

3. Había 16 lápices en cada caja. Olivia quiere hallar cuántas cajas de lápices se vendieron.

Parte A

Cuando Olivia divide 784 por 16, ¿en qué lugar debe escribir el primer dígito del cociente? Indica cómo lo sabes sin hacer la división.

Parte B

¿Cuántas cajas de lápices se vendieron?

4. El gerente de la tienda encargó las calculadoras que se muestran, pero el envío se demoró.

Parte A

Si se venden todas las calculadoras encargadas, el total de ventas sería $2,014. ¿La cantidad de calculadoras encargadas fue menor o mayor que 100? ¿Cómo lo sabes sin hacer la división?

$19 cada calculadora

Parte B

¿Cuántas calculadoras se encargaron? Escribe una ecuación para representar tu trabajo.

5. El gerente quiere encargar 408 cuadernos más. Los cuadernos se envían en paquetes de 12. El gerente usó cocientes parciales para hallar la cantidad de paquetes que encargará. A la derecha se muestra su trabajo. ¿Es correcta la solución? Explícalo.

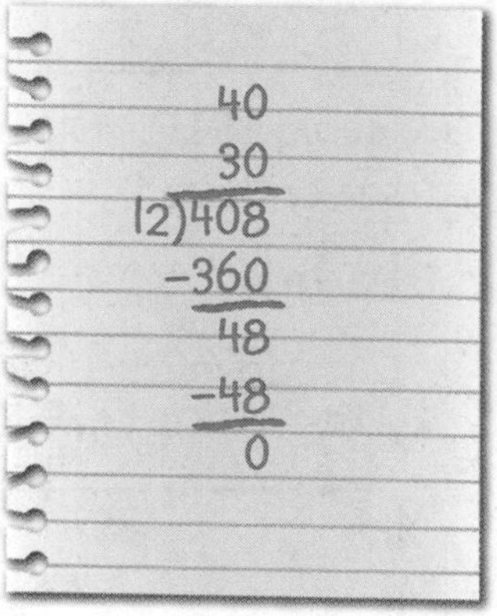

$$
\begin{array}{r}
40 \\
30 \\
12\overline{)408} \\
-360 \\
\hline
48 \\
-48 \\
\hline
0
\end{array}
$$

6. Se encargaron 40 paquetes más de papel a un costo total de $520. ¿Cuánto costaba cada paquete de papel? Escribe una ecuación para representar tu trabajo.

TEMA 6

Usar modelos y estrategias para dividir números decimales

Pregunta esencial: ¿Cuáles son los procedimientos estándar para estimar y hallar los cocientes de los números decimales?

El agua es la única sustancia de la Tierra que existe en la naturaleza en estado sólido, líquido y gaseoso.

El agua sólida es hielo. El agua gaseosa es vapor de agua. Las moléculas de agua que hay en el agua líquida también están en el vapor de agua y en el hielo: H_2O.

¡Qué bueno! ¡Puedo patinar sobre el agua! Agua sólida, ¡no líquida! Este es un proyecto sobre los estados del agua.

Proyecto de enVision STEM: Estados del agua

Investigar Usa la Internet u otros recursos para aprender sobre los estados del agua. Halla al menos 5 ejemplos del agua en estado sólido, líquido y gaseoso en la naturaleza. ¿A qué temperatura el agua líquida se transforma en hielo? ¿A qué temperatura el agua líquida se transforma en vapor de agua?

Diario: Escribir un informe Incluye lo que averiguaste. En tu informe, también:

- explica cómo se transforma el agua líquida en hielo y en vapor de agua.

- convierte 2 pulgadas de lluvia a pulgadas de nieve, sabiendo que a 23 °F, 1 pulgada de lluvia equivale a 10 pulgadas de nieve.

- inventa problemas de división con números decimales y resuélvelos.

Nombre_____

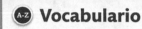Repasa lo que sabes

A-Z Vocabulario

Escoge el mejor término del recuadro.
Escríbelo en el espacio en blanco.

• cociente	• divisor
• dividendo	• número decimal

1. El _____ es el nombre del resultado de un problema de división.

2. Un número que se divide por otro número se llama _____.

Operaciones con números enteros

Halla los valores.

3. 9,007 − 3,128   **4.** 725,864 + 39,798   **5.** 35 × 17

6. 181 × 42   **7.** 768 ÷ 6   **8.** 506 ÷ 22

9. 6,357 ÷ 60   **10.** 3,320 ÷ 89   **11.** 88,888 ÷ 20

Redondear números decimales

Redondea los números al lugar del dígito subrayado.

12. 0.3̱4   **13.** 96̱.5   **14.** 81.2̱7   **15.** 2̱05.3

Números decimales

16. Un insecto mide 1.25 cm de longitud. ¿Qué número es menor que 1.25?

Ⓐ 1.35   Ⓑ 1.3   Ⓒ 1.26   Ⓓ 1.2

17. Explicar ¿Qué número decimal representa el modelo? Explícalo.

Operaciones con números decimales

Halla los valores.

18. 23.7 − 11.82   **19.** 66.8 + 3.64   **20.** 9 × 1.4   **21.** 3.2 × 7.6

PROYECTO 6A

¿Puedes dar una cena para celebrar?

Proyecto: Planea un festejo

PROYECTO 6B

¿Cuánto cuesta administrar una compañía?

Proyecto: Crea una compañía

PROYECTO 6C

¿Cómo organizas la comida?

Proyecto: Abre tu puesto de frutas

PROYECTO 6D

¿Te gustaría construir una casa?

Proyecto: Dibuja planos para una casa de muñecas

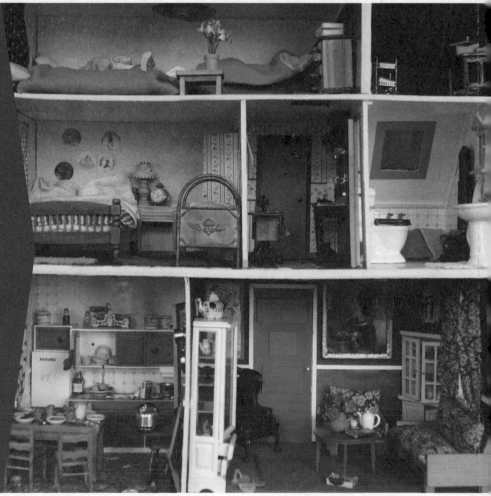

Nombre _____

Resuélvelo y coméntalo

Un objeto mide 279.4 centímetros de ancho. Si divides el objeto en 10 partes iguales, ¿cuánto medirá de ancho cada parte? *Resuelve este problema de la manera que prefieras.*

¿Cómo puedes usar la estructura y la relación entre la multiplicación y la división para ayudarte?

Puedo...
usar patrones para resolver problemas de división con números decimales.

También puedo buscar patrones para resolver problemas.

¡Vuelve atrás! ¿Qué observas sobre el ancho del objeto y el ancho de cada parte?

Pregunta esencial ¿Cómo se pueden dividir números decimales por potencias de 10?

A

Shondra quiere cortar una tela en 10 tiras. Todas las tiras deberían tener el mismo tamaño. Puedes usar el valor de posición y lo que sabes sobre números enteros para dividir números decimales por potencias de 10. ¿Qué longitud tendrá cada tira?

Puedes dividir para hallar partes iguales de un entero.

89.5 cm

Recuerda que $10 = 10^1$.

B Halla $89.5 \div 10$.

El valor de posición se basa en 10. El valor de cada lugar es $\frac{1}{10}$ del valor del lugar a la izquierda. Dividir por 10 implica mover cada dígito un lugar a la derecha. Esto luce igual que mover el punto decimal hacia la izquierda.

	Millares	Centenas	Decenas	Unidades	Décimas	Centésimas	Milésimas
		8	9	5	0 .		
$8{,}950 \div 10^1 =$			8	9	5 .	0	
$895.0 \div 10^1 =$				8	9 .	5	0
$89.50 \div 10^1 =$					8 .	9	5	0

$89.5 \div 10^1 = 8.95$

Cada retazo de tela medirá 8.95 centímetros de longitud.

¡Convénceme! **Usar la estructura** Celinda pensó en 89.5 en partes, $80 + 9 + 0.5$, y dividió cada parte: $80 \div 10 = 8$; $9 \div 10 = \frac{9}{10}$ o 0.9; $0.5 \div 10 = 0.05$. Después, sumó las partes para obtener 8.95. ¿Qué notas?

Práctica Herramientas Evaluación

☆Práctica guiada

¿Lo entiendes?

1. Imagina que Shondra quiere cortar la tela en 10^2 retazos. ¿Cuánto medirá de ancho cada retazo?

2. Krista divide un número por 10. Luego, divide el mismo número por 50. ¿Qué cociente es mayor? ¿Cómo lo sabes?

¿Cómo hacerlo?

Para **3** a **10**, calcula mentalmente para hallar los cocientes.

3. $370.2 \div 10^2$ **4.** $126.4 \div 10^1$

5. $7.25 \div 10$ **6.** $72.5 \div 10^3$

7. $281.4 \div 10^0$ **8.** $2,810 \div 10^4$

9. $3,642.4 \div 10^2$ **10.** $364.24 \div 10^1$

☆Práctica independiente

Práctica al nivel Para **11** a **25**, halla los cocientes. Usa el cálculo mental.

11. $4,600 \div 10$
$460 \div 10$
$46 \div 10$
$4.6 \div 10$

12. $134.4 \div 10^3$
$134.4 \div 10^2$
$134.4 \div 10^1$
$134.4 \div 10^0$

13. $98.6 \div 1$
$98.6 \div 100$
$98.6 \div 10$
$98.6 \div 1,000$

14. $136.5 \div 10$ **15.** $753 \div 100$ **16.** $890.1 \div 10^0$ **17.** $3.71 \div 10^2$

18. $8,100 \div 10^4$ **19.** $864 \div 10^3$ **20.** $0.52 \div 10^1$ **21.** $15.7 \div 1,000$

22. $7,700 \div 10^2$ **23.** $770 \div 10^2$ **24.** $77 \div 10^1$ **25.** $7.7 \div 10^1$

Resolución de problemas

Para **26** a **28**, usa la tabla, que muestra los tiempos ganadores de la competencia de natación de la escuela intermedia Pacífico.

DATOS	
50 yardas estilo libre	22.17 segundos
100 yardas espalda	53.83 segundos
100 yardas mariposa	58.49 segundos

26. ¿Cuál fue la diferencia entre el tiempo ganador de estilo mariposa y el tiempo ganador de estilo espalda?

27. El tiempo ganador de las 100 yardas estilo libre fue el doble del tiempo de las 50 yardas estilo libre. ¿Cuál fue el tiempo ganador de las 100 yardas estilo libre?

28. ¿Cuál fue la diferencia entre el tiempo ganador de las 100 yardas estilo libre y el tiempo ganador del estilo mariposa?

---

29. Razonar Un camión con una carga de 10^3 ladrillos idénticos pesa 6,755 libras. Si el camión vacío pesa 6,240 libras, ¿cuál es el peso de cada ladrillo? Explica cómo resolver el problema.

30. Razonamiento de orden superior Katie observó un patrón en las respuestas a las siguientes expresiones. ¿Qué observas tú?

14.6×0.1 $14.6 \div 10$

146×0.01 $146 \div 100$

146×0.001 $146 \div 1,000$

✓ Práctica para la evaluación

31. Escoge todas las ecuaciones en las que $n = 1,000$ hace verdadera la ecuación.

- ☐ $2.5 \div n = 0.025$
- ☐ $947.5 \div n = 0.9475$
- ☐ $8,350 \div n = 8.35$
- ☐ $16.4 \div n = 0.0164$
- ☐ $0.57 \div n = 0.0057$

32. Escoge todas las ecuaciones en las que $d = 10^2$ hace verdadera la ecuación.

- ☐ $386.2 \div d = 3.862$
- ☐ $4,963.6 \div d = 4.9636$
- ☐ $0.6 \div d = 0.006$
- ☐ $5.8 \div d = 0.58$
- ☐ $15.3 \div d = 0.153$

Nombre_____

Resuélvelo y coméntalo

Un trozo de material de construcción de 135.8 pies se debe cortar en partes de 16 pies de longitud. ¿Aproximadamente cuántas partes se pueden cortar? *Resuelve este problema de la manera que prefieras.*

Puedo... estimar cocientes en problemas con números decimales.

También puedo razonar sobre las matemáticas.

135.8 es aproximadamente _____.

16 es aproximadamente _____.

Puedes razonar para estimar cocientes decimales.

¡Vuelve atrás! **Razonar** ¿Puedes hallar otra manera de estimar el resultado del problema anterior? Explícalo.

¿Cómo se puede usar la estimación para hallar cocientes?

A

Diego les pidió dinero prestado a sus padres para comprar una consola de videojuegos que cuesta $473.89 (impuestos incluidos). ¿Aproximadamente cuánto debe pagar por mes a sus padres si quiere saldar la deuda en un año?

Video juegos Versión $473.89

Puedes usar la división para hallar grupos iguales.

B ## Una manera

Estima $473.89 ÷ 12. Usa el redondeo.

Redondea a la decena más cercana: 473.89 se redondea a 470; 12 se redondea a 10.

$473.89 ÷ 12 es aproximadamente $470 ÷ 10 = $47.

Cada pago mensual será aproximadamente $47.

C ## Otra manera

Estima $473.89 ÷ 12.
Usa números compatibles.
Busca números compatibles.

$473.89 ÷ 12 está cerca de $480 ÷ 12 = $40.

Cada pago mensual será aproximadamente $40.

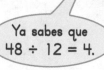

Ya sabes que 48 ÷ 12 = 4.

¡Convénceme! **Construir argumentos** En el ejemplo anterior, ¿qué estimación está más cerca de la respuesta exacta? Di cómo lo decidiste.

⭐ Práctica guiada

¿Lo entiendes?

1. Sentido numérico Leo estima 53.1 ÷ 8.4. ¿Crees que debería usar 53 ÷ 8 o 54 ÷ 9 para hacer una estimación? ¿Por qué?

2. ¿Los cocientes son mayores o menores que 1? ¿Cómo lo sabes?

A 0.2 ÷ 4

B 1.35 ÷ 0.6

¿Cómo hacerlo?

Para **3** a **8**, estima los cocientes. Usa el redondeo o números compatibles.

3. 42 ÷ 6.8

4. 102 ÷ 9.6

5. 48.9 ÷ 4

6. 72.59 ÷ 7

7. 15.4 ÷ 1.9

8. 44.07 ÷ 6.3

⭐ Práctica independiente

Práctica al nivel Para **9** y **10**, completa el trabajo para estimar los cocientes.

9. Estima 64.5 ÷ 12.3 usando el redondeo.

    65 ÷ 10 = ____

10. Estima 64.5 ÷ 12.3 usando números compatibles.

    60 ÷ 12 = ____

Para **11** a **19**, estima los cocientes.

11. 7 ÷ 0.85

12. 9.6 ÷ 0.91

13. 17.7 ÷ 3.2

14. 91.02 ÷ 4.9

15. 45.64 ÷ 6.87

16. 821.22 ÷ 79.4

17. 22.5 ÷ 3

18. 15.66 : 9.3

19. 156.3 ÷ 14.5

Resolución de problemas

20. La mamá de Luci le dio $7.50 para comprar 8 cuadernos de espiral. Con el impuesto, el costo de cada cuaderno es $1.05. ¿Tiene Luci dinero suficiente para comprar los cuadernos? Usa números compatibles y haz una estimación para decidir.

21. Evaluar el razonamiento Kerri dijo que el cociente de 4.2 ÷ 5 es aproximadamente 8 décimas, porque 4.2 ÷ 5 está cerca de 40 décimas ÷ 5. ¿Estás de acuerdo con el razonamiento de Kerri? Explícalo.

22. Razonamiento de orden superior Escribe una división con números decimales que tenga un cociente estimado de 4. Explica cómo se obtiene esa estimación.

23. El carro de Lía consume un promedio de un galón cada 14.5 millas. El carro de Román consume un galón cada 28.5 millas. Haz una estimación para hallar cuántas veces la cantidad de millas por galón que recorre el carro de Lía recorre el carro de Román.

Para **24** a **26**, usa la tabla.

24. enVision® STEM ¿Qué muestra del experimento tuvo la menor masa? ¿Cuál tuvo la temperatura más baja?

DATOS	Muestra	Masa	Temperatura
	1	0.98 g	37.57 °C
	2	0.58 g	57.37 °C
	3	0.058 g	75.50 °C
	4	0.098 g	73.57 °C

25. La muestra 3 se usó en otro experimento. Se registró una temperatura de 82.14 °C. ¿Cuántos grados cambió la temperatura?

26. ¿Cuál es la diferencia de masa entre la muestra 1 y la muestra 2?

Práctica para la evaluación

27. Mauricio anotó un total de 34.42 puntos en cinco eventos deportivos. ¿Qué ecuación muestra la mejor manera de estimar la puntuación de Mauricio en cada evento?

Ⓐ $35 \div 5 = 7$

Ⓑ $35 \div 7 = 5$

Ⓒ $30 \div 10 = 3$

Ⓓ $40 \div 10 = 4$

28. Terry pagó $117.50 por 18 unidades de memoria portátil idénticas. ¿Cuál es la mejor estimación del costo de cada unidad de memoria portátil?

Ⓐ $6

Ⓑ $10

Ⓒ $12

Ⓓ $60

Nombre _____

Resuélvelo y coméntalo

Chris pagó $3.60 por tres lápices de colores. Cada lápiz costó lo mismo. ¿Cuánto costó cada lápiz? *Resuelve este problema de la manera que prefieras.*

Puedes usar herramientas apropiadas, como dibujos, dinero o bloques de valor de posición para ayudarte a dividir. ¡Muestra tu trabajo!

Puedo...
usar modelos para hallar cocientes en problemas con números decimales.

También puedo escoger y usar una herramienta matemática para resolver problemas.

¡Vuelve atrás! Sin dividir, ¿cómo sabes que la respuesta al problema anterior debe ser mayor que 1?

Pregunta esencial ¿Cómo se pueden usar modelos para hallar un cociente decimal?

A

Tres amigos recibieron $2.58 por las latas de aluminio que reciclaron. Los amigos decidieron repartir el dinero en partes iguales. ¿Cuánto recibirá cada uno?

Puedes usar bloques de valor de posición. Sea un cuadrado de $100 = \$1.00$, una barra de décimas $= \$0.10$ y un cubo de centésimas $= \$0.01$.

Halla $2.58 \div 3$.

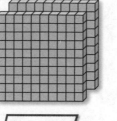

2 unidades

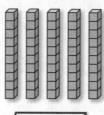

5 décimas

8 centésimas

B No hay suficientes unidades para poner 1 en cada grupo; por tanto, reagrupa 2 unidades como 20 décimas. Puedes ver que hay 25 décimas en 2.58. Divide esas 25 décimas en 3 grupos iguales.

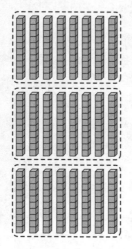

$$\begin{array}{r} 0.86 \\ 3\overline{)2.58} \\ -\ 2.40 \\ \hline 0.18 \end{array}$$ 3 grupos de $0.8 = 2.40$

C Intercambia la décima sobrante por 10 centésimas para obtener 18 centésimas. Divide esas 18 centésimas en 3 grupos iguales. Cada grupo obtiene 6 centésimas.

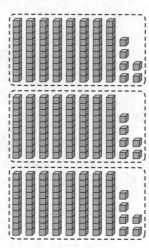

$$\begin{array}{r} 0.86 \\ 3\overline{)2.58} \\ -\ 2.40 \\ \hline 0.18 \\ -\ 0.18 \\ \hline 0 \end{array}$$

3 grupos de $0.8 = 2.40$.

3 grupos de $0.06 = 0.18$

$2.58 \div 3 = 0.86$

Cada uno de los 3 amigos obtendrá $0.86.

¡Convénceme! Razonar La semana siguiente, 4 amigos obtuvieron $8.24 por las latas que recolectaron. ¿Cuánto dinero obtendrá cada amigo? Haz una estimación usando números compatibles y luego usa una estrategia para hallar la respuesta.

☆Práctica guiada

¿Lo entiendes?

1. ¿Cuál es una estimación razonable para 8.24 ÷ 4? Explícalo.

2. ¿En qué se parece dividir un número decimal por un número entero a dividir un número entero por un número entero? Explícalo.

¿Cómo hacerlo?

3. Usa modelos para dividir 2.16 ÷ 4. Completa la división.

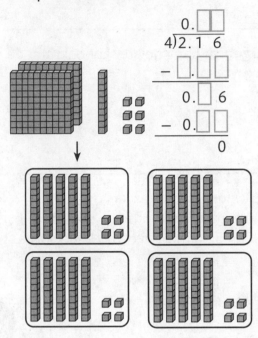

$$
\begin{array}{r}
0.\square\square \\
4\overline{)2.1\ 6} \\
-\ \square.\square\square \\
\hline
0.\square\ 6 \\
-\ 0.\square\square \\
\hline
0
\end{array}
$$

☆Práctica independiente

Práctica al nivel Para **4** a **9**, divide. Usa o dibuja modelos como ayuda.

4.

$$
\begin{array}{r}
0.\ 4\square \\
3\overline{)1.3\ 5} \\
-\ \square.\square\square \\
\hline
0.\square\ 5 \\
-\ 0.\square\square \\
\hline
\square
\end{array}
$$

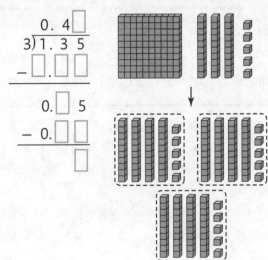

5.

$$
\begin{array}{r}
\square.\square\square \\
4\overline{)5.7\ 2} \\
-\ \square.0\square \\
\hline
\square.\square\square \\
-\ \square.\square\square \\
\hline
0.\square\square \\
-\ 0.\square\square \\
\hline
\square
\end{array}
$$

6. 2.38 ÷ 7

7. 4.71 ÷ 3

8. 1.76 ÷ 8

9. 5.36 ÷ 2

Resolución de problemas

10. **Razonar** Alan representa 2.65 ÷ 5. ¿Cómo podría intercambiar los bloques de valor de posición para formar 5 grupos iguales?

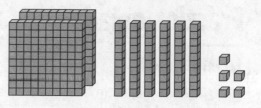

---

11. **Álgebra** Abby quiere saber el valor de *n* en la ecuación $7.913 \times n = 791.3$. ¿Qué valor de *n* hará verdadera la ecuación?

12. Para hallar 5.16 ÷ 6, ¿deberías dividir primero las unidades o primero las décimas? ¿Por qué?

---

13. 264 niños irán de excursión. ¿Son suficientes 5 autobuses si en cada uno caben 52 niños? Di cómo lo decidiste.

Piensa en qué información del problema debes comparar.

14. **Razonamiento de orden superior** Ginny ganó $49.50 por 6 horas de jardinería y $38.60 por cuidar niños durante 4 horas. ¿En qué trabajo ganó más dinero por hora? ¿Cuánto dinero más por hora ganó? Explica cómo hallaste las respuestas.

✓ Práctica para la evaluación

15. Nati dibujó el siguiente modelo para 1.35 ÷ 3.

Parte A

Explica el error que cometió Nati.

Parte B

Dibuja el modelo correcto y halla el cociente.

Nombre_____

Resuélvelo y coméntalo

Stan tiene un pedazo de alfombra rectangular que tiene un área de 23.4 metros cuadrados. El pedazo de alfombra mide 13 metros de longitud. ¿Cuál es el ancho del pedazo de alfombra? *Resuelve este problema de la manera que prefieras.*

Puedo...
dividir números decimales por un número entero de 2 dígitos.

También puedo representar con modelos matemáticos para resolver problemas.

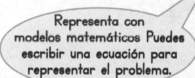

Representa con modelos matemáticos Puedes escribir una ecuación para representar el problema.

¡Vuelve atrás! ¿Cómo puedes estimar el ancho del pedazo de alfombra?

¿Cómo se pueden dividir números decimales por números de 2 dígitos?

A

El huerto de Erin tiene un área de 84.8 pies cuadrados. Ella sabe que la longitud es 16 pies. ¿Cuál es el ancho del huerto de Erin? ¿Cómo puedes resolver 84.8 ÷ 16 = a?

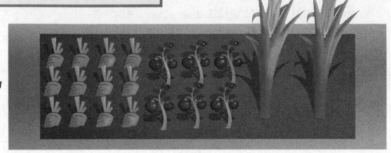

a

16 pies

Puedes usar lo que sabes sobre dividir números enteros como ayuda.

B

El área total es 84.8. Las partes del modelo representan las áreas de los cocientes parciales.

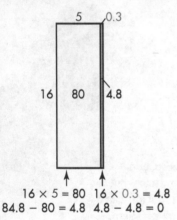

5   0.3

16 | 80 | 4.8

16 × 5 = 80   16 × 0.3 = 4.8
84.8 − 80 = 4.8   4.8 − 4.8 = 0

5 + 0.3 = 5.3

Por tanto, 84.8 ÷ 16 = 5.3.

$$
\begin{array}{r}
5.3 \\
16\overline{)84.8} \\
-\ 80.0 \\
\hline
4.8 \\
-\ 4.8 \\
\hline
0
\end{array}
$$

La parte amarilla del modelo tiene un área de 16 × 5.

La parte azul del modelo tiene un área de 16 × 0.3.

84.8 ÷ 16 = 5.3, porque 16 × 5.3 = 84.8.

El ancho mide 5.3 pies.

¡Convénceme! **Razonar** ¿Cómo podría Amy usar una estimación para asegurarse de que el punto decimal está en el lugar correcto del cociente?

Nombre _____

☆ Práctica guiada

¿Lo entiendes?

Para **1** y **2**, usa el ejemplo de la página anterior.

1. ¿En qué parte del diagrama se muestra 5.3?

2. ¿Cómo puedes comprobar que el cociente 5.3 es razonable? Explícalo.

¿Cómo hacerlo?

Para **3** y **4**, completa la división.

3.
```
        □.2□
49)3 0 6.2 5
 - □9□.0 0
    1□.□□
   - 9.8□
   □□.□□
   - 2.4 5
      □
```

4.
```
       1.□
15)2 8.5
 -□□.□
   □□.5
 -□□.□
    □
```

☆ Práctica independiente

Práctica al nivel Para **5** y **6**, halla los cocientes y rotula el modelo.

5.
```
      □□
17)7 8.2
 -□□.0
  □□.□
 -□□.□
     0
```
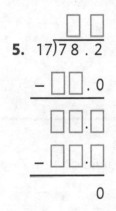

17 | 68 | 10.2

6.
```
       □.7□
53)3 0 4.7 5
 -□6□.0 0
   3□.□5
 -3 7.1 0
   □.□□
  -2.6 5
     □
```
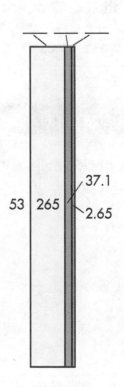

53 | 265 | 37.1 2.65

Para **7** a **10**, halla cada cociente.

7. 27)91.8

8. 15)3.9

9. 12)39.6

10. 50)247.5

11. Sharon paga $98.75 por veinticinco cajas de cereal Copos Deliciosos de 14 onzas. ¿Cuánto cuesta una caja de cereal?

12. Javier compró un televisor nuevo por $479.76. Hará pagos mensuales iguales durante 2 años. ¿Cómo puede usar números compatibles para estimar cada pago?

13. Razonamiento de orden superior El área del cantero rectangular que se muestra es 20.4 metros cuadrados. ¿Cuántos metros de borde se necesitan para rodear el cantero? Explícalo.

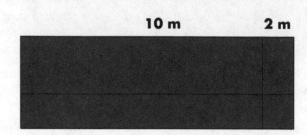

10 m   2 m

14. Entender y perseverar La Sra. Wang va a comprar un refrigerador nuevo. La marca A cuesta $569 y consume 635 kilovatios por hora por año. La marca B cuesta $647 y consume 582 kilovatios por hora por año. Si la electricidad cuesta $0.18 el kilovatio por hora, ¿cuánto ahorrará la Sra. Wang en electricidad por año si compra la marca B?

15. Pat maneja de Seattle a Los Ángeles. La distancia es 1,135 millas. En las primeras 250 millas, cada milla recorrida le cuesta a Pat $0.29. Después, el costo es $0.16 por milla. ¿Cuál es el costo total del viaje de Pat?

☑ **Práctica para la evaluación**

16. ¿Qué opción es igual a 27.3 dividido por 13?

Ⓐ 0.21

Ⓑ 2.01

Ⓒ 2.1

Ⓓ 21

17. ¿Qué opción es igual a 73.5 dividido por 21?

Ⓐ 0.35

Ⓑ 3.05

Ⓒ 3.5

Ⓓ 30.5

Nombre_____

Resuélvelo y coméntalo

Aarón compra borradores para sus lápices. Cada borrador cuesta $0.20. El costo total es $1.20. ¿Cuántos borradores compra Aarón? *Resuelve este problema de la manera que prefieras.*

Puedo...
dividir un número decimal por otro número decimal.

También puedo razonar sobre las matemáticas.

Puedes representar el problema usando cuadrículas de centésimas u otros dibujos. ¡Muestra tu trabajo!

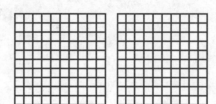

¡Vuelve atrás! **Razonar** ¿Cómo sabes que tu respuesta tiene sentido?

Pregunta esencial

¿Cómo se puede dividir un número decimal por otro número decimal?

A

Michelle compró algunas botellas de agua. Antes de agregar el impuesto, el costo total era $3.60 y el costo de cada botella era $1.20. ¿Cuántas botellas compró Michelle?

Divide $3.60 por $1.20.

$1.20

Puedes usar lo que sabes sobre la división con números enteros para hallar cuántos grupos de $1.20 hay en $3.60.

B

Una manera

Piensa:

$3.60 es lo mismo que 36 monedas de 10¢.

$1.20 es lo mismo que 12 monedas de 10¢.

$3 son 30 monedas de 10¢ $0.60 son 6 monedas de 10¢

¿Cuántos grupos de 12 hay en 36?

```
    3
12)36
  − 36        3 grupos de 12 = 36
    0
```

Compró 3 botellas.

C

Otra manera

Piensa en la multiplicación:

Para hallar 3.60 ÷ 1.20, usa la relación entre la multiplicación y la división.

$$1.20 \times \, ? = 3.60$$

O si lo escribimos de otro modo:

$$120 \text{ centésimas} \times \, ? = 360 \text{ centésimas}$$

$$? = 3$$

Compró 3 botellas.

¡Convénceme! **Construir argumentos** ¿Es 3.6 ÷ 1.2 igual a, menor que o mayor que 36 ÷ 12? Explícalo.

☆ Práctica guiada

¿Lo entiendes?

1. ¿En qué se parece dividir por un número decimal a dividir por un número entero?

2. ¿Cómo puedes usar la multiplicación para hallar 2.8 ÷ 0.7?

¿Cómo hacerlo?

Para **3** a **6**, usa lo que sabes sobre la división con números decimales y el cálculo mental para hallar cada cociente.

3. 2 ÷ 0.5

4. 1.25 ÷ 0.25

5. 2.1 ÷ 0.7

6. 6.6 ÷ 0.3

Piensa en la relación entre dividendo, divisor y cociente.

☆ Práctica independiente

Para **7** a **10**, usa lo que sabes sobre multiplicación, división, valor de posición y cocientes parciales para dividir.

7. 2.56 ÷ 0.04

8. 25.6 ÷ 0.4

9. 256 ÷ 4

10. Describe la relación entre los problemas 7, 8 y 9.

Para **11** a **18**, halla cada cociente.

11. $0.25\overline{)4.75}$

12. $0.04\overline{)4.56}$

13. $0.05\overline{)1.05}$

14. $0.1\overline{)182.8}$

15. $0.03\overline{)17.25}$

16. $0.8\overline{)56.8}$

17. $0.06\overline{)6.24}$

18. $2.5\overline{)27.5}$

Resolución de problemas

19. Inventa una historia para esta ecuación.
$3.75 \div 0.25 = 15$.

20. Carol compró 5 costillas de cerdo y 3 bistecs. Cada costilla de cerdo pesaba 0.32 libras y cada bistec pesaba 0.8 libras. ¿Cuántas libras de carne compró Carol en total?

21. Tim estima que $60 \div 5.7$ es aproximadamente 10. ¿El cociente real será mayor o menor que 10? Explícalo.

22. Dex estima que $4,989 \div 0.89$ es aproximadamente 500. ¿Es razonable la estimación? ¿Por qué?

23. **Razonamiento de orden superior** Susan resuelve $1.4 \div 0.2$ usando el diagrama de la derecha. ¿Es correcto su razonamiento? Explica el razonamiento de Susan.

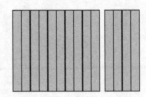

24. **Usar la estructura** El mismo dividendo se divide por 0.1 y 0.01. ¿Cómo se relacionan los cocientes? Explica tu razonamiento.

25. **A-Z Vocabulario** Da tres ejemplos de una **potencia** de 10. Explica por qué uno de tus ejemplos es una potencia de 10.

☑ Práctica para la evaluación

26. Escoge las expresiones cuyo cociente sea 4.

- ☐ $2.8 \div 0.7$
- ☐ $0.28 \div 7$
- ☐ $2.8 \div 0.07$
- ☐ $0.28 \div 0.07$

27. Escoge las expresiones cuyo cociente sea 9.

- ☐ $1.35 \div 1.5$
- ☐ $1.35 \div 0.15$
- ☐ $13.5 \div 1.5$
- ☐ $13.5 \div 0.15$

Nombre _____

Resuélvelo y coméntalo Aarón tiene tres barras de cera de abeja. Planea derretirlas y usar toda la cera para hacer 36 velas. Si todas las velas tienen el mismo tamaño y el mismo peso, ¿cuánto pesará cada vela? Razona para decidir.

Puedo...
usar lo que sé de matemáticas para resolver problemas.

También puedo resolver problemas de números decimales.

CERA DE ABEJA
8.2 lb

CERA DE ABEJA
8.1 lb

CERA DE ABEJA
8.9 lb

Hábitos de razonamiento

¡Razona correctamente! Estas preguntas te pueden ayudar.

- ¿Qué significan los números, signos y símbolos del problema?

- ¿Cómo están relacionados los números o las cantidades?

- ¿Cómo puedo representar un problema verbal usando dibujos, números o ecuaciones?

¡Vuelve atrás! **Razonar** Supón que Aarón quiere que cada vela pese 0.5 libras. ¿Cuántas velas podría hacer con la cera?

¿Cómo se puede razonar para resolver problemas?

A

La Sra. Watson prepara pintura verde menta para la clase de arte. Combina botellas enteras de pintura azul, amarilla y blanca. ¿Cuántos frascos de 8 onzas líquidas puede llenar con la pintura? Razona para decidir.

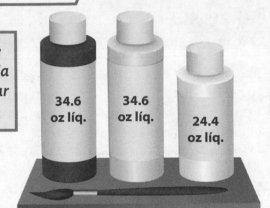

34.6 oz líq. 34.6 oz líq. 24.4 oz líq.

¿Qué debo hacer para resolver el problema?

Debo sumar las tres cantidades de pintura. Luego, debo dividir la suma por la capacidad del frasco.

B **¿Cómo puedo razonar para resolver el problema?**

Puedo

- identificar las cantidades que conozco.

- dibujar un diagrama de barras para mostrar relaciones.

- dar la respuesta usando la unidad correcta.

C Este es mi razonamiento...

Usa diagramas de barras para mostrar cómo están relacionadas las cantidades.

Primero, halla la suma de las tres cantidades de pintura de la mezcla.

? total de onzas líquidas

| 34.6 | 34.6 | 24.4 |

$$\begin{array}{r} 34.6 \\ 34.6 \\ + 24.4 \\ \hline 93.6 \end{array}$$

Luego, divide 93.6 por 8 para hallar la cantidad de frascos que se pueden llenar.

93.6

8   ?

La Sra. Watson puede llenar 11 frascos. El frasco número 12 estará parcialmente lleno.

$$\begin{array}{r} 1\,1.7 \\ 8\overline{)9\,3.6} \\ -\,8\,0.0 \\ \hline 13.6 \\ -\,8.0 \\ \hline 5.6 \\ -\,5.6 \\ \hline 0 \end{array}$$

10 grupos de 8 = 80
1 grupo de 8 = 8.0
0.7 grupos de 8 = 5.6

¡Convénceme! Razonar La Sra. Watson mezcla 34.6 onzas líquidas de pintura roja y 18.2 onzas líquidas de pintura amarilla para hacer pintura anaranjada. ¿Cuántos frascos de 12 onzas líquidas puede llenar? Razona para decidirlo.

Práctica guiada

Razonar

Miranda mezcló 34.5 onzas líquidas de pintura azul, 40.5 onzas líquidas de pintura roja y 2 onzas líquidas de pintura negra para hacer pintura morada. Puso la misma cantidad de pintura morada en 14 frascos. ¿Cuánta pintura puso en cada frasco?

Razona para determinar cómo se relacionan las cantidades en un problema.

1. Explica lo que significan las cantidades en el problema.

2. Describe una manera de resolver el problema.

3. ¿Cuál es la solución al problema? Explícalo.

Práctica independiente

Razonar

Sue preparó sopa de pollo mezclando la lata entera de sopa con una lata llena de agua. ¿Cuántos tazones de 10 onzas líquidas puede llenar con la sopa? ¿Cuánta sopa sobrará?

4. Explica lo que significan las cantidades en el problema.

5. Describe una manera de resolver el problema.

6. ¿Cuál es la solución al problema? Explícalo.

18.6 oz líq.

Resolución de problemas

Competencia de cocina

La clase de cocina de Lucas tiene una competencia de cocina. Hay 6 equipos. Cada estudiante llevó ingredientes que los equipos compartirán en forma equitativa. La tabla muestra los artículos que llevó Lucas. Si los equipos comparten de forma equitativa los ingredientes, ¿qué cantidad de cada uno recibirá cada equipo?

DATOS	Ingredientes	Precio
	2 bolsas de harina, 4.5 libras por bolsa	$2.67 la bolsa
	3 cajas de arroz, 3.5 tazas por caja	$1.89 la bolsa
	15 libras de pavo molido	$2.36 la bolsa

7. **Entender y perseverar** ¿Necesitas toda la información dada para resolver el problema? Explícalo.

8. **Razonar** Describe cómo resolver el problema.

Razona para pensar en lo que representan las cantidades de la tabla.

9. **Representar con modelos matemáticos** Escribe ecuaciones para representar la cantidad de ingredientes que recibirá cada equipo.

10. **Hacerlo con precisión** ¿Cuál es la solución al problema? Explícalo.

11. **Evaluar el razonamiento** Lucas dice que para hallar el costo total del arroz hay que multiplicar 3.5 por $1.89. ¿Estás de acuerdo? Explícalo.

Nombre _____

Sigue la ruta

Resuelve los problemas. Sigue los productos que son múltiplos de 20 para colorear una ruta que vaya desde la **SALIDA** hasta la **META**. Solo te puedes mover hacia arriba, hacia abajo, hacia la derecha o hacia la izquierda.

TEMA 6

Actividad de práctica de fluidez

Puedo...
multiplicar números enteros de varios dígitos.

También puedo hacer mi trabajo con precisión.

Salida				
120 × 35	745 × 30	123 × 37	350 × 63	241 × 67
312 × 40	300 × 80	486 × 40	860 × 36	523 × 28
526 × 45	101 × 57	670 × 35	606 × 90	647 × 27
105 × 50	273 × 73	475 × 85	464 × 65	173 × 23
710 × 71	157 × 86	243 × 42	660 × 16	12,345 × 76
				Meta

TEMA 6 — Repaso del vocabulario

Glosario

Lista de palabras

- centésimas
- cociente
- décimas
- estimación
- exponente
- milésimas
- potencia
- redondeo

Comprender el vocabulario

Escribe *siempre*, *a veces* o *nunca*.

1. Un dígito en el lugar de las centésimas tiene $\frac{1}{10}$ del valor del mismo dígito en el lugar de las décimas. _____

2. La respuesta de una división es menor que el divisor.

_____

3. Un número entero dividido por un número decimal da como resultado un número entero. _____

4. Dividir por 10^3 mueve el punto decimal del dividendo tres lugares a la izquierda. _____

5. Multiplicar el dividendo y el divisor por la misma potencia de 10 cambia el cociente. _____

6. La respuesta de una división es mayor que el divisor.

_____

Escribe V si es el enunciado es verdadero o F si es falso.

_____ **7.** $3.65 \div 5.2 < 1$

_____ **8.** $48 \div 0.6 = 0.8$

_____ **9.** $2.42 \div 2.1 > 1$

_____ **10.** $4.9 \div 0.8 < 4.9$

Usar el vocabulario al escribir

11. Mary dice que los dígitos del cociente de $381.109 \div 0.86$ son 4 4 3 1 5, pero no sabe dónde debe situar el punto decimal. ¿Cómo puede usar Mary el sentido numérico para situar el punto decimal? Usa al menos tres términos de la Lista de palabras en tu respuesta.

254   **Tema 6** | Repaso del vocabulario

Grupo A | páginas 229 a 232 _____

Refuerzo

Halla $340.5 \div 100$.

Dividir por 10, o 10^1, significa mover el punto decimal un lugar a la izquierda.

Dividir por 100, o 10^2, significa mover el punto decimal dos lugares a la izquierda.

Dividir por 1,000, o 10^3, significa mover el punto decimal tres lugares a la izquierda.

$340.5 \div 10^2 = 3.405 = 3.405$

Recuerda que cuando divides números decimales por una potencia de 10, tal vez tengas que usar uno o más ceros para ocupar valores de posición.

Calcula mentalmente para hallar los cocientes.

1. $34.6 \div 10^1$

2. $6,483 \div 10^2$

3. $148.3 \div 100$

4. $29.9 \div 10^1$

5. $70.7 \div 10$

6. $5,913 \div 10^3$

Grupo B | páginas 233 a 236 _____

Estima $27.3 \div 7.1$. Usa números compatibles.

$27.3 \div 7.1$
$\downarrow \quad \downarrow$
$28 \div 7 = 4$

Por tanto, $27.3 \div 7.1$ es aproximadamente 4.

Estima $42.5 \div 11$. Usa el redondeo.

$42.5 \div 11$
$\downarrow \quad \downarrow$
$40 \div 10 = 4$

Por tanto, $42.5 \div 11$ es aproximadamente 4.

Recuerda que los números compatibles son números con los que se puede calcular mentalmente con fluidez.

Escribe una oración numérica que muestre una manera de estimar los cocientes.

1. $26.2 \div 5$

2. $49.6 \div 7.8$

3. $121 \div 12.75$

4. $32.41 \div 10.9$

5. $82.4 \div 3.7$

6. $28.5 : 0.91$

Halla 1.14 ÷ 3.

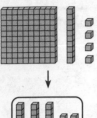

Primero, haz una estimación. 1.14 ÷ 3 es menor que 1; por tanto, comienza dividiendo en el lugar de las décimas.

$$
\begin{array}{r}
0.38 \\
3\overline{)1.14} \\
-.90 \\
\hline
.24 \\
-.24 \\
\hline
0
\end{array}
$$

Recuerda que puedes hacer estimaciones para verificar el lugar del cociente en el que debes situar el punto decimal.

Divide. Usa modelos como ayuda.

1. 6.58 ÷ 7   **2.** 156 ÷ 8

3. 34.2 ÷ 3   **4.** 5.84 ÷ 4

5. Michelle paga $66.85 por un molde para un vestido y 8 yardas de tela. El molde cuesta $4.85. ¿Cuánto cuesta cada yarda de tela?

Halla 94.5 ÷ 15.

Primero, haz una estimación.

94.5 ÷ 15 está cerca de 100 ÷ 20 = 5; por tanto, comienza dividiendo en el lugar de las unidades.

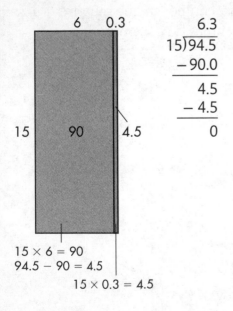

$$
\begin{array}{r}
6.3 \\
15\overline{)94.5} \\
-90.0 \\
\hline
4.5 \\
-4.5 \\
\hline
0
\end{array}
$$

15 × 6 = 90
94.5 − 90 = 4.5
15 × 0.3 = 4.5

Por tanto, 94.5 ÷ 15 = 6.3.

Recuerda que puedes comprobar tus cálculos multiplicando el cociente por el divisor.

Halla los cocientes.

1. 91.2 ÷ 16   **2.** 361.5 ÷ 15

3. 29.04 ÷ 22   **4.** 144 ÷ 45

5. Una botella de champú de 12 onzas cuesta $4.20. Una botella de 16 onzas cuesta $6.88. ¿Qué champú cuesta menos por onza? ¿Cómo lo sabes?

Nombre _____

Grupo E | páginas 245 a 248 _____

Halla 4.8 ÷ 0.6.

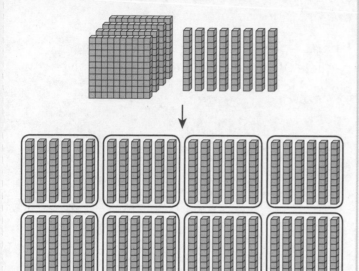

48 décimas ÷ 6 décimas
6 décimas × ? = 48 décimas
 ? = 8

Por tanto, 4.8 ÷ 0.6 = 8.

Recuerda que puedes hacer estimaciones para asegurarte de que el cociente sea razonable.

1. 6.4 ÷ 3.2

2. 6.4 ÷ 0.32

3. 9.6 ÷ 0.8

4. 0.96 ÷ 0.08

5. 41.8 ÷ 2.2

6. 4.18 ÷ 0.22

7. 81.4 ÷ 7.4

8. 814 ÷ 74

9. 9.6 ÷ 0.03

10. 9.6 ÷ 0.3

Piensa en estas preguntas para ayudarte a **razonar de manera abstracta y cuantitativa**.

Hábitos de razonamiento

- ¿Qué significan los números, signos y símbolos del problema?

- ¿Cómo están relacionados los números o las cantidades?

- ¿Cómo puedo representar un problema verbal usando dibujos, números o ecuaciones?

Zoey tiene la meta de ahorrar $750 para las vacaciones. Sus vacaciones durarán 6 días. Zoey quiere ahorrar la misma cantidad por semana durante 12 semanas. ¿Cuánto debe ahorrar por semana?

¿Qué cantidades necesitas para resolver el problema?

La meta de ahorro es $750; Zoey ahorrará durante 12 semanas.

¿Zoey deberá ahorrar más o menos de $80 por semana? Explica tu razonamiento.

Menos; 12 × $80 = $960, pero Zoey solo necesita ahorrar $750.

¿Cuánto debe ahorrar por semana? Escribe una ecuación para representar el problema.

$62.50; $750 ÷ 12 = $62.50

Recuerda que debes comprobar si una solución es razonable asegurándote de que tus cálculos son correctos y que respondiste todas las preguntas que se formularon.

Ian usa 4 pies de cinta para envolver cada paquete. ¿Cuántos paquetes puede envolver con 5.6 yardas de cinta?

Recuerda que hay 3 pies en una yarda.

1. Describe una manera de resolver el problema.

2. ¿Cuál es la solución al problema? Muestra tu trabajo.

Una fanega de manzanas pesa aproximadamente 42 libras. Hay 4 celemines en una fanega. Se necesitan 2 libras de manzanas para hacer un pastel. ¿Cuántos pasteles se pueden hacer con un celemín de manzanas?

3. ¿Cómo están relacionadas las cantidades del problema?

4. Describe una manera de resolver el problema.

5. Resuelve el problema. Muestra tu trabajo.

Nombre _____

1. El Sr. Dodd llenó el tanque de su cortadora de césped con 3.8 galones de combustible. Cortó el césped de su jardín 10 veces con el mismo tanque de combustible. Usó la misma cantidad de combustible cada vez. ¿Cuánto combustible usó cada vez? Escribe una ecuación para mostrar tu trabajo. Explica cómo se mueve el punto decimal.

2. Kimberly sumó un total de 35.08 puntos en cuatro eventos de la competencia de gimnasia. Si Kimberly sumó la misma cantidad de puntos en cada evento, ¿cuántos puntos sumó en cada uno? Escribe una ecuación para mostrar tu trabajo.

3. Escoge el cociente correcto para cada expresión. Ayúdate con el sentido numérico.

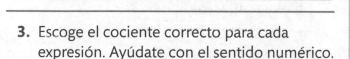

	22.5	12	6.45	18.6
21.6 ÷ 1.8	❑	❑	❑	❑
10.23 ÷ 0.55	❑	❑	❑	❑
78.75 ÷ 3.5	❑	❑	❑	❑
29.67 ÷ 4.6	❑	❑	❑	❑

4. ¿Cuál es el valor del exponente que falta en esta ecuación?

$$80.5 \div 10^{\square} = 0.805$$

Ⓐ 1   Ⓒ 3

Ⓑ 2   Ⓓ 4

5. La chef de un restaurante compró 37 libras de ensalada a $46.25. ¿Cuánto pagó por cada libra de ensalada?

Ⓐ $0.125   Ⓒ $1.30

Ⓑ $1.25   Ⓓ $12.50

6. Kathleen gastó $231 en boletos para un concierto para ella y 11 amigos. Cada boleto costó la misma cantidad.

A. Estima el costo de cada boleto. Escribe una ecuación para mostrar tu trabajo.

B. Halla el costo exacto de cada boleto. Comprueba si tu respuesta es razonable comparándola con la estimación.

7. Escoge todas las ecuaciones que son verdaderas si se usa 12.5. Ayúdate con el sentido numérico.

☐ $\square \div 10 = 1.25$

☐ $\square \div 1 = 1.25$

☐ $\square \div 1 = 12.5$

☐ $\square \div 100 = 1.25$

☐ $\square \div 100 = 0.125$

8. ¿Qué división representa el modelo de Tess?

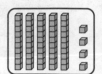

Ⓐ $1.35 \div 3 = 0.45$

Ⓑ $1.35 \div 3 = 0.54$

Ⓒ $1.62 \div 3 = 0.45$

Ⓓ $1.62 \div 3 = 0.54$

---

9. Si 8 onzas de calabazas en lata tienen 82 calorías, ¿cuántas calorías hay en una onza? Usa tu respuesta para hallar cuántas calorías hay en 6 onzas de calabazas.

---

10. Usa la ecuación $1.6 \div n = 0.016$.

A. ¿Qué valor de n hace verdadera la ecuación? Escribe tu respuesta con un exponente.

B. Explica cómo sabes que tu respuesta es correcta.

---

11. Eileen compró 8 rosas por $45.50. ¿Cuál es la mejor manera de estimar el costo de una rosa?

Ⓐ $\$45 \div 5 = \$9.00$

Ⓑ $\$48 \div 8 = \$6.00$

Ⓒ $\$45 \div 10 = \$0.45$

Ⓓ $\$40 \div 8 = \$0.50$

---

12. El grifo de Toby gotea un total de 1.92 litros de agua en 24 horas. Gotea la misma cantidad de agua por hora.

A. Estima cuántos litros de agua gotea el grifo por hora. Escribe una ecuación para mostrar tu trabajo.

B. Halla la cantidad exacta de agua que gotea el grifo por hora.

C. Compara la estimación con tu respuesta. ¿Es razonable? Explícalo.

Nombre _____

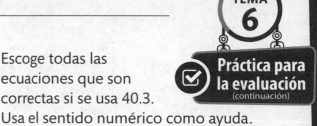

13. Escoge el cociente correcto para cada expresión.

	0.708	7.08	0.078	0.78
$0.78 \div 10$	❏	❏	❏	❏
$7{,}080 \div 10^3$	❏	❏	❏	❏
$70.8 \div 10^2$	❏	❏	❏	❏
$780 \div 10^3$	❏	❏	❏	❏

14. Diego está haciendo un gran mural. Él dibuja un hexágono con un perímetro de 10.5 metros. Cada lado del hexágono tiene la misma longitud.

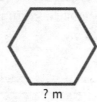

? m

A. ¿Cuántos metros tiene cada lado del hexágono de Diego? Escribe una ecuación para representar tu trabajo.

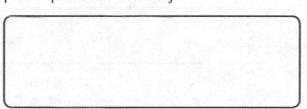

B. El costo total de los materiales para pintar el mural es $38.70. Diego y 9 amigos dividen el costo total en partes iguales. ¿Cuánto paga cada uno?

15. Escoge todas las ecuaciones que son correctas si se usa 40.3. Usa el sentido numérico como ayuda.

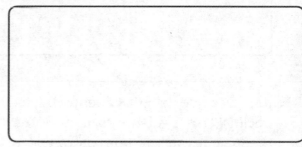

❏ $\boxed{} \div 10^1 = 403$

❏ $\boxed{} \div 10^2 = 0.403$

❏ $\boxed{} \div 10^0 = 40.3$

❏ $\boxed{} \div 10^3 = 4.03$

❏ $\boxed{} \div 10^2 = 4.03$

16. El restaurante de Lou gastó $12.80 en 8 libras de papas. ¿Cuánto cuesta una libra de papas? ¿Cuál sería el costo total si el costo por libra se mantuviera, pero el restaurante comprara 7 libras? Muestra tu trabajo.

17. ¿Cuántas monedas de 25¢ hay en $30? Resuelve la ecuación $30 \div 0.25$ como ayuda.

Ⓐ 12 monedas de 25¢   Ⓒ 120 monedas de 25¢

Ⓑ 20 monedas de 25¢   Ⓓ 200 monedas de 25¢

18. Al resolver $6.1 \div 10^2$, ¿cómo se mueve el punto decimal?

Ⓐ 1 lugar hacia la derecha

Ⓑ 1 lugar hacia la izquierda

Ⓒ 2 lugares hacia la derecha

Ⓓ 2 lugares hacia la izquierda

19. Un grupo de 5 amigos compró una bolsa de uvas para compartir en partes iguales. Si la bolsa pesa 11.25 libras, ¿cuánto le toca a cada uno? ¿Cuántos amigos podrían compartir esa bolsa si a cada uno se le dieran 1.25 libras? Escribe una ecuación para representar tu trabajo.

20. ¿Cómo hay que mover el punto decimal para dividir 560.9 por 100?

21. June dice que debería haber un punto decimal en el siguiente cociente, y que tendría que estar después del 4. ¿Tiene razón? Usa el sentido numérico para explicar tu respuesta.

$43.94 \div 5.2 = 845$

22. Tres compañeros de trabajo decidieron comprar fruta para compartir en el almuerzo. Antonio gastó $1.47 en plátanos. Laura gastó $2.88 en manzanas. Suzanne gastó $2.85 en naranjas

A. Completa el diagrama de barras para hallar cuánto gastaron en fruta los compañeros.

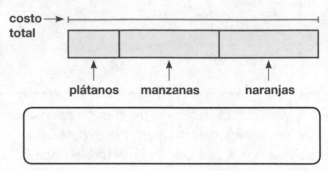

B. Dividieron el costo de los 3 tipos de fruta en partes iguales. ¿Cuánto pagó cada uno? Completa el diagrama de barras para ayudarte.

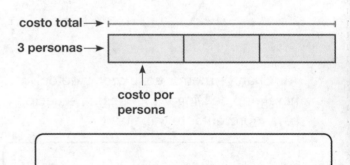

C. Si Laura compró 2.1 libras de manzanas, ¿el precio por libra es mayor o menor que $1? ¿Cómo lo sabes?

Competencia de cocina

Lydia organiza una competencia de cocina en la escuela.
Encargó ingredientes básicos para repartir entre los equipos
que compiten. Los equipos también llevarán otros ingredientes.

Usa la lista que está a la derecha para responder a las preguntas.

1. Si 10 de los equipos dividen el aceite de oliva en cantidades iguales,
¿cuánto aceite recibirá cada equipo? Escribe una ecuación para
representar tu trabajo.

Ingredientes

738.4 gramos, harina

8.25 litros, leche

5.4 litros, aceite de oliva

87.6 gramos, sal

36 huevos

2. Ocho equipos acuerdan compartir la harina en cantidades iguales.

Parte A

¿Aproximadamente cuántos gramos de harina recibirá cada equipo? Usa
números compatibles para hacer una estimación. Escribe una ecuación
para mostrar cómo hiciste la estimación.

Parte B

Halla la cantidad real de harina que recibirá cada equipo.
Muestra tu trabajo.

3. Varios equipos acuerdan compartir la sal en cantidades iguales.
Cada equipo recibirá 7.3 gramos de sal. ¿Cuántos equipos acordaron
compartir la sal? Escribe una ecuación de división para representar
el problema. Luego, escribe una ecuación equivalente con números
enteros.

4. Malcom calculó cuántos litros de leche recibirá cada equipo si 6 equipos comparten la leche en cantidades iguales. A la derecha se muestra su trabajo, pero Malcom olvidó situar el punto decimal del cociente. ¿Dónde debería situar el punto decimal? Explícalo.

$$8.25 \div 6 = 1375$$

5. Lydia decide comprar queso cheddar para la competencia. Compra 4.2 kilogramos a $39.90.

Parte A

Lydia estima el costo de 1 kilogramo de queso en $1. ¿Es razonable su estimación? Explícalo.

Parte B

Para hallar el costo real de 1 kilogramo de queso, Lydia debe dividir $39.90 por 4.2. ¿Cómo puede cambiar la división por una división equivalente con números enteros? Escribe y resuelve la división equivalente.

Parte C

Si 7 equipos comparten el queso en cantidades iguales, ¿cuánto queso recibirá cada equipo?

Usar fracciones equivalentes para sumar y restar fracciones

Pregunta esencial: ¿Cómo se pueden estimar las sumas y las diferencias de las fracciones y los números mixtos? ¿Cuáles son los procedimientos estándar para sumar y restar las fracciones y los números mixtos?

Recursos digitales

Libro del estudiante

Aprendizaje visual

Práctica

Evaluación

Herramientas

Glosario

¿Sabías que el fósil del murciélago más antiguo que se conoce se encontró en Wyoming?

La evidencia de los fósiles muestra que, hace aproximadamente 50 millones de años, el clima de la Tierra era cálido, y la tierra y los océanos estaban llenos de vida.

¡Digamos la verdad! ¡Puedes hallar fósiles de animales ancestrales en la actualidad! ¡Este es un proyecto sobre fósiles!

Proyecto de enVision STEM: Los fósiles cuentan una historia

Investigar Usa la Internet u otras fuentes para averiguar más sobre fósiles. ¿Qué son los fósiles? ¿Cómo y dónde los encontramos? ¿Qué nos dicen sobre el pasado? ¿Qué pueden decirnos sobre el futuro? Presta especial atención a los fósiles del período eoceno.

Diario: Escribir un informe Incluye lo que averiguaste. En tu informe, también:

* describe un fósil que viste o que te gustaría encontrar.

* comenta si hay fósiles en el área donde vives.

* inventa y resuelve problemas de suma y resta con fracciones y números mixtos sobre los fósiles.

✫Repasa lo que sabes✫

(A-Z) Vocabulario

Escoge el mejor término del recuadro.
Escríbelo en el espacio en blanco.

• denominador	• numerador
• fracción	• número mixto
• fracción unitaria	

1. Un/Una _____ tiene una
parte que es un número entero y otra parte que es una fracción.

2. Un/Una _____ representa la cantidad de partes iguales en un entero.

3. Un/Una _____ tiene un numerador de 1.

4. Un símbolo que representa una o más partes de un entero o conjunto, o una
posición en una recta numérica, es un/una _____ .

Comparar fracciones

Compara. Escribe >, <, o = en cada ◯.

5. $\frac{1}{5}$ ◯ $\frac{1}{15}$

6. $\frac{17}{10}$ ◯ $\frac{17}{5}$

7. $\frac{5}{25}$ ◯ $\frac{2}{5}$

8. $\frac{12}{27}$ ◯ $\frac{6}{9}$

9. $\frac{11}{16}$ ◯ $\frac{2}{8}$

10. $\frac{2}{7}$ ◯ $\frac{1}{5}$

11. Liam compró $\frac{5}{8}$ de libra de cerezas. Harrison compró más cerezas que Liam.
¿Cuál podría ser la cantidad de cerezas que compró Harrison?

Ⓐ $\frac{1}{2}$ libra Ⓑ $\frac{2}{5}$ de libra Ⓒ $\frac{2}{3}$ de libra Ⓓ $\frac{3}{5}$ de libra

12. Jamie leyó $\frac{1}{4}$ de un libro. Raúl leyó $\frac{3}{4}$ del mismo libro. ¿Quién está más cerca de
leer el libro entero? Explícalo.

Fracciones equivalentes

Escribe una fracción equivalente para cada fracción.

13. $\frac{6}{18}$

14. $\frac{12}{22}$

15. $\frac{15}{25}$

16. $\frac{8}{26}$

17. $\frac{14}{35}$

18. $\frac{4}{18}$

19. $\frac{1}{7}$

20. $\frac{4}{11}$

Nombre _____

PROYECTO 7A

¿Qué lleva tu gumbo?

Proyecto: Graba un programa de cocina

PROYECTO 7B

¿Esta historia huele dudosa?

Proyecto: Escribe una historia poco creíble sobre amigos de pesca

PROYECTO 7C

¿Cuántos vasos de jugo se puede obtener de 5 naranjas?

Proyecto: Haz jugo de naranjas

Representación matemática

▶ Video

Receta fácil

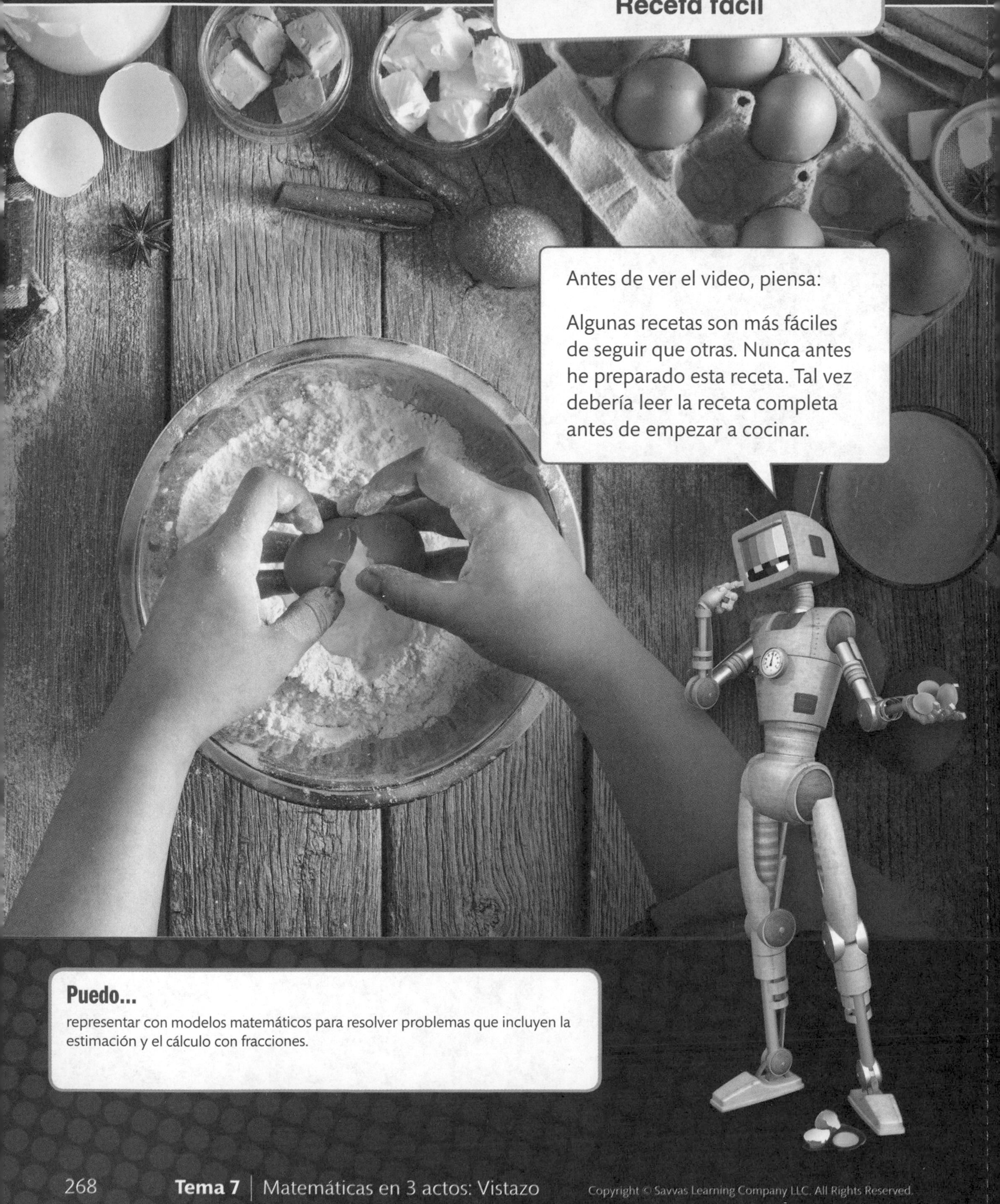

Antes de ver el video, piensa:

Algunas recetas son más fáciles de seguir que otras. Nunca antes he preparado esta receta. Tal vez debería leer la receta completa antes de empezar a cocinar.

Puedo...
representar con modelos matemáticos para resolver problemas que incluyen la estimación y el cálculo con fracciones.

Nombre _____

Resuélvelo y coméntalo
Jack necesita aproximadamente $1\frac{1}{2}$ yardas de cuerda. Tiene tres piezas de cuerda con distintas longitudes. Sin hallar la cantidad exacta, ¿qué dos piezas debería escoger para acercarse a $1\frac{1}{2}$ yardas de cuerda? *Resuelve este problema de la manera que prefieras.*

Puedo...
estimar sumas y diferencias de fracciones

También puedo razonar sobre las matemáticas.

Razonar Puedes usar el sentido numérico para estimar la respuesta. ¡Muestra tu trabajo!

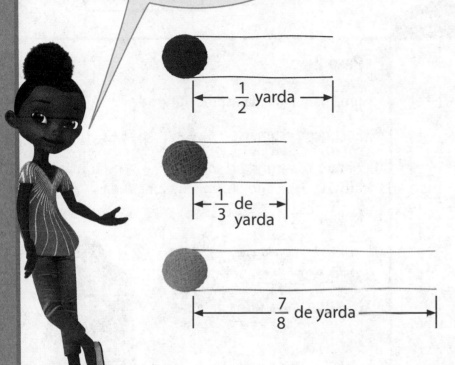

$\frac{1}{2}$ yarda

$\frac{1}{3}$ de yarda

$\frac{7}{8}$ de yarda

¡Vuelve atrás! ¿Cómo puede ayudarte una recta numérica a hacer una estimación?

Pregunta esencial

¿Cómo se puede estimar la suma de dos fracciones?

A

El Sr. Fish está soldando dos tuberías de cobre para reparar una pérdida. Usará las tuberías que se muestran. ¿La nueva tubería está más cerca de $\frac{1}{2}$ pie o 1 pie de longitud? Explícalo.

Estima la suma $\frac{1}{6} + \frac{5}{12}$ para hallar la longitud aproximada que tendrán las dos tuberías juntas.

$\frac{5}{12}$ de pie de longitud

$\frac{1}{6}$ de pie de longitud

Puedes sumar para hallar la respuesta.

B

Paso 1

Reemplaza las fracciones con la mitad o el entero más cercano. Una recta numérica puede hacer más fácil decidir si cada fracción está más cerca de $\frac{1}{2}$, o 1.

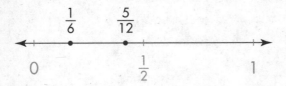

$\frac{1}{6}$ está entre 0 y $\frac{1}{2}$, pero está más cerca de 0.

$\frac{5}{12}$, también está entre 0 y $\frac{1}{2}$, pero está más cerca de la fracción de referencia $\frac{1}{2}$.

C

Paso 2

Suma para hallar la estimación.

Una buena estimación de $\frac{1}{6} + \frac{5}{12}$ es $0 + \frac{1}{2}$, o $\frac{1}{2}$.

Por tanto, las tuberías soldadas van a estar más cerca de $\frac{1}{2}$ pie que de 1 pie de longitud.

Dado que cada sumando es menor que $\frac{1}{2}$, es razonable que la suma sea menor que 1.

¡Convénceme! **Evaluar el razonamiento** Nolini dice que si el denominador es más de dos veces el numerador, la fracción siempre puede reemplazarse por 0. ¿Tiene razón? Da un ejemplo en tu explicación.

Práctica guiada

¿Lo entiendes?

1. En el ejercicio al comienzo de la página 270, ¿obtendrías la misma estimación si las tuberías del Sr. Fish midieran $\frac{2}{6}$ de pie y $\frac{7}{12}$ de pie?

2. Sentido numérico Si una fracción tiene 1 en el numerador y un número mayor que 2 en el denominador, ¿la fracción estará más cerca de 0, $\frac{1}{2}$, o 1? Explícalo.

¿Cómo hacerlo?

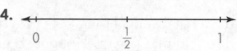

Para **3** y **4**, usa una recta numérica para mostrar si cada fracción está más cerca de 0, $\frac{1}{2}$ o 1. Luego, estima la suma o la diferencia.

3.

0          $\frac{1}{2}$ 1

a $\frac{11}{12}$ Más cerca de: _____

b $\frac{1}{6}$ Más cerca de: _____

Estima la suma $\frac{11}{12} + \frac{1}{6}$.

c $1 +$ _____ $=$ _____

4.

0          $\frac{1}{2}$ 1

a $\frac{14}{16}$ Más cerca de: _____

b $\frac{5}{8}$ Más cerca de: _____

Estima la diferencia $\frac{14}{16} - \frac{5}{8}$.

c _____ $-$ _____ $=$ _____

Práctica independiente

Práctica al nivel Para **5**, usa una recta numérica para mostrar si cada fracción está más cerca de 0, $\frac{1}{2}$ o 1. Para **6** a **11**, reemplaza las fracciones por 0, $\frac{1}{2}$ o 1 para estimar las sumas o las diferencias.

5.

0          $\frac{1}{2}$ 1

a $\frac{7}{8}$ Más cerca de: _____

b $\frac{5}{12}$ Más cerca de: _____

Estima la diferencia $\frac{7}{8} - \frac{5}{12}$.

c _____ $-$ _____ $=$ _____

6. $\frac{9}{10} + \frac{5}{6}$

7. $\frac{11}{18} - \frac{2}{9}$

8. $\frac{1}{16} + \frac{2}{15}$

9. $\frac{24}{25} - \frac{1}{9}$

10. $\frac{3}{36} + \frac{1}{10}$

11. $\frac{37}{40} - \frac{26}{50}$

Resolución de problemas

12. Sentido numérico Representa dos fracciones que estén más cerca de 1 que de $\frac{1}{2}$. Luego, representa dos fracciones que estén más cerca de $\frac{1}{2}$ que de 0 o 1 y otras dos fracciones que estén más cerca de 0 que de $\frac{1}{2}$. Halla dos de tus fracciones que den una suma de aproximadamente $1\frac{1}{2}$.

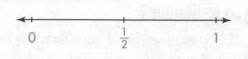

13. Razonamiento de orden superior ¿Cómo puedes estimar si $\frac{27}{50}$ está más cerca de $\frac{1}{2}$ o de 1 sin usar una recta numérica? Explícalo.

14. Katie preparó una bolsa de mezcla de nueces y frutas secas con $\frac{1}{2}$ taza de pasas, $\frac{3}{5}$ de taza de tostones de plátano y $\frac{3}{8}$ de taza de maní. ¿Aproximadamente cuánta mezcla de nueces y frutas secas preparó Katie?

15. Razonar La regata anual Mug Race es la carrera de barcos en río más larga del mundo. El evento ocurre en el río St. Johns, que tiene 310 millas de longitud. ¿Aproximadamente cuántas veces la longitud de la carrera tiene el río?

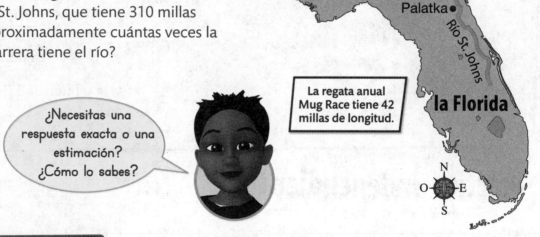

¿Necesitas una respuesta exacta o una estimación? ¿Cómo lo sabes?

La regata anual Mug Race tiene 42 millas de longitud.

 Práctica para la evaluación

16. Parte A

Steve prepara el desayuno. Las recetas indican que tiene que usar $\frac{7}{8}$ de leche para la sémola, y $\frac{3}{4}$ de taza para los bizcochos. Tiene solo 2 tazas de leche ¿Le alcanza para prepararse el desayuno? Explícalo.

Parte B

Si le alcanza la leche, ¿cuánta le quedará? Si no le alcanza, ¿cuánta le faltará?

Nombre ______________________________

Resuélvelo y coméntalo

Sue quiere $\frac{1}{2}$ de un molde rectangular de pan de maíz. Dena quiere $\frac{1}{3}$ del mismo molde de pan de maíz. ¿Cómo deberías cortar el pan de maíz para que cada niña tenga la porción que quiere? ***Resuelve este problema de la manera que prefieras.***

Lección 7-2
Hallar denominadores comunes

Puedo...
hallar denominadores comunes para fracciones con distintos denominadores.

También puedo crear argumentos matemáticos.

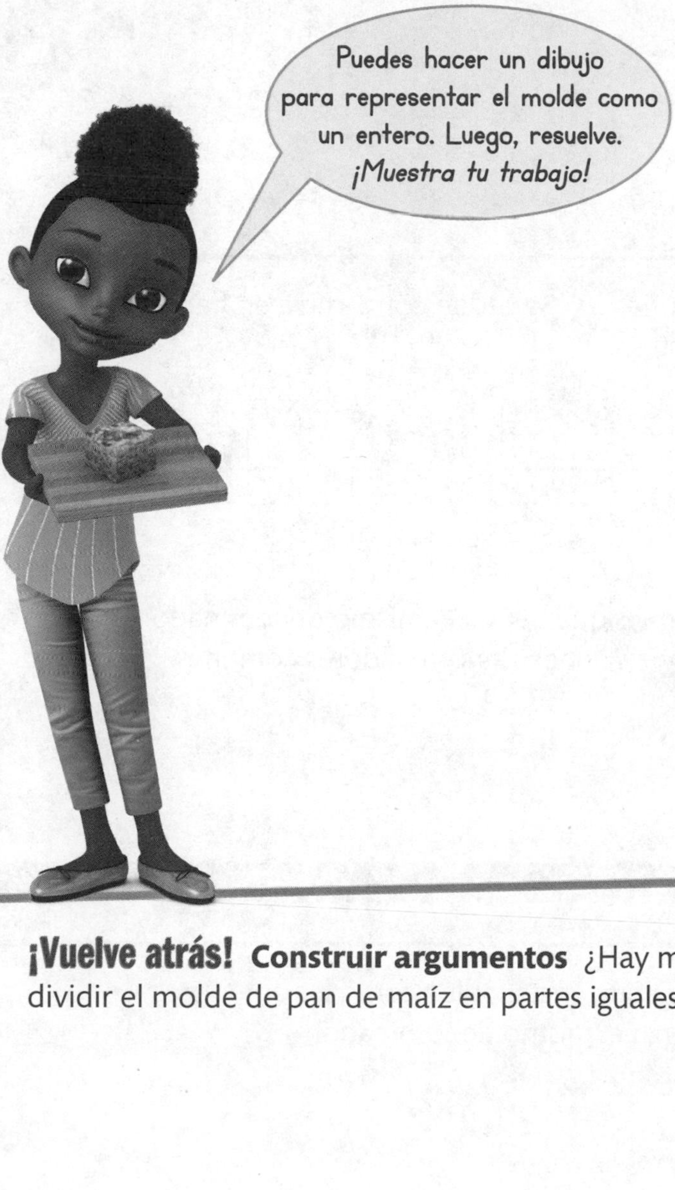

Puedes hacer un dibujo para representar el molde como un entero. Luego, resuelve. *¡Muestra tu trabajo!*

¡Vuelve atrás! **Construir argumentos** ¿Hay más de una manera de dividir el molde de pan de maíz en partes iguales? Explica cómo lo sabes.

 Pregunta esencial

¿Cómo se pueden hallar denominadores comunes?

A

Tyrone dividió un rectángulo en tercios. Sally dividió un rectángulo del mismo tamaño en cuartos. ¿Cómo podrías dividir un rectángulo del mismo tamaño de manera que se vieran tanto los tercios como los cuartos?

Puedes dividir un rectángulo para mostrar tercios o cuartos.

Tercios

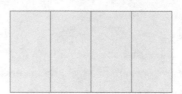

Cuartos

B Este rectángulo está dividido en tercios y cuartos.

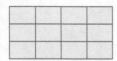

Doceavos

El rectángulo está dividido en 12 partes iguales. Cada parte es $\frac{1}{12}$.

C Las fracciones $\frac{1}{3}$ y $\frac{1}{4}$ pueden convertirse en fracciones equivalentes.

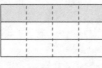

$$\frac{1}{3} = \frac{4}{12}$$

$$\frac{1}{4} = \frac{3}{12}$$

Las fracciones que tienen el mismo denominador, como $\frac{4}{12}$ y $\frac{3}{12}$, tienen denominadores comunes.

¡Convénceme! **Usa herramientas apropiadas** Dibuja rectángulos como los anteriores para hallar fracciones equivalentes a $\frac{2}{5}$ y $\frac{1}{3}$ que tengan el mismo denominador.

Otro ejemplo

Halla un común denominador para $\frac{2}{3}$ y $\frac{5}{6}$. Luego expresa cada fracción con una fracción equivalente.

Cualquier común denominador para $\frac{2}{3}$ y $\frac{5}{6}$ es múltiplo de 3 y de 6.

Una manera

Multiplica los denominadores para hallar un común denominador: $3 \times 6 = 18$.

Escribe fracciones equivalentes con denominadores de 18.

$$\frac{2}{3} = \frac{2 \times 6}{3 \times 6} = \frac{12}{18} \qquad \frac{5}{6} = \frac{5 \times 3}{6 \times 3} = \frac{15}{18}$$

Por tanto, $\frac{12}{18}$ y $\frac{15}{18}$ is una manera de expresar $\frac{2}{3}$ y $\frac{5}{6}$ con un común denominador.

Otra manera

Usa el hecho de que uno de los denominadores es múltiplo del otro.

Sabes que 6 es múltiplo de 3.

$$\frac{2}{3} = \frac{2 \times 2}{3 \times 2} = \frac{4}{6}$$

Por tanto, $\frac{4}{6}$ y $\frac{5}{6}$ es otra manera de expresar $\frac{2}{3}$ y $\frac{5}{6}$ con un común denominador.

Práctica guiada

¿Lo entiendes?

1. En el ejemplo de la página anterior, ¿cuántos doceavos hay en cada sección de $\frac{1}{3}$ del rectángulo de Tyrone? ¿Cuántos doceavos hay en cada sección de $\frac{1}{4}$ del rectángulo de Sally?

¿Cómo hacerlo?

Para **2** y **3**, halla un común denominador para cada par de fracciones.

2. $\frac{3}{8}$ y $\frac{2}{3}$ 　　　　　 3. $\frac{1}{6}$ y $\frac{4}{3}$

Práctica independiente

Para **4** a **11**, halla un común denominador para cada par de fracciones. Luego, escribe fracciones equivalentes con el común denominador.

4. $\frac{2}{5}$ y $\frac{1}{6}$ 　　　 5. $\frac{1}{3}$ y $\frac{4}{5}$ 　　　 6. $\frac{5}{8}$ y $\frac{3}{4}$ 　　　 7. $\frac{3}{10}$ y $\frac{9}{8}$

8. $\frac{3}{7}$ y $\frac{1}{2}$ 　　　 9. $\frac{5}{12}$ y $\frac{3}{5}$ 　　　 10. $\frac{7}{9}$ y $\frac{2}{3}$ 　　　 11. $\frac{3}{8}$ y $\frac{9}{20}$

Resolución de problemas

12. Evaluar el razonamiento Explica cualquier error que veas en cómo se expresaron de otra manera las siguientes fracciones. Muestra la expresión correcta.

$$\frac{3}{4} = \frac{9}{12} \qquad \frac{2}{3} = \frac{6}{12}$$

13. Razonamiento de orden superior En los registros de un comercio, tres meses de un año se llaman un cuarto. ¿Cuántos meses equivalen a tres cuartos de un año? Explica cómo hallaste tu respuesta.

---

14. Nelda cocinó dos tipos de fideos en bandejas para hornear. Las bandejas tienen el mismo tamaño. Cortó una bandeja en 6 porciones iguales y cortó la otra bandeja en 8 porciones iguales. ¿Cómo podrían cortarse las bandejas ahora, para que tengan porciones del mismo tamaño? Haz dibujos para mostrar tu trabajo. Si Nelda hasta ahora sirvió 6 porciones de una bandeja, ¿qué fracción de una bandeja sirvió?

---

15. Sentido numérico ¿Cuál es el precio de la gasolina de primera calidad redondeado al dólar más cercano? ¿Redondeado a la moneda de 10¢ más cercana? ¿Redondeado a la moneda de 1¢ más cercana?

DATOS

Precios de la gasolina	
Calidad	Precio (por galón)
Regular	$4.199
Primera calidad	$4.409
Diesel	$5.019

✓ Práctica para la evaluación

16. Escoge todos los números que podrían ser denominadores comunes de $\frac{2}{3}$ y $\frac{3}{4}$.

- ☐ 8
- ☐ 12
- ☐ 16
- ☐ 36
- ☐ 48

17. Escoge todos los números que podrían ser denominadores comunes de $\frac{11}{12}$ y $\frac{4}{5}$.

- ☐ 12
- ☐ 17
- ☐ 30
- ☐ 60
- ☐ 125

Nombre _____

Resuélvelo y coméntalo

Durante el fin de semana, Eleni comió $\frac{1}{4}$ de caja de cereal y Freddie comió $\frac{3}{8}$ de la misma caja. ¿Qué porción de la caja de cereal comieron en total? *Resuelve este problema de la manera que prefieras.*

Puedo...

sumar fracciones con distintos denominadores.

También puedo entender bien los problemas.

$\frac{3}{8}$

$\frac{1}{4}$

Puedes usar tiras de fracciones para representar la suma de fracciones. ¡Muestra tu trabajo!

¡Vuelve atrás! **Entender y perseverar**
¿Qué pasos seguiste para resolver el problema?

Pregunta esencial **¿Cómo se pueden sumar fracciones con distintos denominadores?**

A

Alex montó su motoneta para ir desde su casa hasta el parque. Más tarde, fue desde el parque hasta la práctica de béisbol. ¿Qué distancia recorrió Alex?

Puedes sumar para hallar la distancia total que Alex recorrió con su motoneta.

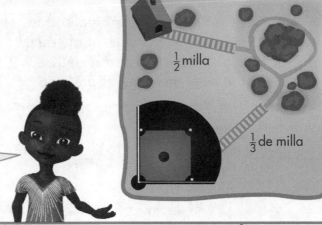

$\frac{1}{2}$ milla

$\frac{1}{3}$ de milla

B ## Paso 1

Convierte las fracciones en fracciones equivalentes con un común denominador, es decir, con el mismo denominador.

Múltiplos de 2: 2, 4, 6, 8, 10, 12, . . .

Múltiplos de 3: 3, 6, 9, 12, . . .

El número 6 es un múltiplo común de 2 y de 3; por tanto, $\frac{1}{2}$ y $\frac{1}{3}$ pueden volver a escribirse con el común denominador 6.

C ## Paso 2

Escribe fracciones equivalentes con un común denominador.

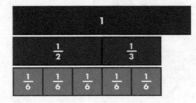

$\frac{1}{2} \times \frac{3}{3} = \frac{3}{6}$

$\frac{1}{3} \times \frac{2}{2} = \frac{2}{6}$

D ## Paso 3

Suma las fracciones para hallar la cantidad total de sextos.

$$\frac{1}{2} = \frac{3}{6}$$
$$+ \frac{1}{3} = \frac{2}{6}$$
$$\frac{5}{6}$$

Alex recorrió $\frac{5}{6}$ de milla en su motoneta.

¡Convénceme! **Construir argumentos** En el ejemplo anterior, ¿obtendrías la misma suma si usaras 12 como común denominador? Explícalo.

Otro ejemplo

Halla $\frac{5}{12} + \frac{1}{4}$.

$\frac{5}{12} + \frac{1}{4} = \frac{5}{12} + \frac{3}{12}$ Escribe fracciones equivalentes con denominadores comunes.

$= \frac{5+3}{12} = \frac{8}{12}$ o $\frac{2}{3}$ Halla la cantidad total de doceavos sumando los numeradores.

☆ Práctica guiada ☆

¿Lo entiendes?

1. En el ejemplo de la parte superior de la página 278, si el parque estuviera a $\frac{1}{8}$ de milla de la práctica de béisbol en lugar de a $\frac{1}{3}$ de milla, ¿qué distancia recorrería Alex en total?

2. **Vocabulario** Nico y Nita resolvieron el mismo problema. Nico obtuvo $\frac{6}{8}$ como respuesta y Nita obtuvo $\frac{3}{4}$. ¿Qué respuesta es correcta? Usa el término *fracción equivalente* en tu explicación.

¿Cómo hacerlo?

Halla la suma. Usa tiras de fracciones como ayuda.

3. $\frac{1}{2} + \frac{1}{4} = \frac{\Box}{\Box} + \frac{\Box}{\Box} = \frac{\Box}{\Box}$

1		
$\frac{1}{2}$		$\frac{1}{4}$
$\frac{1}{4}$	$\frac{1}{4}$	$\frac{1}{4}$

☆ Práctica independiente ☆

Para **4** y **5**, halla las sumas. Usa tiras de fracciones como ayuda.

Recuerda que puedes usar múltiplos para hallar un común denominador.

4. $\frac{1}{2} + \frac{2}{5} = \frac{\Box}{\Box} + \frac{\Box}{\Box} = \frac{\Box}{\Box}$

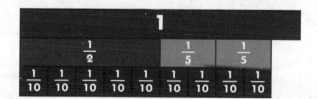

5. $\frac{1}{6} + \frac{1}{3} + \frac{1}{6} =$

$\frac{\Box}{\Box} + \frac{\Box}{\Box} + \frac{\Box}{\Box} = \frac{\Box}{\Box} = \frac{\Box}{\Box}$

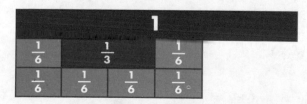

Resolución de problemas

6. Explica por qué el denominador 6 en $\frac{3}{6}$ no cambia cuando se suman las fracciones.

$$\frac{3}{6} = \frac{3}{6}$$
$$+ \frac{1}{3} = \frac{2}{6}$$
$$\overline{\frac{5}{6}}$$

---

7. Representar con modelos matemáticos Aproximadamente $\frac{1}{10}$ de los huesos de tu cuerpo están en tu cráneo. Tus manos tienen aproximadamente $\frac{1}{4}$ de los huesos de tu cuerpo. Escribe y resuelve una ecuación para hallar la fracción de huesos de tu cuerpo que están en tus manos o en tu cráneo.

8. enVision® STEM De 36 elementos químicos, 2 tienen nombres de científicas mujeres y 25 tienen nombres de lugares. ¿Qué fracción de estos 36 elementos tienen nombres de mujeres o lugares? Muestra tu trabajo.

---

9. Razonamiento de orden superior Roger hizo una tabla para mostrar cómo usa su tiempo en un día. ¿Cuántos días pasarán antes de que Roger haya dormido el equivalente a un día? Explica cómo hallaste tu respuesta.

DATOS

Cantidad de tiempo usado en actividades en un día	
Actividad	**Porción del día**
Trabajo	$\frac{1}{3}$ de día
Dormir	$\frac{3}{8}$ de día
Comidas	$\frac{1}{8}$ de día
Computadora	$\frac{1}{6}$ de día

✓ Práctica para la evaluación

10. ¿Qué ecuaciones son verdaderas si escribimos $\frac{1}{2}$ en el recuadro?

☐ $\square + \frac{5}{5} = \frac{3}{2}$

☐ $\frac{1}{10} + \frac{2}{5} = \square$

☐ $\frac{1}{2} + \square = \frac{1}{4}$

☐ $\frac{1}{6} + \frac{1}{3} = \square$

11. ¿Qué ecuaciones son verdaderas si escribimos $\frac{4}{7}$ en el recuadro?

☐ $\frac{1}{14} + \square = \frac{9}{14}$

☐ $\frac{2}{4} + \frac{2}{3} = \square$

☐ $\square + \frac{2}{7} = \frac{6}{7}$

☐ $\frac{1}{10} + \square = \frac{47}{70}$

Nombre _____

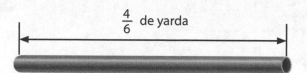
Rose compró una tubería de cobre de la longitud que se muestra abajo. Usó $\frac{1}{2}$ yarda para reparar una cañería de agua en su casa. ¿Cuánta tubería le sobró? **Resuelve este problema de la manera que prefieras.**

$\frac{4}{6}$ de yarda

Puedo...
restar fracciones con distintos denominadores.

También puedo hacer generalizaciones a partir de ejemplos.

Puedes usar el cálculo mental para hallar fracciones equivalentes para que $\frac{1}{2}$ y $\frac{4}{6}$ tengan el mismo denominador. ¡Muestra tu trabajo!

¡Vuelve atrás! **Generalizar** ¿En qué se parece restar fracciones con distintos denominadores a sumar fracciones con distintos denominadores?

Pregunta esencial

¿Cómo se pueden restar fracciones con distintos denominadores?

A

Laura usó $\frac{1}{4}$ de yarda de la tela que compró para un proyecto de costura. ¿Cuánta tela quedó?

Para hallar cuánta tela quedó, puedes usar la resta.

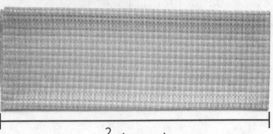

$\frac{2}{3}$ de yarda

B ## Paso 1

Halla un múltiplo común de los denominadores.

Múltiplos de 3: 3, 6, 9, 12, . . .

Múltiplos de 4: 4, 8, 12, . . .

El número 12 es múltiplo de 3 y de 4. Escribe fracciones equivalentes de $\frac{2}{3}$ y $\frac{1}{4}$ cuyo denominador sea 12.

C ## Paso 2

Usa la propiedad de identidad para expresar de otra manera las fracciones con un común denominador.

$\frac{2}{3} \times \frac{4}{4} = \frac{8}{12}$

$\frac{2}{3} = \frac{8}{12}$

$\frac{1}{4} \times \frac{3}{3} = \frac{3}{12}$

$\frac{1}{4} = \frac{3}{12}$

D ## Paso 3

Resta los numeradores.

$\frac{2}{3} = \frac{8}{12}$

$- \frac{1}{4} = \frac{3}{12}$

$\overline{ \frac{5}{12}}$

A Laura le quedaron $\frac{5}{12}$ de yarda de tela.

¿Convénceme! **Evaluar el razonamiento** Supón que Laura tenía $\frac{2}{3}$ de yarda de tela y le dijo a Sandra que usó $\frac{3}{4}$ de yarda. Sandra dice que eso no es posible. ¿Estás de acuerdo? Explica tu respuesta.

Nombre_____

Práctica Herramientas Evaluación

Práctica guiada

¿Lo entiendes?

1. En el ejemplo de la página 282, ¿es posible usar un común denominador mayor que 12 y obtener la respuesta correcta? ¿Por qué?

2. En el ejemplo de la página 282, si Laura hubiese comenzado con una yarda de tela y hubiese usado $\frac{5}{8}$ de yarda, ¿cuánta tela quedaría?

¿Cómo hacerlo?

Para **3** a **6**, halla las diferencias.

3. $\frac{4}{7} = \frac{12}{21}$
$-\frac{1}{3} = \frac{7}{21}$
_____

4. $\frac{5}{8}$
$-\frac{1}{4}$
_____

5. $\frac{7}{8}$
$-\frac{1}{3}$
_____

6. $\frac{4}{5} = \frac{24}{30}$
$-\frac{1}{6} = \frac{5}{30}$
_____

Práctica independiente

Práctica al nivel Para **7** a **16**, halla las diferencias.

7. $\frac{1}{4} = \frac{\square}{8}$
$-\frac{1}{8} = \frac{\square}{8}$
_____
$\frac{\square}{\square}$

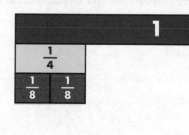

8. $\frac{2}{3} = \frac{\square}{6}$
$-\frac{1}{2} = \frac{\square}{6}$
_____
$\frac{\square}{\square}$

9. $\frac{2}{3}$
$-\frac{5}{9}$
_____

10. $\frac{4}{5}$
$-\frac{1}{4}$
_____

11. $\frac{3}{2}$
$-\frac{7}{12}$
_____

12. $\frac{6}{7}$
$-\frac{1}{2}$
_____

13. $\frac{7}{10} - \frac{2}{5}$

14. $\frac{13}{16} - \frac{1}{4}$

15. $\frac{2}{9} - \frac{1}{6}$

16. $\frac{6}{5} - \frac{3}{8}$

Resolución de problemas

17. Representar con modelos matemáticos Escribe y resuelve una ecuación para hallar la diferencia entre la posición del Punto A y la del Punto B en la regla.

18. Álgebra Escribe una ecuación de suma y una ecuación de resta para el diagrama. Luego, halla el valor que falta.

$\frac{1}{4}$	$\frac{3}{8}$

(con *x* encima)

19. ¿Por qué las fracciones deben tener un común denominador antes de sumarse o restarse?

20. Sentido numérico Sin usar lápiz y papel, ¿cómo puedes hallar la suma de 9.8 y 2.6?

21. Razonamiento de orden superior Halla dos fracciones con una diferencia de $\frac{1}{5}$ pero cuyos denominadores no sean 5.

✅ **Práctica para la evaluación**

22. Escoge los números correctos del siguiente recuadro para completar la resta que está a continuación.

$\frac{5}{6}$	$\frac{2}{3}$	$\frac{1}{30}$	$\frac{6}{7}$	$\frac{1}{2}$

$$\boxed{} - \frac{1}{3} = \boxed{}$$

23. Escoge los números correctos del siguiente recuadro para completar la resta que está a continuación.

$\frac{11}{12}$	$\frac{1}{6}$	$\frac{1}{4}$	$\frac{1}{2}$	$\frac{3}{4}$

$$\boxed{} - \boxed{} = \frac{7}{12}$$

Nombre_____

Resuélvelo y coméntalo

Tyler y Dean pidieron pizza. Tyler comió $\frac{1}{2}$ de la pizza y Dean comió $\frac{1}{3}$ de la pizza. ¿Cuánto de la pizza comieron y cuánto quedó? *Resuelve este problema de la manera que prefieras.*

Puedo...
escribir fracciones equivalentes para sumar y restar fracciones con denominadores distintos.

También puedo razonar sobre las matemáticas.

Razonar Puedes usar el sentido numérico como ayuda para resolver este problema. ¡Muestra tu trabajo!

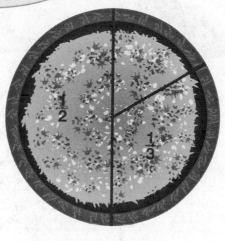

¡Vuelve atrás! ¿Cómo puedes comprobar que tu respuesta tiene sentido?

Pregunta esencial ¿Cómo se pueden usar la suma y la resta de fracciones para resolver problemas?

A

Kayla tenía $\frac{9}{10}$ de galón de pintura. Pintó el techo de su habitación y el del baño. ¿Cuánta pintura le queda después de pintar los dos techos?

Puedes usar tanto la suma como la resta para hallar cuánta pintura le queda.

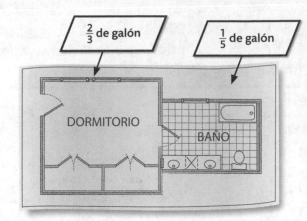

$\frac{2}{3}$ de galón $\frac{1}{5}$ de galón

DORMITORIO   BAÑO

B **Paso 1**

Suma para averiguar cuánta pintura usó Kayla para los dos techos.

Para sumar, escribe las fracciones usando 15 como denominador.

$$\frac{2}{3} = \frac{10}{15}$$
$$+ \frac{1}{5} = \frac{3}{15}$$
$$\overline{\frac{13}{15}}$$

Kayla usó $\frac{13}{15}$ de galón de pintura.

C **Paso 2**

Resta la cantidad de pintura que Kayla usó de la cantidad que tenía al inicio.

Para restar, escribe las fracciones usando 30 como denominador.

$$\frac{9}{10} = \frac{27}{30}$$
$$- \frac{13}{15} = \frac{26}{30}$$
$$\overline{\frac{1}{30}}$$

A Kayla le queda $\frac{1}{30}$ de galón de pintura.

¡Convénceme! **Entender y perseverar** Para el problema anterior, ¿cómo usarías la estimación para comprobar que la respuesta es razonable?

⭐Práctica guiada

¿Lo entiendes?

1. En el ejemplo de la página 286, ¿cuánta más pintura usó Kayla para pintar el techo del dormitorio que el del baño?

2. Sentido numérico Kevin estimó que la diferencia de $\frac{9}{10} - \frac{4}{8}$ es 0. ¿Es razonable su estimación? Explícalo.

¿Cómo hacerlo?

Para **3** a **6**, halla la suma o la diferencia.

3. $\begin{array}{r} \frac{1}{15} \\ + \frac{1}{6} \\ \hline \end{array}$

4. $\begin{array}{r} \frac{7}{16} \\ - \frac{1}{4} \\ \hline \end{array}$

5. $\frac{7}{8} - \frac{3}{6}$

6. $\frac{7}{8} + \left(\frac{4}{8} - \frac{2}{4}\right)$

⭐Práctica independiente

Para **7** a **22**, halla la suma o la diferencia.

7. $\begin{array}{r} \frac{4}{50} \\ + \frac{3}{5} \\ \hline \end{array}$

8. $\begin{array}{r} \frac{2}{3} \\ - \frac{7}{12} \\ \hline \end{array}$

9. $\begin{array}{r} \frac{9}{10} \\ + \frac{2}{100} \\ \hline \end{array}$

10. $\begin{array}{r} \frac{4}{9} \\ + \frac{1}{4} \\ \hline \end{array}$

11. $\frac{17}{15} - \frac{1}{3}$

12. $\frac{7}{16} + \frac{3}{8}$

13. $\frac{2}{5} + \frac{1}{4}$

14. $\frac{1}{7} + \frac{1}{2}$

15. $\frac{1}{2} - \frac{3}{16}$

16. $\frac{7}{8} - \frac{2}{3}$

17. $\frac{11}{12} - \frac{4}{6}$

18. $\frac{7}{18} + \frac{5}{9}$

19. $\left(\frac{7}{8} + \frac{1}{12}\right) - \frac{1}{2}$

20. $\left(\frac{11}{18} - \frac{4}{9}\right) + \frac{1}{6}$

21. $\frac{13}{14} - \left(\frac{1}{2} + \frac{2}{7}\right)$

22. $\frac{1}{6} + \left(\frac{15}{15} - \frac{7}{10}\right)$

Resolución de problemas

23. La tabla muestra las cantidades de cada ingrediente que se necesitan para preparar una pizza. ¿Cuánto más queso que *pepperoni* y champiñones combinados se necesita? Muestra cómo resolviste el problema.

	Ingrediente	Cantidad
DATOS	Queso	$\frac{3}{4}$ c
	Pepperoni	$\frac{1}{3}$ c
	Champiñones	$\frac{1}{4}$ c

24. El objetivo de Charlie es usar menos de 50 galones de agua por día. Su cuenta de agua del mes muestra que gastó 1,524 galones de agua en 30 días. ¿Alcanzó su objetivo este mes? Explica cómo lo decidiste.

25. Construir argumentos Jereen demoró $\frac{1}{4}$ de hora en hacer la tarea antes de la escuela, otra $\frac{1}{2}$ hora después de volver a casa y un último $\frac{1}{3}$ de hora después de la cena. ¿Demoró más o menos de una hora en su tarea en total? Explícalo.

26. Carl tiene tres longitudes de cable, $\frac{5}{6}$ de yarda, $\frac{1}{4}$ de yarda y $\frac{2}{3}$ de yarda. Si usa 1 yarda de cable, ¿cuánto cable sobra? Explica tu trabajo.

1 yarda		x
$\frac{1}{4}$	$\frac{5}{6}$	$\frac{2}{3}$

27. Razonamiento de orden superior Halla dos fracciones que sumen $\frac{2}{3}$ pero cuyos denominadores no sean 3.

✓ Práctica para la evaluación

28. ¿Qué fracción falta en la siguiente ecuación?

$$1 - \boxed{} = \frac{1}{4} + \frac{3}{8}$$

- Ⓐ $\frac{4}{12}$
- Ⓑ $\frac{3}{8}$
- Ⓒ $\frac{5}{12}$
- Ⓓ $\frac{8}{8}$

29. ¿Cuál es el valor de la expresión?

$$\frac{1}{4} + \frac{1}{4} + \frac{3}{8}$$

- Ⓐ $\frac{5}{8}$
- Ⓑ $\frac{7}{8}$
- Ⓒ $\frac{7}{16}$
- Ⓓ $\frac{7}{32}$

Nombre_____

Resuélvelo y coméntalo

Alex tiene cinco tazas de fresas. Quiere usar $1\frac{3}{4}$ tazas de fresas para una ensalada de frutas y $3\frac{1}{2}$ tazas para jalea. ¿Tiene suficiente cantidad de fresas para ambas recetas? *Resuelve este problema de la manera que prefieras.*

Puedo...
estimar sumas y diferencias de fracciones y números mixtos.

También puedo hacer generalizaciones a partir de ejemplos.

Generalizar Puedes hacer una estimación porque solo necesitas saber si Alex tiene suficiente. ¡Muestra tu trabajo!

¡Vuelve atrás! ¿Tiene sentido usar 1 taza y 3 tazas para estimar si Alex tiene suficientes fresas? Explícalo.

¿Cuáles son algunas formas de calcular?

A

La mamá de Jamila quiere hacer un vestido y una chaqueta talla 10. Aproximadamente, ¿cuántas yardas de tela necesita?

Estima la suma $2\frac{1}{4} + 1\frac{5}{8}$ para hallar cuántas yardas de tela necesita.

DATOS

Tela necesaria (en yardas)		
	Talla 10	Talla 14
Vestido	$2\frac{1}{4}$	$2\frac{7}{8}$
Chaqueta	$1\frac{5}{8}$	$2\frac{1}{4}$

B **Una manera**

Usa una recta numérica para redondear fracciones y números mixtos al número entero más cercano.

$1\frac{5}{8}$ se redondea a 2 $2\frac{1}{4}$ se redondea a 2

Por tanto, $2\frac{1}{4} + 1\frac{5}{8} \approx 2 + 2$, o 4.

La mamá de Jamila necesita aproximadamente 4 yardas de tela.

C **Otra manera**

Usa $\frac{1}{2}$ como fracción de referencia.

Reemplaza las fracciones con la unidad de $\frac{1}{2}$ más cercana.

$1\frac{5}{8}$ está cerca de $1\frac{1}{2}$.

$2\frac{1}{4}$ está en la mitad entre 2 y $2\frac{1}{2}$.

Puedes reemplazar $2\frac{1}{4}$ con $2\frac{1}{2}$.

Por tanto, $2\frac{1}{4} + 1\frac{5}{8}$ es aproximadamente $2\frac{1}{2} + 1\frac{1}{2} = 4$.

¡Convénceme! **Evaluar el razonamiento** En el recuadro C anterior, ¿por qué tiene sentido reemplazar $2\frac{1}{4}$ con $2\frac{1}{2}$ en lugar de 2?

☆ Práctica guiada

¿Lo entiendes?

1. Para hacer estimaciones con números mixtos, ¿cuándo deberías redondear al siguiente número entero?

2. ¿Cuándo deberías estimar una suma o una diferencia?

¿Cómo hacerlo?

Para **3** a **5**, redondea al número entero más cercano.

3. $2\frac{3}{4}$ **4.** $1\frac{5}{7}$ **5.** $2\frac{3}{10}$

Para **6** y **7**, usa fracciones de referencia para estimar las sumas y las diferencias.

6. $2\frac{5}{9} - 1\frac{1}{3}$ **7.** $2\frac{4}{10} + 3\frac{5}{8}$

☆ Práctica independiente

Práctica al nivel Para **8** a **11**, usa la recta numérica para redondear los números mixtos al número entero más cercano

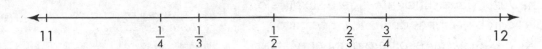

11     $\frac{1}{4}$ $\frac{1}{3}$ $\frac{1}{2}$ $\frac{2}{3}$ $\frac{3}{4}$ 12

8. $11\frac{4}{6}$ **9.** $11\frac{2}{8}$ **10.** $11\frac{8}{12}$ **11.** $11\frac{4}{10}$

Para **12** a **20**, estima las sumas o las diferencias.

12. $2\frac{1}{8} - \frac{5}{7}$ **13.** $12\frac{1}{3} + 2\frac{1}{4}$ **14.** $2\frac{2}{3} + \frac{7}{8} + 6\frac{7}{12}$

15. $1\frac{10}{15} - \frac{8}{9}$ **16.** $10\frac{5}{6} - 2\frac{3}{8}$ **17.** $12\frac{8}{25} + 13\frac{5}{9}$

18. $48\frac{1}{10} - 2\frac{7}{9}$ **19.** $33\frac{14}{15} + 23\frac{9}{25}$ **20.** $14\frac{4}{9} + 25\frac{1}{6} + 7\frac{11}{18}$

Resolución de problemas

21. Usa las recetas para responder las preguntas.

a Estima cuántas tazas de mezcla de frutas secas se pueden preparar.

b Estima cuántas tazas de mezcla tradicional de nueces y frutas secas se pueden preparar.

c Estima cuánta mezcla de nueces y frutas secas tendrías si prepararas ambas recetas.

Mezcla de frutas secas

- $\frac{1}{2}$ taza de pasas
- $\frac{3}{8}$ de taza de semillas de girasol
- 1 taza de maní sin sal
- $\frac{1}{4}$ de taza de coco

Mezcla tradicional de nueces y frutas secas

- $1\frac{1}{3}$ tazas de pasas
- 1 taza de semillas de girasol
- $1\frac{3}{4}$ tazas de maní sin sal
- 1 taza de nueces de cajú

22. Kim es $3\frac{5}{8}$ pulgadas más alta que Colleen. Si Kim mide $60\frac{3}{4}$ pulgadas, ¿cuál es la mejor estimación de la altura de Colleen?

23. Razonamiento de orden superior La semana pasada Jason caminó $3\frac{1}{4}$ millas cada día por 3 días y $4\frac{5}{8}$ millas cada día por 4 días. ¿Aproximadamente cuántas millas caminó Jason la semana pasada?

24. Entender y perseverar Nico tiene $12.50 para gastar. Quiere subirse a la montaña rusa dos veces y a la rueda de Chicago una vez. ¿Tiene suficiente dinero? Explícalo. ¿Qué 3 posibles combinaciones de juegos mecánicos puede hacer Nico para gastar el dinero que tiene?

DATOS

Precios de los juegos mecánicos	
Juego mecánico	**Precio**
Carrusel	$3.75
Rueda de Chicago	$4.25
Montaña rusa	$5.50

✓ Práctica para la evaluación

25. Liam usó $2\frac{2}{9}$ tazas de leche para una receta de crepes, y bebió otras $9\frac{3}{4}$ tazas. ¿Aproximadamente cuánta leche usó en total?

Ⓐ 8 tazas

Ⓑ 10 tazas

Ⓒ 12 tazas

Ⓓ 13 tazas

26. Annie tiene $13\frac{1}{12}$ yardas de hilo. Usa $1\frac{9}{10}$ yardas para arreglar su mochila. ¿Aproximadamente cuánto hilo le queda?

Ⓐ 11 yardas

Ⓑ 12 yardas

Ⓒ 14 yardas

Ⓓ 15 yardas

Nombre _____

Resuélvelo y coméntalo

Martina está cocinando pan. Mezcla $1\frac{3}{4}$ tazas de harina con otros ingredientes. Luego, agrega $4\frac{1}{2}$ tazas de harina a la mezcla. ¿Cuántas tazas de harina necesita? *Resuelve este problema de la manera que prefieras.*

Puedo...
sumar números mixtos usando modelos.

También puedo escoger y usar una herramienta matemática para resolver problemas.

Usar herramientas apropiadas Puedes usar tiras de fracciones como ayuda para sumar números mixtos. ¡Muestra tu trabajo!

¡Vuelve atrás! Explica cómo puedes estimar la suma anterior.

Pregunta esencial

¿Cómo se puede representar la suma de números mixtos?

A

Bill tiene 2 tablas que usará para hacer marcos para fotografías. ¿Cuál es la longitud total de las tablas que tiene Bill para hacer los marcos?

> Para sumar fracciones, puedes hallar un común denominador.

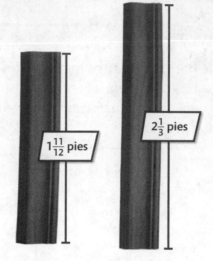

$2\frac{1}{3}$ pies

$1\frac{11}{12}$ pies

B ## Paso 1

Expresa las partes fraccionarias como fracciones equivalentes con el mismo denominador. Suma las fracciones.

$2\frac{4}{12}$

$+\ 1\frac{11}{12}$

$\overline{\quad\frac{15}{12}\quad}$

Expresa $\frac{15}{12}$ como $1\frac{3}{12}$.

C ## Paso 2

Suma los números enteros.

$2 \longrightarrow$

$+\ 1 \longrightarrow$

$\overline{\quad 3\quad}$

Luego, suma la suma de las partes fraccionarias.

$3 + 1\frac{3}{12} = 4\frac{3}{12}$

Por tanto, $2\frac{1}{3} + 1\frac{11}{12} = 4\frac{3}{12}$ o $4\frac{1}{4}$

La longitud total de las tablas es $4\frac{1}{4}$ pies.

¡Convénceme! **Evaluar el razonamiento** Tom tiene 2 tablas con la misma longitud que las de Bill. Dice que halló la longitud total de las tablas sumando 28 doceavos y 23 doceavos. ¿Funciona su método? Explícalo.

Nombre _____

✰Práctica guiada

¿Lo entiendes?

1. Al sumar dos números mixtos, ¿hace falta alguna vez expresar la fracción de otra manera? Explícalo.

¿Cómo hacerlo?

Para **2** a **5**, usa tiras de fracciones para hallar las sumas.

2. $1\frac{1}{10} + 2\frac{4}{5}$ **3.** $1\frac{1}{2} + 2\frac{3}{4}$

4. $3\frac{2}{3} + 1\frac{4}{6}$ **5.** $3\frac{1}{6} + 2\frac{2}{3}$

✰Práctica independiente

Práctica al nivel Para **6** y **7**, usa los modelos para hallar la suma.

6. Charles usó $1\frac{2}{3}$ tazas de nueces y $2\frac{1}{6}$ tazas de arándanos rojos para preparar un pan para el desayuno. ¿Cuántas tazas de nueces y de arándanos rojos usó en total?

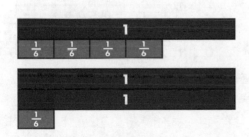

7. Mary trabajó $2\frac{3}{4}$ horas el lunes y $1\frac{1}{2}$ horas el martes. ¿Cuántas horas trabajó el lunes y martes en total?

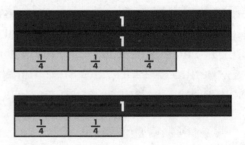

Para **8** a **16**, usa tiras de fracciones para hallar las sumas.

8. $2\frac{6}{10} + 1\frac{3}{5}$ **9.** $4\frac{5}{6} + 1\frac{7}{12}$ **10.** $4\frac{2}{5} + 3\frac{7}{10}$

11. $3\frac{1}{2} + 1\frac{3}{4}$ **12.** $1\frac{7}{8} + 5\frac{1}{4}$ **13.** $2\frac{6}{12} + 1\frac{1}{2}$

14. $3\frac{2}{5} + 1\frac{9}{10}$ **15.** $2\frac{7}{12} + 1\frac{3}{4}$ **16.** $2\frac{7}{8} + 5\frac{1}{2}$

Resolución de problemas

17. Lindsey usó $1\frac{1}{4}$ galones de pintura café claro para el techo y $4\frac{3}{8}$ galones de pintura verde para las paredes de la cocina. ¿Cuánta pintura usó Lindsey en total? Usa tiras de fracciones como ayuda.

18. Paul dijo "Caminé $2\frac{1}{2}$ millas el sábado y $2\frac{3}{4}$ millas el domingo". ¿Cuántas millas son en total?

19. Razonamiento de orden superior Tori está preparando pastelitos. La receta lleva $2\frac{5}{6}$ tazas de azúcar morena para los pastelitos y $1\frac{1}{3}$ tazas de azúcar morena para la cubierta. Tori tiene 4 tazas de azúcar morena. ¿Tiene suficiente para preparar los pastelitos y la cubierta? Explícalo.

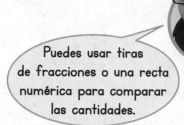

Puedes usar tiras de fracciones o una recta numérica para comparar las cantidades.

Para **20** y **21**, usa el mapa. Cada unidad representa una cuadra.

20. Ben salió del museo y caminó 4 cuadras hasta su siguiente destino. ¿Cuál era su destino?

21. Entender y perseverar Ben caminó desde el restaurante hasta la parada de autobús. Luego, tomó el autobús hacia el estadio. Si tomó el camino más corto, ¿cuántas cuadras viajó Ben? Ten en cuenta que Ben solo puede viajar por las líneas de la cuadrícula.

Práctica para la evaluación

22. Marta usó $2\frac{3}{4}$ tazas de leche y $1\frac{1}{2}$ tazas de queso en una receta. ¿Cuántas tazas de queso y leche usó?

Ⓐ 3 tazas

Ⓑ $3\frac{4}{6}$ tazas

Ⓒ $4\frac{1}{4}$ tazas

Ⓓ $4\frac{3}{4}$ tazas

23. La semana pasada, Garrett corrió $21\frac{1}{2}$ millas. Esta semana, corrió $17\frac{7}{8}$ millas. ¿Cuántas millas corrió en total?

Ⓐ 38 millas

Ⓑ $38\frac{1}{2}$ millas

Ⓒ $39\frac{3}{8}$ millas

Ⓓ $39\frac{7}{8}$ millas

Nombre_____

Resuélvelo y coméntalo

Joaquín usó dos tipos de harina en una receta de pastelitos. ¿Cuánta harina usó en total? *Resuélvelo de la manera que prefieras.*

Usar la estructura Usa lo que sabes sobre sumar fracciones. ¡Muestra tu trabajo!

Pastelitos básicos

$\frac{1}{2}$ taza de leche

$\frac{1}{3}$ de taza de mantequilla derretida

2 huevos

$1\frac{1}{2}$ tazas de harina de trigo

$1\frac{2}{3}$ tazas de harina de trigo sarraceno

1 cdta. de polvo para hornear

HARINA

Puedo...
sumar números mixtos.

También puedo buscar patrones para resolver problemas.

¡Vuelve atrás! ¿En qué se parece sumar números mixtos con distinto denominador a sumar fracciones con distinto denominador? ¿En qué se diferencia?

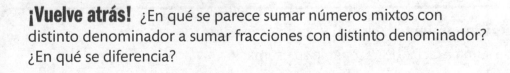

Pregunta esencial ¿Cómo se pueden sumar números mixtos?

A

Rhoda mezcla $1\frac{1}{2}$ tazas de arena con $2\frac{2}{3}$ tazas de mezcla de jardinería para preparar tierra para sus cactus. Después de mezclarlos, ¿cuántas tazas de tierra tiene Rhoda?

Puedes usar la suma para hallar la cantidad total de tierra.

$1\frac{1}{2}$ tazas de arena

B **Paso 1**

Halla $2\frac{2}{3} + 1\frac{1}{2}$.

Escribe fracciones equivalentes con un común denominador.

$$2\frac{2}{3} = 2\frac{4}{6}$$
$$+ 1\frac{1}{2} = 1\frac{3}{6}$$

C **Paso 2**

Suma las fracciones.

$$2\frac{2}{3} = 2\frac{4}{6}$$
$$+ 1\frac{1}{2} = 1\frac{3}{6}$$
$$\frac{7}{6}$$

D **Paso 3**

Suma los números enteros.

$$2\frac{2}{3} = 2\frac{4}{6}$$
$$+ 1\frac{1}{2} = 1\frac{3}{6}$$
$$3\frac{7}{6}$$

Vuelve a escribir $\frac{7}{6}$ como un número mixto.

$$3\frac{7}{6} = 3 + 1\frac{1}{6} = 4\frac{1}{6}$$

Rhoda tiene $4\frac{1}{6}$ tazas de tierra.

¡Convénceme! **Evaluar el razonamiento** Kyle usó 9 como estimación para $3\frac{1}{6} + 5\frac{7}{8}$. Obtuvo $9\frac{1}{24}$ de suma exacta. ¿Es razonable su estimación? Explícalo.

---

298   **Tema 7** | Lección 7-8

☆ Práctica guiada

¿Lo entiendes?

1. ¿En qué se parece sumar números mixtos a sumar fracciones y números enteros?

2. Observa el ejemplo de la página 298. ¿Por qué se usa el denominador 6 en las fracciones equivalentes?

¿Cómo hacerlo?

Para **3** a **6**, haz una estimación y luego halla las sumas.

3. $1\frac{7}{8} = 1\frac{\square}{8}$
$+ 1\frac{1}{4} = 1\frac{\square}{8}$
_____

4. $2\frac{2}{5} = 2\frac{\square}{30}$
$+ 5\frac{5}{6} = 5\frac{\square}{30}$
_____

5. $4\frac{1}{9} + 1\frac{1}{3}$

6. $6\frac{5}{12} + 4\frac{5}{8}$

☆ Práctica independiente

Práctica al nivel Para **7** a **18**, haz una estimación y luego halla las sumas

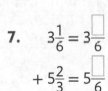

Recuerda que las fracciones deben tener un común denominador, es decir, el mismo denominador, para poder sumarse.

7. $3\frac{1}{6} = 3\frac{\square}{6}$
$+ 5\frac{2}{3} = 5\frac{\square}{6}$
_____

8. $11\frac{1}{2} = 11\frac{\square}{10}$
$+ 10\frac{3}{5} = 10\frac{\square}{10}$
_____

9. $9\frac{3}{16} = 9\frac{3}{16}$
$+ 7\frac{5}{8} = 7\frac{\square}{\square}$
_____

10. $5\frac{6}{7} = 5\frac{\square}{\square}$
$+ 8\frac{1}{14} = 8\frac{1}{14}$
_____

11. $4\frac{1}{10}$
$+ 6\frac{1}{2}$
_____

12. $9\frac{7}{12}$
$+ 4\frac{3}{4}$
_____

13. 5
$+ 3\frac{1}{8}$
_____

14. $8\frac{3}{4}$
$+ 7\frac{3}{4}$
_____

15. $2\frac{3}{4} + 7\frac{3}{5}$

16. $3\frac{8}{9} + 8\frac{1}{2}$

17. $1\frac{7}{12} + 2\frac{3}{8}$

18. $3\frac{11}{12} + 9\frac{1}{16}$

Resolución de problemas

19. Usa el mapa para hallar la respuesta.

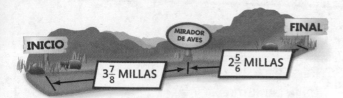

INICIO

MIRADOR DE AVES

FINAL

$3\frac{7}{8}$ MILLAS

$2\frac{5}{6}$ MILLAS

a ¿Cuál es la distancia desde el inicio hasta el final del camino?

b Louise caminó desde el inicio del camino hasta el mirador de aves ida y vuelta. ¿Caminó una distancia mayor o menor que la que hubiese caminado desde el inicio hasta el final del camino? Explícalo.

c Otro día, Louise caminó desde el inicio del camino hasta el final. Allí, se dio cuenta de que se había olvidado sus binoculares en el mirador de aves. Caminó desde el final del camino hasta el mirador ida y vuelta. ¿Cuál es la distancia total que caminó?

20. Razonamiento de orden superior Dos veces por día, el gato de Cameron come 4 onzas de comida seca para gatos y 2 onzas de comida fresca para gatos. La comida seca para gatos viene en bolsas de 5 libras. La comida fresca para gatos viene en latas de 6 onzas.

a ¿Cuántas latas de comida fresca debe comprar para alimentar a su gato por una semana?

b ¿Cuántas onzas de comida fresca para gatos quedarán al final de la semana?

c ¿Durante cuántos días puede alimentar a su gato con una bolsa de 5 libras de comida seca?

Recuerda que hay 16 onzas en una libra.

---

21. Julia compró 12 bolsas de semillas de pepino. Cada bolsa contiene 42 semillas. Si planta la mitad de las semillas, ¿cuántas semillas quedarán?

22. Evaluar el razonamiento John sumó $2\frac{7}{12}$ y $5\frac{2}{3}$ y obtuvo $7\frac{1}{4}$ como suma. ¿Es razonable su respuesta? Explícalo.

✓ Práctica para la evaluación

23. ¿Qué número falta en la siguiente ecuación?

$$3\frac{1}{3} + \frac{4}{\square} = 4\frac{2}{15}$$

24. Arnie patinó $1\frac{3}{4}$ millas desde su casa hasta el lago. Patinó $1\frac{1}{3}$ millas alrededor del lago, y luego patinó de regreso a su casa. Escribe la suma para mostrar cuántas millas patinó en total Arnie.

Resuélvelo y coméntalo

Clara y Erin se ofrecieron como voluntarias para trabajar en un refugio de animales por $9\frac{5}{6}$ horas. Clara trabajó $4\frac{1}{3}$ horas. ¿Cuántas horas trabajó Erin? *Puedes usar tiras de fracciones para resolver este problema.*

Lección 7-9
Usar modelos para restar números mixtos

Puedo...
usar modelos para restar números mixtos.

También puedo hacer generalizaciones a partir de ejemplos.

Generalizar
¿Cómo puedes usar lo que sabes sobre sumar números mixtos como ayuda para restar números mixtos? ¡Muestra tu trabajo!

¡Vuelve atrás! ¿Cómo puedes estimar la diferencia en el problema anterior? Explica tu razonamiento.

Pregunta esencial

¿Cómo se puede representar la resta de números mixtos?

A

James necesita $1\frac{11}{12}$ pulgadas de caño para reparar una pequeña parte de su bicicleta. Tiene un caño de $2\frac{1}{2}$ pulgadas de longitud. ¿Le quedará suficiente caño para reparar una pieza de $\frac{3}{4}$ de pulgada en otra bicicleta?

Expresa $2\frac{1}{2}$ como $2\frac{6}{12}$ para que las fracciones tengan un común denominador.

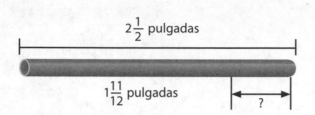

$2\frac{1}{2}$ pulgadas

$1\frac{11}{12}$ pulgadas   ?

B ## Paso 1

Representa el número al cual le estás restando, $2\frac{6}{12}$.

Si la fracción que restarás es mayor que la parte fraccionaria del número que representaste, expresa 1 entero de otra manera.

Dado que $\frac{11}{12} > \frac{6}{12}$, expresa 1 entero como $\frac{12}{12}$.

C ## Paso 2

Usa tu nuevo modelo para tachar el número que estás restando, $1\frac{11}{12}$.

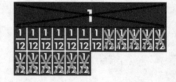

Quedan $\frac{7}{12}$.

Por tanto, $2\frac{1}{2} - 1\frac{11}{12} = \frac{7}{12}$.

A James le quedarán $\frac{7}{12}$ de pulgada de caño. No tiene suficiente para la otra bicicleta.

¡Convénceme! Usar herramientas apropiadas

Usa tiras de fracciones para hallar $5\frac{1}{2} - 2\frac{3}{4}$.

Nombre_____

☆Práctica guiada

¿Lo entiendes?

1. Cuando se restan dos números mixtos, ¿es siempre necesario expresar de otra manera uno de los enteros? Explícalo.

¿Cómo hacerlo?

Para **2** a **5**, usa tiras de fracciones para hallar las diferencias.

2. $4\frac{5}{6} - 2\frac{1}{3}$

3. $4\frac{1}{8} - 3\frac{3}{4}$

4. $5\frac{1}{2} - 2\frac{5}{6}$

5. $5\frac{4}{10} - 3\frac{4}{5}$

☆Práctica independiente

Para **6** y **7**, usa los esquemas para hallar la diferencia.

6. Terrell vive a $2\frac{5}{6}$ cuadras de su mejor amigo. Su escuela está a $4\frac{1}{3}$ cuadras en la misma dirección. Si se detiene primero en la casa de su mejor amigo, ¿cuánto más tienen que caminar los dos hasta la escuela?

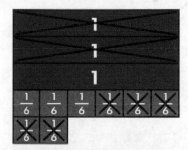

7. Tina compró $3\frac{1}{2}$ libras de pavo y $2\frac{1}{4}$ libras de queso. Usó $1\frac{1}{2}$ libras de queso para preparar fideos con queso. ¿Cuánto queso le queda?

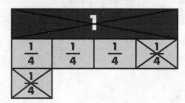

Para **8** a **15**, usa tiras de fracciones para hallar las diferencias.

8. $12\frac{3}{4} - 9\frac{5}{8}$

9. $8\frac{1}{6} - 7\frac{2}{3}$

10. $13\frac{7}{9} - 10\frac{2}{3}$

11. $3\frac{1}{12} - 2\frac{3}{4}$

12. $6\frac{3}{4} - 3\frac{11}{12}$

13. $4\frac{3}{5} - 1\frac{1}{10}$

14. $6\frac{1}{2} - 3\frac{7}{10}$

15. $6\frac{2}{3} - 4\frac{2}{9}$

Resolución de problemas

Para **16** y **17**, usa la tabla a la derecha.

16. ¿Cuánto más larga es una hoja de roble rojo que una hoja de arce de azúcar? Escribe una ecuación para representar tu trabajo.

17. ¿Cuánto más larga es una hoja de roble rojo que una hoja de abedul del papel? Escribe una ecuación para representar tu trabajo.

DATOS

Longitud de la hoja de los árboles

Árbol	Longitud de la hoja (pulgs.)
Arce de azúcar	$6\frac{3}{4}$
Roble rojo	$8\frac{1}{2}$
Abedul del papel	$3\frac{5}{8}$

18. Razonamiento de orden superior Lemmy caminó $3\frac{1}{2}$ millas el sábado y $4\frac{3}{4}$ millas el domingo. Ronnie caminó $5\frac{3}{8}$ millas el sábado. ¿Quién caminó más? ¿Cuánto más?

19. Representar con modelos matemáticos Jamal está comprando el almuerzo para su familia. Compra 4 bebidas de $1.75 cada una y 4 sándwiches de $7.50 cada uno. Si los precios incluyen impuestos y Jamal deja una propina de $7, ¿cuánto gastó en total? Escribe ecuaciones que muestren tu trabajo.

✅ Práctica para la evaluación

20. ¿Qué número falta en la siguiente ecuación?

$$5\frac{2}{\square} - 1\frac{4}{9} = 4\frac{2}{9}$$

21. ¿Qué número falta en la siguiente ecuación?

$$12\frac{1}{2} - 10\frac{11}{12} = 1\frac{7}{\square}$$

Nombre_____

Resuélvelo y coméntalo Evan camina $2\frac{1}{8}$ millas hasta la casa de su tía. Ya caminó $\frac{3}{4}$ de milla. ¿Cuánto más tiene que caminar? *Resuelve este problema de la manera que prefieras.*

Usar la estructura
Usa lo que sabes sobre restar fracciones.
¡Muestra tu trabajo!

$2\frac{1}{8}$ millas

$\frac{3}{4}$	x

¡Vuelve atrás! ¿Jon dice: "Cambiar $\frac{3}{4}$ a $\frac{6}{8}$ hace más fácil este problema". ¿Qué crees que quiere decir Jon?

¿Cómo puedes restar números mixtos?

A

Una pelota de golf mide aproximadamente $1\frac{2}{3}$ pulgadas de ancho. ¿Cuál es la diferencia entre el ancho del hoyo de golf y el de la pelota?

$4\frac{1}{4}$ pulgadas

Para hallar la diferencia puedes usar la resta.

B ## Paso 1

Escribe fracciones equivalentes con un común denominador.

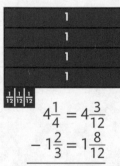

$$4\frac{1}{4} = 4\frac{3}{12}$$
$$-1\frac{2}{3} = 1\frac{8}{12}$$

Dado que $\frac{8}{12} > \frac{3}{12}$, puedes expresar 1 como $\frac{12}{12}$ para restar.

C ## Paso 2

Expresa de otra manera $4\frac{3}{12}$ para mostrar más doceavos.

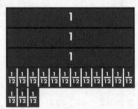

$$4\frac{3}{12} = 3\frac{15}{12}$$
$$-1\frac{8}{12} = 1\frac{8}{12}$$

D ## Paso 3

Resta las fracciones. Luego, resta los números enteros.

$$4\frac{1}{4} = 4\frac{3}{12} = 3\frac{15}{12}$$
$$-1\frac{2}{3} = 1\frac{8}{12} = 1\frac{8}{12}$$
$$\overline{\hspace{2cm} 2\frac{7}{12}}$$

El hoyo es $2\frac{7}{12}$ pulgadas más ancho.

¡Convénceme! **Evaluar el razonamiento** Estima $8\frac{1}{3} - 3\frac{3}{4}$.

Indica cómo hiciste tu estimación. Susi restó y halló que la diferencia real es $5\frac{7}{12}$.

¿Es razonable su respuesta? Explícalo.

Otro ejemplo

A veces, para restar, tienes que expresar un número entero de otra manera.
Halla la diferencia de $6 - 2\frac{3}{8}$.

$$\begin{array}{c} 6 \\ -\ 2\frac{3}{8} \\ \hline \end{array} \xrightarrow{\text{expresar de otra manera}} \begin{array}{c} 5\frac{8}{8} \\ -\ 2\frac{3}{8} \\ \hline 3\frac{5}{8} \end{array}$$

☆ Práctica guiada

¿Lo entiendes?

1. En el ejemplo anterior, ¿por qué tienes que expresar el 6 de otra manera?

2. En el ejemplo de la página 306, ¿podrían dos pelotas de golf caer en el hoyo al mismo tiempo? Explica tu razonamiento.

¿Cómo hacerlo?

Para **3** a **6**, haz una estimación y luego halla las diferencias.

3. $7\frac{2}{3} = 7\frac{\square}{6} = 6\frac{\square}{6}$
   $-\ 3\frac{5}{6} = 3\frac{\square}{6} = 3\frac{\square}{6}$

4. $5 = \square\frac{\square}{4}$
   $-\ 2\frac{3}{4} = 2\frac{3}{4}$

5. $6\frac{3}{10} - 1\frac{4}{5}$

6. $9\frac{1}{3} - 4\frac{3}{4}$

☆ Práctica independiente

Para **7** a **18**, haz una estimación y luego halla las diferencias.

Recuerda que debes comprobar que tu respuesta tenga sentido comparándola con la estimación.

7. $8\frac{1}{4} = 8\frac{\square}{8} = 7\frac{\square}{8}$
   $-\ 2\frac{7}{8} = 2\frac{\square}{8} = 2\frac{\square}{8}$

8. $3\frac{1}{2} = 3\frac{\square}{6}$
   $-\ 1\frac{1}{3} = 1\frac{\square}{6}$

9. $4\frac{1}{8}$
   $-\ 1\frac{1}{2}$

10. 6
    $-\ 2\frac{4}{5}$

11. $6\frac{1}{3} - 5\frac{2}{3}$

12. $9\frac{1}{2} - 6\frac{3}{4}$

13. $8\frac{3}{16} - 3\frac{5}{8}$

14. $7\frac{1}{2} - \frac{7}{10}$

15. $15\frac{1}{6} - 4\frac{3}{8}$

16. $13\frac{1}{12} - 8\frac{1}{4}$

17. $6\frac{1}{3} - 2\frac{3}{5}$

18. $10\frac{5}{12} - 4\frac{7}{8}$

Resolución de problemas

19. El peso promedio de una pelota de básquetbol es $21\frac{1}{10}$ onzas. El peso promedio de una pelota de béisbol es $5\frac{1}{4}$ onzas. ¿Cuántas más onzas pesa la pelota de básquetbol? Escribe los números que faltan en el diagrama.

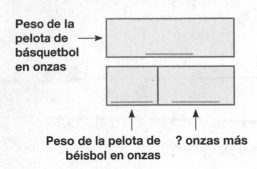

Peso de la pelota de básquetbol en onzas →

↑ Peso de la pelota de béisbol en onzas   ↑ ? onzas más

20. enVision® STEM Los mamíferos más pequeños de la Tierra son el murciélago abejorro y la musaraña pigmea etrusca. La longitud de un murciélago abejorro es $1\frac{9}{50}$ pulgadas. La longitud de una musaraña pigmea etrusca es $1\frac{21}{50}$ pulgadas. ¿Cuánto más pequeño es el murciélago que la musaraña?

21. Hacerlo con precisión ¿En qué se parecen el cuadrilátero morado y el cuadrilátero verde? ¿En qué se diferencian?

22. Razonamiento de orden superior Sam usó el modelo para hallar $2\frac{5}{12} - 1\frac{7}{12}$. ¿Representó el problema correctamente? Explícalo. Si no lo hizo, muestra cómo debería representarse el problema y halla la diferencia.

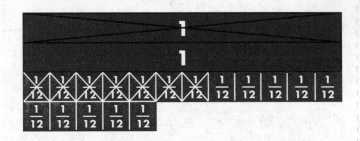

✅ **Práctica para la evaluación**

23. Escoge el número correcto del siguiente recuadro para completar la resta que está a continuación.

1	2	3	4	5

$$3\frac{5}{8} - 1\frac{\square}{4} = 2\frac{3}{8}$$

24. Escoge el número correcto del siguiente recuadro para completar la resta que está a continuación.

2	4	5	10	15

$$14\frac{1}{10} - 3\frac{1}{\square} = 10\frac{3}{5}$$

Resuélvelo y coméntalo Tim tiene 15 pies de papel de envolver. Usa $4\frac{1}{3}$ pies en un regalo para su hija y $5\frac{3}{8}$ pies en un regalo para su sobrina. ¿Cuánto papel de envolver le queda? **Resuelve este problema de la manera que prefieras.**

Puedo...
sumar y restar números mixtos.

También puedo razonar sobre las matemáticas.

Razonar
¿Qué pasos se necesitan para resolver este problema?
¡Muestra tu trabajo!

15 pies

$4\frac{1}{3}$ pies $5\frac{3}{8}$ pies   ?

¡Vuelve atrás! En el problema anterior, ¿cómo podrías estimar la cantidad de papel de envolver que queda?

Pregunta esencial ¿Cómo se pueden usar la suma y la resta de números mixtos para resolver problemas?

A

Clarisse tiene dos telas con longitudes distintas para fabricar fundas para un sofá y unas sillas. Las fundas requieren $9\frac{2}{3}$ yardas de tela. ¿Cuánta tela le quedará a Clarisse?

Cuando sumas o restas fracciones, halla un común denominador.

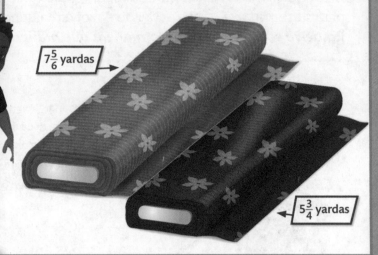

$7\frac{5}{6}$ yardas

$5\frac{3}{4}$ yardas

B **Paso 1**

Suma para averiguar cuánta tela tiene Clarisse en total.

$$5\frac{3}{4} = 5\frac{9}{12}$$
$$+ 7\frac{5}{6} = 7\frac{10}{12}$$
$$\overline{\hspace{2cm}}$$
$$12\frac{19}{12} = 13\frac{7}{12}$$

Clarisse tiene $13\frac{7}{12}$ yardas de tela en total.

C **Paso 2**

Resta la cantidad que usará de la longitud total de tela

$$13\frac{7}{12} = 12\frac{19}{12}$$
$$- 9\frac{2}{3} = 9\frac{8}{12}$$
$$\overline{\hspace{2cm}}$$
$$3\frac{11}{12}$$

A Clarisse le quedarán $3\frac{11}{12}$ yardas de tela.

¡Convénceme! **Entender y perseverar** Clarisse tiene $14\frac{3}{4}$ de yardas de tela para cubrir otro sofá y otra silla. El nuevo sofá necesita $9\frac{1}{6}$ yardas de tela y la nueva silla necesita $4\frac{1}{3}$ yardas de tela. Haz una estimación para decidir si Clarisse tiene suficiente tela. De ser así, ¿cuánta tela le quedará?

Práctica Herramientas Evaluación

☆Práctica guiada

¿Lo entiendes?

1. En el ejemplo de la página 310, ¿por qué sumas antes de restar?

2. En el ejemplo de la página 310, ¿le quedó suficiente tela a Clarisse para hacer dos almohadones de $2\frac{1}{3}$ yardas de tela cada uno? Explícalo.

¿Cómo hacerlo?

Para **3** a **5**, halla la suma o la diferencia.

3. $\begin{array}{r} 5\frac{1}{9} \\ - 2\frac{2}{3} \\ \hline \end{array}$
4. $\begin{array}{r} 2\frac{1}{4} \\ + 8\frac{2}{3} \\ \hline \end{array}$
5. $\begin{array}{r} 6\frac{7}{25} \\ - 3\frac{9}{50} \\ \hline \end{array}$

Para **6** a **9**, resuelve. Primero, resuelve la suma entre paréntesis.

6. $4\frac{3}{5} + 11\frac{2}{15}$

7. $8\frac{2}{3} - 3\frac{3}{4}$

8. $\left(7\frac{2}{3} + 3\frac{4}{5}\right) - 1\frac{4}{15}$ **9.** $8\frac{2}{5} - \left(3\frac{2}{3} + 2\frac{3}{5}\right)$

☆Práctica independiente☆

Para **10** a **14**, halla las sumas o las diferencias.

10. $\begin{array}{r} 9\frac{1}{3} \\ - 4\frac{1}{6} \\ \hline \end{array}$
11. $\begin{array}{r} 12\frac{1}{4} \\ - 9\frac{3}{5} \\ \hline \end{array}$
12. $\begin{array}{r} 6\frac{3}{5} \\ + 1\frac{3}{25} \\ \hline \end{array}$
13. $\begin{array}{r} 3\frac{4}{9} \\ + 2\frac{2}{3} \\ \hline \end{array}$
14. $\begin{array}{r} 5\frac{31}{75} \\ - 3\frac{2}{25} \\ \hline \end{array}$

Para **15** a **20**, resuelve. Primero, resuelve la operación entre paréntesis.

15. $\left(2\frac{5}{8} + 2\frac{1}{2}\right) - 4\frac{2}{3}$

16. $\left(5\frac{3}{4} + 1\frac{5}{6}\right) - 6\frac{7}{12}$

17. $4\frac{3}{5} + \left(8\frac{1}{5} - 7\frac{3}{10}\right)$

18. $\left(13 - 10\frac{1}{3}\right) + 2\frac{2}{3}$

19. $\left(2\frac{1}{2} + 3\frac{1}{4}\right) - 1\frac{1}{4}$

20. $2\frac{3}{14} + \left(15\frac{4}{7} - 6\frac{3}{4}\right)$

Resolución de problemas

Para **21** a **23**, usa la siguiente tabla.

Especies de ranas	Longitud del cuerpo (cm)	Salto máximo (cm)
Rana toro	$20\frac{3}{10}$	$213\frac{1}{2}$
Rana leopardo	$12\frac{1}{2}$	$162\frac{1}{2}$
Rana sudafricana	$7\frac{3}{5}$	$334\frac{2}{5}$

21. **Hacerlo con precisión** ¿Cuánto más lejos llega el máximo salto de la rana sudafricana que el de la rana leopardo?

22. ¿Cuántos centímetros tiene la rana toro de longitud? Redondea al entero más cercano.

23. **Razonamiento de orden superior** ¿Qué rana salta aproximadamente 10 veces la longitud de su cuerpo? Explica cómo hallaste tu respuesta.

24. (A-Z) **Vocabulario** Escribe tres números que sean **denominadores comunes** de $\frac{7}{15}$ y $\frac{3}{5}$.

25. Marie plantó 12 paquetes de semillas de vegetales en un jardín comunitario. Cada paquete costó $1.97 con impuestos. ¿Cuál es el costo total de las semillas?

✓ Práctica para la evaluación

26. ¿Qué ecuaciones son verdaderas si escribimos $5\frac{3}{8}$ en el recuadro?

   ☐ $\square - 4\frac{1}{6} = 1\frac{1}{12}$

   ☐ $10\frac{11}{12} - 5\frac{3}{8} = \square$

   ☐ $\square + 1\frac{1}{4} = 6\frac{5}{8}$

   ☐ $3\frac{1}{8} + 1\frac{3}{4} + \frac{1}{2} = \square$

27. ¿Qué ecuaciones son verdaderas si escribimos $3\frac{1}{3}$ en el recuadro?

   ☐ $3\frac{1}{3} - \square = 0$

   ☐ $2\frac{2}{5} + \square = 5\frac{3}{8}$

   ☐ $9\frac{1}{12} - 6\frac{3}{4} = \square$

   ☐ $\square - 3\frac{1}{9} = \frac{2}{9}$

Nombre_____

Resuélvelo y coméntalo   Annie halló tres conchas de mar en la playa. ¿Cuánto más corta es la concha de mar Sombrero escocés que las longitudes combinadas de las dos conchas de mar Cono del alfabeto? *Resuelve este problema de la manera que prefieras. Usa un diagrama como ayuda.*

Puedo...
aplicar lo que sé de matemáticas para resolver problemas.

También puedo sumar y restar fracciones y números mixtos.

Sombrero escocés
$2\frac{1}{8}$ pulgadas

Cono del alfabeto
$1\frac{3}{4}$ pulgadas

Hábitos de razonamiento

¡Razona correctamente! Estas preguntas te pueden ayudar.

- ¿Cómo puedo usar lo que sé de matemáticas para resolver el problema?

- ¿Cómo puedo usar dibujos, objetos y ecuaciones para representar el problema?

- ¿Puedo escribir una ecuación para representar el problema?

¡Vuelve atrás! **Representar con modelos matemáticos**
¿De qué otra manera se puede representar este problema?

¿Cómo se puede representar un problema con un diagrama de barras?

A

El primer paso de la receta es mezclar la harina, azúcar blanca y azúcar morena. ¿Un tazón con capacidad para 4 tazas tiene espacio suficiente?

Usa un modelo para representar el problema.

Pastelitos

$1\frac{3}{4}$ tazas de harina

$\frac{1}{2}$ taza de azúcar morena

$1\frac{1}{4}$ tazas de azúcar blanca

$2\frac{1}{2}$ cucharaditas de polvo para hornear

$\frac{1}{2}$ cucharadita de sal

$\frac{2}{3}$ de taza de manteca

2 huevos

1 taza de leche

¿Qué tienes que hacer para resolver el problema?

Tengo que hallar la cantidad total de los primeros tres ingredientes y comparar esa cantidad con 4 tazas.

B **¿Cómo puedo representar con modelos matemáticos?**

Puedo

- usar lo que sé de matemáticas como ayuda para resolver el problema.

- usar un diagrama para representar y resolver el problema.

- escribir una ecuación que tenga fracciones o números mixtos.

- decidir si mis resultados tienen sentido.

C Usaré un diagrama de barras y una ecuación para representar la situación.

Esta es mi idea...

n tazas		
$1\frac{3}{4}$	$\frac{1}{2}$	$1\frac{1}{4}$

$$n = 1\frac{3}{4} + \frac{1}{2} + 1\frac{1}{4}$$

$$1\frac{3}{4} + \frac{2}{4} + 1\frac{1}{4} = 2\frac{6}{4}$$

Puedo escribir la respuesta como un número mixto $2\frac{6}{4} = 3\frac{2}{4}$ o $3\frac{1}{2}$

Hay $3\frac{1}{2}$ tazas de ingredientes y $3\frac{1}{2}$ es menor que 4. Por tanto, el tazón de 4 tazas tiene espacio suficiente.

¡Convénceme! **Representar con modelos matemáticos** ¿Cuántas tazas más de ingredientes entran en el tazón? Usa un diagrama de barras y una ecuación para representar el problema.

Nombre_____

☆Práctica guiada

Phillip quiere correr un total de 3 millas por día.
El lunes a la mañana, corrió $1\frac{7}{8}$ millas. ¿Cuántas millas
más tiene que correr?

1. Haz un diagrama para representar el problema.

Los diagramas de barras muestran cómo se relacionan las cantidades en un problema

2. Escribe y resuelve una ecuación para este problema.
¿Cómo hallaste la solución?

3. ¿Cuántas millas más tiene que correr Phillip?

☆Práctica independiente

Representar con modelos matemáticos

Un paisajista usó $2\frac{1}{2}$ toneladas de piedritas de color tostado, $3\frac{1}{4}$ toneladas de piedritas
negras pulidas y $\frac{5}{8}$ de tonelada de cantos rodados. ¿Cuánto pesan las piedritas en total?

4. Haz un diagrama y escribe una ecuación para representar el problema.

5. Resuelve la ecuación. ¿Qué cálculos de fracciones hiciste?

6. ¿Cuántas toneladas de piedritas usó el paisajista?

Resolución de problemas

Actividades en el campamento

Durante la jornada de 6 horas en el campamento, Roland dio un paseo en bote, dio una caminata y almorzó. El resto de la jornada fue tiempo libre. ¿Cuánto tiempo demoró Roland en estas tres actividades? ¿Cuánto tiempo libre tuvo?

DATOS	Actividades en el campamento	
	Natación	$\frac{3}{4}$ de hora
	Paseo en bote	$1\frac{1}{2}$ horas
	Manualidades	$1\frac{3}{4}$ horas
	Caminata	$2\frac{1}{2}$ horas
	Almuerzo	$1\frac{1}{4}$ horas

7. **Entender y perseverar** ¿Qué es lo que sabes y qué necesitas hallar?

> Cuando representas con modelos matemáticos, usas lo que sabes de matemáticas para resolver problemas nuevos.

8. **Razonar** Describe las cantidades y operaciones que usarás para hallar cuánto tiempo demoró Roland en las actividades. ¿Qué cantidades y operaciones usarás para hallar cuánto tiempo libre tuvo Roland?

9. **Representar con modelos matemáticos** Haz un diagrama y usa una ecuación como ayuda para hallar cuánto tiempo demoró Roland en las actividades. Luego, haz un diagrama y usa una ecuación como ayuda para hallar cuánto tiempo libre tuvo.

Emparéjalo

Trabaja con un compañero. Señala una pista y léela.

Mira la tabla de la parte de abajo de la página y busca la pareja de esa pista. Escribe la letra de la pista en la casilla que corresponde.

Halla una pareja para cada pista.

Puedo...
multiplicar números enteros de varios dígitos.

También puedo crear argumentos matemáticos.

Pistas

A El producto es exactamente 70,500.

E El producto está entre 30,000 y 35,000.

B El producto está entre 65,000 y 70,000.

F El producto está entre 10,000 y 30,000.

C El producto es exactamente 40,000.

G El producto es exactamente 10,000.

D El producto es aproximadamente 40,000.

H El producto es menor que 10,000.

100 × 99	100 × 100	705 × 100	2,000 × 12
4,500 × 15	3,050 × 11	403 × 100	400 × 100

Repaso del vocabulario

Lista de palabras

- común denominador
- fracciones de referencia
- fracciones equivalentes
- número mixto

Comprender el vocabulario

Escribe *siempre*, a *veces* o *nunca*.

1. Una fracción _____ puede expresarse como número mixto.

2. La suma de un número mixto y un número entero _____ es un número mixto.

3. $\frac{1}{5}$ _____ se usa como fracción de referencia.

4. Las fracciones equivalentes _____ tienen el mismo valor.

Para cada uno de estos términos, da un ejemplo y un contraejemplo.

	Ejemplo	Contraejemplo
5. fracción de referencia	_____	_____
6. número mixto	_____	_____
7. fracciones equivalentes	_____	_____

Traza una línea de cada número en la Columna A al mismo valor en la Columna B.

Columna A

Columna B

8. $3\frac{4}{9} + 2\frac{5}{6}$ $5\frac{2}{3}$

9. $7 - 2\frac{2}{3}$ $\frac{3}{5}$

10. $4\frac{1}{2} + 1\frac{1}{6}$ $4\frac{1}{3}$

11. $\frac{7}{12} + \frac{5}{8}$ $\frac{29}{24}$

      $6\frac{5}{18}$

Usar el vocabulario al escribir

12. ¿Cómo puedes escribir una fracción equivalente a $\frac{60}{80}$ con un denominador menor que 80?

Nombre_____

Grupo A | páginas 269 a 272 _____

Reemplaza las fracciones por 0, $\frac{1}{2}$ o 1 para estimar las sumas o las diferencias.

Estima $\frac{4}{5} + \frac{5}{8}$.

Paso 1 $\frac{4}{5}$ está cerca de 1.

Paso 2 $\frac{5}{8}$ está cerca de $\frac{4}{8}$ o $\frac{1}{2}$.

Paso 3 $1 + \frac{1}{2} = 1\frac{1}{2}$

Por tanto, $\frac{4}{5} + \frac{5}{8}$ es aproximadamente $1\frac{1}{2}$.

Estima $\frac{7}{12} - \frac{1}{8}$.

Paso 1 $\frac{7}{12}$ está cerca de $\frac{6}{12}$ o $\frac{1}{2}$.

Paso 2 $\frac{1}{8}$ está cerca de 0.

Paso 3 $\frac{1}{2} - 0 = \frac{1}{2}$

Por tanto, $\frac{7}{12} - \frac{1}{8}$ es aproximadamente $\frac{1}{2}$.

Recuerda que puedes usar una recta numérica para decidir si una fracción está más cerca de 0, $\frac{1}{2}$, o 1.

Estima las sumas o las diferencias.

1. $\frac{2}{3} + \frac{5}{6}$ 2. $\frac{7}{8} - \frac{5}{12}$

3. $\frac{1}{8} + \frac{1}{16}$ 4. $\frac{5}{8} - \frac{1}{6}$

5. $\frac{1}{5} + \frac{1}{3}$ 6. $\frac{11}{12} - \frac{1}{10}$

7. $\frac{9}{10} + \frac{1}{5}$ 8. $\frac{3}{5} - \frac{1}{12}$

Grupo B | páginas 273 a 276 _____

Halla un común denominador para $\frac{4}{9}$ y $\frac{1}{3}$. Luego, expresa cada fracción como una fracción equivalente con un común denominador.

Paso 1 Multiplica los denominadores: $9 \times 3 = 27$, por tanto, 27 es un común denominador.

Paso 2 Expresa las fracciones de otra manera:
$\frac{4}{9} = \frac{4}{9} \times \frac{3}{3} = \frac{12}{27}$
$\frac{1}{3} = \frac{1}{3} \times \frac{9}{9} = \frac{9}{27}$

Por tanto, $\frac{4}{9} = \frac{12}{27}$ y $\frac{1}{3} = \frac{9}{27}$.

Recuerda que puedes comprobar si un denominador es múltiplo de otro. Dado que 9 es múltiplo de 3, otro común denominador de las fracciones $\frac{4}{9}$ y $\frac{1}{3}$ es 9.

Halla un común denominador. Luego, expresa cada fracción como una fracción equivalente con un común denominador.

1. $\frac{3}{5}$ y $\frac{7}{10}$

2. $\frac{5}{6}$ y $\frac{7}{18}$

3. $\frac{3}{7}$ y $\frac{1}{4}$

Halla $\frac{5}{6} - \frac{3}{4}$.

Paso 1 Halla un común denominador haciendo una lista de los múltiplos de 6 y 4.

6: 6, 12, 18, 24, 30, 36, 42
4: 4, 8, 12, 16, 20, 24, 28, 32

12 es un multipo común de 6 y 4; por tanto, usa 12 como común denominador.

Paso 2 Usa la propiedad de identidad para escribir las fracciones equivalentes.

$$\frac{5}{6} = \frac{5 \times 2}{6 \times 2} = \frac{10}{12} \qquad \frac{3}{4} = \frac{3 \times 3}{4 \times 3} = \frac{9}{12}$$

Paso 3 Resta.

$$\frac{10}{12} - \frac{9}{12} = \frac{1}{12}$$

Recuerda que debes multiplicar el numerador y el denominador por el mismo número cuando escribes fracciones equivalentes.

1. $\frac{2}{5} + \frac{3}{10}$ **2.** $\frac{1}{9} + \frac{5}{6}$

3. $\frac{3}{4} - \frac{5}{12}$ **4.** $\frac{7}{8} - \frac{2}{3}$

5. $\frac{1}{12} + \frac{3}{8}$ **6.** $\frac{4}{5} - \frac{2}{15}$

7. Teresa pasa $\frac{1}{3}$ de su día en la escuela. Pasa $\frac{1}{12}$ de su día comiendo. ¿Qué fracción de su día pasa en la escuela o comiendo?

Estima $5\frac{1}{3} + 9\frac{9}{11}$.

Para redondear un número mixto al número entero más cercano, compara la parte fraccionaria del número mixto con $\frac{1}{2}$.

Si la parte fraccionaria es menor que $\frac{1}{2}$, redondea al número entero menor más cercano.

$5\frac{1}{3}$ se redondea a 5.

Si la parte fraccionaria es menor que $\frac{1}{2}$, redondea al número entero menor más cercano.

$9\frac{9}{11}$ se redondea a 10.

Por tanto, $5\frac{1}{3} + 9\frac{9}{11} \approx 5 + 10 = 15$.

Recuerda que también puedes usar fracciones de referencia como $\frac{1}{4}$, $\frac{1}{3}$, $\frac{1}{2}$, $\frac{2}{3}$, y $\frac{3}{4}$ para ayudarte a hacer una estimación.

Estima las sumas o las diferencias.

1. $3\frac{1}{4} - 1\frac{1}{2}$ **2.** $5\frac{2}{9} + 4\frac{11}{13}$

3. $2\frac{3}{8} + 5\frac{3}{5}$ **4.** $9\frac{3}{7} - 6\frac{2}{5}$

5. $8\frac{5}{6} - 2\frac{1}{2}$ **6.** $7\frac{3}{4} + 5\frac{1}{8}$

7. $11\frac{5}{12} + \frac{7}{8}$ **8.** $13\frac{4}{5} - 8\frac{1}{6}$

9. Una marca en un lado de un muelle muestra que el agua tiene $4\frac{7}{8}$ pies de profundidad. Cuando sube la marea, el nivel del agua sube $2\frac{1}{4}$ pies. ¿Aproximadamente qué profundidad tiene el agua con la marea alta?

Recuerda que $\approx$ significa "es aproximadamente igual a".

Nombre_____

Grupo E páginas 293 a 296 _____

Halla $1\frac{1}{4} + 1\frac{7}{8}$.

Paso 1 Expresa las fracciones con un común denominador. Representa los sumandos y suma las partes fraccionarias.

$1\frac{2}{8}$

$+ 1\frac{7}{8}$

$\frac{9}{8}$

Expresa $\frac{9}{8}$ como $1\frac{1}{8}$.

Paso 2 Suma los números enteros a las fracciones reagrupadas.

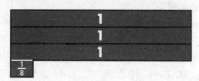

Por tanto $1\frac{1}{4} + 1\frac{7}{8} = 3\frac{1}{8}$.

Recuerda que podrías necesitar expresar las fracciones como números mixtos.

Usa un modelo para hallar las sumas.

1. $2\frac{5}{6} + 1\frac{5}{6}$ **2.** $1\frac{1}{2} + 3\frac{3}{4}$

3. $2\frac{3}{10} + 2\frac{4}{5}$ **4.** $2\frac{1}{4} + 5\frac{11}{12}$

5. $6\frac{2}{3} + 5\frac{5}{6}$ **6.** $7\frac{1}{3} + 8\frac{7}{9}$

7. $8\frac{4}{10} + 2\frac{3}{5}$ **8.** $3\frac{1}{3} + 9\frac{11}{12}$

Grupo F páginas 301 a 304 _____

Halla $2\frac{1}{3} - 1\frac{5}{6}$. Expresa $2\frac{1}{3}$ como $2\frac{2}{6}$.

Paso 1 Representa el número al que le estás restando $2\frac{1}{3}$ o $2\frac{2}{6}$. Dado que $\frac{5}{6} > \frac{2}{6}$, expresa 1 entero como $\frac{6}{6}$.

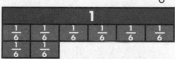

Paso 2 Tacha el número que estás restando $1\frac{5}{6}$.

La respuesta es la cantidad que queda.

Por tanto, $2\frac{1}{3} - 1\frac{5}{6} = \frac{3}{6}$ o $\frac{1}{2}$.

Recuerda que la diferencia es la parte del modelo que no está tachada.

Usa un modelo para hallar las diferencias.

1. $15\frac{6}{10} - 3\frac{4}{5}$ **2.** $6\frac{3}{4} - 5\frac{1}{2}$

3. $4\frac{1}{6} - 1\frac{2}{3}$ **4.** $12\frac{1}{4} - 7\frac{1}{2}$

5. $9\frac{7}{10} - 3\frac{4}{5}$ **6.** $5\frac{5}{8} - 3\frac{1}{4}$

Tom tenía dos longitudes de papel tapiz, $2\frac{3}{4}$ yardas y $1\frac{7}{8}$ yardas. Usó un poco y ahora le quedan $1\frac{5}{6}$ yardas. ¿Cuántas yardas de papel tapiz usó Tom?

Recuerda que, cuando sumas o restas números mixtos, debes expresar de otra manera las partes fraccionarias para que tengan un común denominador.

Paso 1

Suma para hallar la cantidad total de papel tapiz que tiene Tom.

$$2\frac{3}{4} = 2\frac{18}{24}$$
$$+ 1\frac{7}{8} = 1\frac{21}{24}$$
$$\overline{ 3\frac{39}{24}}$$

Paso 2

Resta para hallar la cantidad de papel tapiz que usó Tom.

$$3\frac{39}{24} = 3\frac{39}{24}$$
$$- 1\frac{5}{6} = 1\frac{20}{24}$$
$$\overline{ 2\frac{19}{24}}$$

Tom usó $2\frac{19}{24}$ yardas de papel tapiz.

Resuelve. Primero, haz la operación entre paréntesis.

1. $5\frac{1}{2} + 2\frac{1}{8}$

2. $7\frac{5}{6} - 3\frac{2}{3}$

3. $3\frac{1}{4} + 1\frac{5}{6}$

4. $9 - 3\frac{3}{8}$

5. $\left(2\frac{1}{6} + 3\frac{3}{4}\right) - 1\frac{5}{12}$

6. $\left(4\frac{4}{5} + 7\frac{1}{3}\right) - 1\frac{7}{15}$

Piensa en estas preguntas como ayuda para **representar con modelos matemáticos**.

Recuerda que un diagrama de barras puede ayudarte a escribir una ecuación de suma o de resta.

Haz un diagrama de barras y escribe una ecuación para resolver.

Hábitos de razonamiento

- ¿Cómo puedo usar lo que sé de matemáticas para resolver este problema?

- ¿Cómo puedo usar dibujos, objetos y ecuaciones para representar el problema?

- ¿Cómo puedo usar números, palabras y símbolos para resolver este problema?

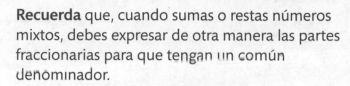

1. Justin trota $3\frac{2}{5}$ millas cada mañana. Trota $4\frac{6}{10}$ millas cada tarde. ¿Cuántas millas trota por día?

2. El año pasado, María plantó un árbol que medía $5\frac{11}{12}$ pies de altura. Este año, el árbol mide $7\frac{2}{3}$ pies de altura. ¿Cuántos pies creció el árbol?

1. Estima la suma de $\frac{3}{4}$ y $\frac{1}{5}$. Escribe una ecuación.

2. Marca todas las opciones que son iguales a $\frac{2}{3}$. Explícalo.

☐ $\frac{1}{6} + \frac{1}{2}$; encontré un común denominador y luego sumé los numeradores y obtuve $\frac{2}{3}$.

☐ $\frac{2}{9} + \frac{7}{18}$; sumé los numeradores y denominadores y obtuve $\frac{2}{3}$.

☐ $\frac{5}{12} + \frac{1}{4}$; sumé los numeradores y denominadores y obtuve $\frac{2}{3}$.

☐ $1\frac{1}{6} - \frac{1}{3}$; encontré un común denominador y luego resté los numeradores y obtuve $\frac{2}{3}$.

☐ $2 - 1\frac{1}{3}$; encontré un común denominador y luego resté los numeradores y obtuve $\frac{2}{3}$.

3. Tim tiene $\frac{5}{12}$ de un frasco de jalea de moras y $\frac{3}{8}$ de un frasco de jalea de fresas. Escribe $\frac{5}{12}$ y $\frac{3}{8}$ usando un común denominador. ¿Qué fracción representa el total de la jalea que tiene Tim?

4. Sandra manejó durante $\frac{1}{3}$ de hora para llegar a la tienda. Luego manejó $\frac{1}{5}$ de hora para llegar a la biblioteca. ¿Qué fracción de hora manejó Sandra en total? Explícalo.

5. El diagrama de barras a continuación muestra las partes de una pizza que se comieron Pablo y Jamie.

? comido de la pizza

$\frac{1}{3}$	$\frac{1}{4}$

A. Expresa cada fracción de otro modo, usando un común denominador.

B. Usa las nuevas expresiones de las fracciones para escribir y resolver una ecuación que te permita encontrar el total de la pizza que comieron.

6. Escoge la suma correcta para cada expresión.

	$\frac{5}{12}$	$1\frac{1}{6}$	$\frac{5}{8}$	$\frac{19}{20}$
$\frac{1}{4}+\frac{3}{8}$	☐	☐	☐	☐
$\frac{1}{4}+\frac{7}{10}$	☐	☐	☐	☐
$\frac{1}{4}+\frac{11}{12}$	☐	☐	☐	☐
$\frac{1}{4}+\frac{1}{6}$	☐	☐	☐	☐

7. Benjamín y su hermana compartieron un sándwich grande. Benjamín comió $\frac{3}{5}$ del sándwich y su hermana comió $\frac{1}{7}$ del sándwich.

A. Estima cuánto más comió Benjamín que su hermana. Explica cómo hallaste tu estimación.

B. ¿Cuánto más comió Benjamín que su hermana? Halla la cantidad exacta.

8. Alicia tenía $3\frac{1}{8}$ pies de madera. Usó $1\frac{3}{4}$ pies de madera. Estima la cantidad de madera que le queda.

Ⓐ 2 pies

Ⓑ 1 pie

Ⓒ 0 pies

Ⓓ 3 pies

9. Explica por qué hace falta expresar $2\frac{7}{12}$ de otra manera para hallar $2\frac{7}{12}-\frac{5}{6}$.

10. Mona compró $3\frac{3}{8}$ libras de queso cheddar. Usó $2\frac{3}{4}$ libras para hacer sándwiches. Escribe y resuelve una expresión para hallar cuánto queso queda.

11. María necesita $2\frac{1}{4}$ yardas de tela. Ya tiene $1\frac{3}{8}$ yardas. ¿Qué ecuación muestra cuántas yardas más de tela tiene que comprar María?

Ⓐ $2\frac{1}{4}+1\frac{3}{8}=1\frac{1}{8}$

Ⓑ $\frac{1}{4}+\frac{3}{8}=\frac{3}{4}$

Ⓒ $2\frac{1}{4}-1\frac{3}{8}=\frac{7}{8}$

Ⓓ $\frac{3}{8}-\frac{1}{4}=\frac{1}{8}$

Nombre_____

12. Durante un viaje, Martha manejó $\frac{1}{6}$ del tiempo, Chris manejó $\frac{1}{4}$ del tiempo y Juan manejó el resto del tiempo. ¿Qué fracción del tiempo manejó Juan?

13. Gilberto trabajó $3\frac{1}{4}$ horas el jueves $4\frac{2}{5}$ horas el viernes y $6\frac{1}{2}$ horas el sábado. ¿Cuántas horas trabajó en total durante esos tres días?

Ⓐ $13\frac{1}{10}$ horas

Ⓑ $13\frac{3}{20}$ horas

Ⓒ $14\frac{1}{10}$ horas

Ⓓ $14\frac{3}{20}$ horas

14. El siguiente modelo puede usarse para hallar la suma de dos números mixtos. ¿Cuál es la suma? ¿Cuál es la diferencia? Muestra tu trabajo.

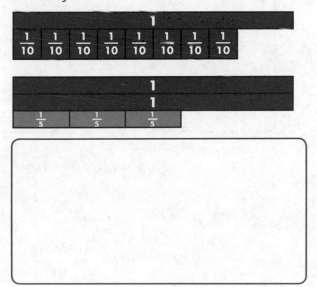

15. Estima la suma de $1\frac{1}{3}$ y $2\frac{3}{4}$. Explica cómo hallaste tu estimación.

16. Halla $4\frac{1}{5} - \frac{7}{10}$.

A. Explica por qué hace falta expresar $4\frac{1}{5}$ con una fracción equivalente para hacer la resta.

B. Explica cómo expresar de otro modo $4\frac{1}{5}$ para poder hacer la resta.

17. Mark está haciendo un pequeño marco con la forma de un triángulo equilátero con las siguientes dimensiones. ¿Cuál es el perímetro del marco?

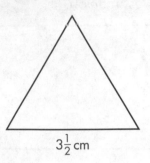

$3\frac{1}{2}$ cm

Ⓐ $6\frac{1}{2}$ cm

Ⓑ $9\frac{1}{2}$ cm

Ⓒ $9\frac{1}{6}$ cm

Ⓓ $10\frac{1}{2}$ cm

18. Un pastelero usa colorante comestible para darle color a un pastel. Necesita $4\frac{1}{8}$ onzas de colorante comestible verde. El pastelero solo tiene $2\frac{1}{2}$ onzas. ¿Cuánto colorante verde más necesita? Si el pastelero solo consigue 1 onza de colorante comestible en la tienda, ¿cuántas onzas le faltan?

19. A continuación se muestran los modelos de dos números mixtos. ¿Cuál es la suma de esos números? ¿Cuál es la diferencia? Muestra tu trabajo.

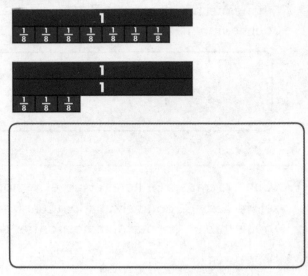

20. Dawson dice que la expresión $\left(2\frac{4}{10} + 8\frac{4}{5}\right) - 3\frac{1}{5}$ es igual a un número entero. ¿Estás de acuerdo? Explícalo.

Atando cabos

Liam y Pam tienen, cada uno, una longitud de cuerda gruesa. Liam hizo un nudo simple en su cuerda. El nudo simple es un nudo básico que se usa comúnmente como base para otro tipo de nudos.

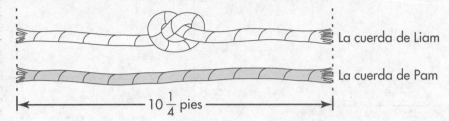

La cuerda de Liam

La cuerda de Pam

$10\frac{1}{4}$ pies

1. Liam deshizo el nudo simple. La longitud total de su cuerda se muestra a continuación. ¿Cuánta cuerda usó para el nudo?

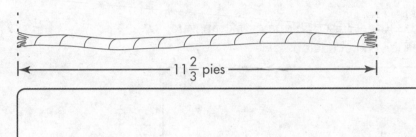

$11\frac{2}{3}$ pies

2. Liam ató el extremo de su cuerda desanudada con el extremo de la cuerda de Pam.

Parte A

¿Aproximadamente qué longitud tendrán las dos cuerdas unidas? Explica cómo obtuviste tu estimación.

Parte B

Explica si la longitud real será mayor o menor que tu estimación.

3. Liam y Pam ataron sus dos cuerdas con un nudo cuadrado. Para el nudo, usaron $1\frac{1}{8}$ pies de cuerda. ¿Qué longitud tiene la cuerda? Explícalo.

4. Martín tiene una cuerda de 16 pies de longitud. Ata su cuerda a las de Liam y Pam con un nudo cuadrado para el que usa $1\frac{1}{8}$ pies de cuerda.

Parte A

¿Qué longitud tienen las tres cuerdas juntas? Escribe una ecuación para representar el problema. Luego, resuelve la ecuación.

Parte B

Liam, Pam y Martín deciden cortar $\frac{2}{5}$ de pie de un extremo de las cuerdas atadas y $\frac{1}{6}$ de pie del otro extremo. ¿Aproximadamente cuánta cuerda cortaron en total? Explícalo.

Parte C

¿Qué longitud tienen las cuerdas ahora? Muestra tu trabajo.

Glosario

A

altura de un polígono Longitud de un segmento desde un vértice de un polígono que es perpendicular a su base.

altura de un sólido En un prisma, la distancia perpendicular entre la base superior y la base inferior del sólido.

ángulo Figura formada por dos semirrectas que tienen el mismo extremo.

ángulo agudo Ángulo que mide entre 0° y 90°.

ángulo llano Ángulo que mide 180°.

ángulo obtuso Ángulo cuya medida está entre 90° y 180°.

ángulo recto Ángulo que mide 90°.

área Cantidad de unidades cuadradas necesarias para cubrir una superficie o una figura.

arista Segmento de recta en el que se unen dos caras en un sólido.

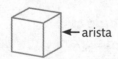

atributo Característica de una figura.

B

base Número que se usa como factor cuando un número se escribe usando exponentes.

base (de un polígono) Lado de un polígono respecto del cual la altura es perpendicular.

base (de un sólido) Cara de un sólido que se usa para darle el nombre.

Base

bloque de unidad Un cubo que mide una unidad por cada lado.

1 unidad   1 unidad

1 unidad

C

capacidad Volumen de un recipiente medido en unidades de medida para líquidos.

cara Superficie plana de un sólido.

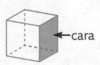

cara

Celsius Escala para medir la temperatura en el sistema métrico.

centésimo/a Una de las 100 partes iguales de un entero.

centímetro (cm) Unidad métrica de longitud; 100 centímetros son iguales a un metro.

círculo Figura plana cerrada formada por todos los puntos que están a la misma distancia de un punto determinado.

cociente La respuesta de un problema de división.

compensación Ajuste que facilita un cálculo y que se equilibra cambiando otro número.

común denominador Número que es el denominador de dos o más fracciones.

coordenada x Primer número de un par ordenado, que indica la distancia hacia la derecha o hacia la izquierda desde el origen sobre el eje de las *x*.

coordenada y Segundo número de un par ordenado, que indica la distancia hacia arriba o hacia abajo desde el origen sobre el eje de las *y*.

coordenadas Los dos números de un par ordenado.

corchetes Los símbolos [y], que se usan para agrupar números o variables en expresiones matemáticas.

correspondientes Términos que coinciden en un patrón.

cuadrado Rectángulo que tiene todos los lados de la misma longitud.

cuadrado perfecto Número que es el producto de un número para contar multiplicado por sí mismo.

cuadrilátero Polígono de 4 lados.

cuarto (cto.) Unidad usual de capacidad igual a 2 pintas.

cubo Sólido con seis cuadrados idénticos como caras.

cucharada (cda.) Unidad usual de capacidad; dos cucharadas son iguales a una onza líquida.

datos Información recopilada.

datos numéricos Datos relacionados con números, incluidos los datos de mediciones.

decimales equivalentes Números decimales que representan la misma cantidad.
Ejemplo: $0.7 = 0.70$

décimo/a Una de las diez partes iguales de un entero.

denominador El número que está debajo de la barra de fracción en una fracción.

descomponer Método de cálculo mental que se usa para volver a escribir un número como una suma de números para crear un problema más sencillo.

diagrama de barras Herramienta que se usa como ayuda para entender y resolver problemas verbales; también se conoce como diagrama de tiras o diagrama con tiras.

diagrama de puntos Representación de respuestas en una recta numérica, donde los puntos se usan para indicar la cantidad de veces que ocurrió cada respuesta.

diagrama de tallo y hojas Una manera de organizar datos numéricos usando el valor de posición.

diferencia El resultado de restar un número a otro.

diagrama de Venn Dibujo que muestra cómo se relacionan conjuntos de números u objetos.

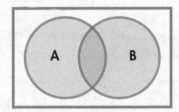

dígitos Símbolos que se usan para mostrar números: 0, 1, 2, 3, 4, 5, 6, 7, 8, 9.

dividendo El número que se divide.

divisible Un número es divisible por otro número si no hay un residuo después de dividir.

divisor El número por el que se divide otro número.
Ejemplo: En $32 \div 4 = 8$, 4 es el divisor.

ecuación Oración numérica en la que se usa un signo igual para mostrar que dos expresiones tienen el mismo valor.
Ejemplo: $9 + 3 = 12$

eje Cualquiera de las dos rectas perpendiculares entre sí en una gráfica.

eje de las x Recta numérica horizontal en una gráfica de coordenadas.

eje de las y Recta numérica vertical en una gráfica de coordenadas.

eje de simetría Recta por la que se puede doblar una figura de modo tal que las dos mitades sean iguales.

eje de simetría

en palabras Una manera de escribir un número con palabras; ver también *nombre de un número*.

encuesta Una o más preguntas que se usan para reunir información.

escala (en una gráfica) Serie de números a intervalos iguales en un eje de una gráfica.

estimación por defecto Estimación que es menor que la respuesta real.

estimación por exceso Estimación que es mayor que la respuesta real.

evaluar Reemplazar una expresión con un valor equivalente.

exponente Número que indica cuántas veces se usa un número base como factor.

expresión algebraica Frase matemática que tiene una o más variables, números y operaciones.
Ejemplo: $x - 3$

expresión numérica Frase matemática que contiene números y al menos una operación. *Ejemplo:* 325 + 50

factores Números que se multiplican para obtener un producto.

Fahrenheit Escala del sistema usual para medir la temperatura.

figura compuesta Figura formada por dos o más figuras.

figura tridimensional Sólido de tres dimensiones que tiene volumen, como un prisma rectangular.

forma desarrollada Una manera de escribir un número que muestra el valor de posición de cada dígito.
Ejemplo: $3 \times 1{,}000 + 5 \times 100 +$
$6 \times 10 + 2 \times 1$, o $3 \times 10^3 + 5 \times 10^2 +$
$6 \times 10^1 + 2 \times 10^0$

forma estándar Una manera común de escribir un número usando comas que separan grupos de tres dígitos empezando por la derecha.
Ejemplo: 3,458,901

fórmula Regla que usa símbolos para relacionar dos o más cantidades.

fracción Un símbolo, como $\frac{2}{3}$, $\frac{5}{1}$ u $\frac{8}{5}$, que se usa para describir una o más partes de un entero dividido en partes iguales. Una fracción puede representar una parte de un entero, una parte de un conjunto, una ubicación en una recta numérica o una división de números enteros.

fracción de referencia Fracciones comunes que se usan para hacer estimaciones, como $\frac{1}{4}$, $\frac{1}{3}$, $\frac{1}{2}$, $\frac{2}{3}$ y $\frac{3}{4}$.

fracción unitaria Fracción con un numerador de 1.

fracciones equivalentes Fracciones que representan la misma parte de una región, longitud o grupo entero.

galón (gal.) Unidad para medir capacidad del sistema usual; un galón es igual a cuatro cuartos.

grado (°) Unidad de medida de los ángulos; también es una unidad de medida de temperatura.

gráfica de barras Representación en la que se usan barras para mostrar y comparar datos.

gráfica de coordenadas Gráfica que se usa para ubicar puntos en un plano usando un par ordenado de números.

gráfica lineal Gráfica que une puntos para mostrar cómo cambian los datos en el tiempo.

gramo (g) Unidad métrica de masa; un gramo es igual a 1,000 miligramos.

hacer una estimación Dar un valor aproximado en lugar de una respuesta exacta.

hexágono Polígono de 6 lados.

hora (h) Unidad de tiempo; una hora equivale a 60 minutos.

incógnita Un valor desconocido que se puede representar con un símbolo o letra, como *x*.

intervalo (en una gráfica) La diferencia entre números consecutivos en un eje de una gráfica.

inverso multiplicativo (recíproco) Dos números cuyo producto es uno.

kilogramo (kg) Unidad métrica de masa; un kilogramo es igual a 1,000 gramos.

kilómetro (km) Unidad métrica de longitud; un kilómetro es igual a 1,000 metros.

lados (de un ángulo) Las dos semirrectas que forman un ángulo.

lados de un polígono Los segmentos de recta que forman un polígono.

libra (lb) Unidad usual de peso igual a 16 onzas.

litro (L) Unidad métrica de capacidad; un litro es igual a 1,000 mililitros.

llaves Los símbolos { y }, que se usan con los paréntesis y los corchetes en las expresiones matemáticas y las ecuaciones para agrupar números o variables.

masa Medida de la cantidad de materia que hay en un objeto.

matriz Una manera de representar objetos en filas y columnas.

metro (m) Unidad métrica de longitud; un metro es igual a 100 centímetros.

milésimo/a Una de las 1,000 partes iguales de un entero.

miligramo (mg) Unidad métrica de masa; 1,000 miligramos son iguales a un gramo.

mililitro (mL) Unidad métrica de capacidad; 1,000 mililitros son iguales a un litro.

milímetro (mm) Unidad métrica de longitud; 1,000 milímetros son iguales a un metro.

milla (mi) Unidad usual de longitud igual a 5,280 pies.

minuto (min) Unidad de tiempo; un minuto equivale a 60 segundos.

muestra Una parte representativa de un grupo más grande.

múltiplo Producto de un número entero dado y cualquier número entero distinto de cero.

múltiplo común Un número que es múltiplo de dos o más números.

múltiplo de 10 Número que tiene el 10 como factor.

nombre de un número Una manera de escribir un número con palabras.

notación desarrollada Un número escrito como la suma de los valores de sus dígitos.

numerador El número que está arriba de la barra de fracción en una fracción.

número compuesto Número entero mayor que uno con más de dos factores.

número decimal Número con uno o más lugares a la derecha del punto decimal.

número mixto Número que tiene una parte entera y una parte fraccionaria.

número primo Número entero mayor que 1 que tiene exactamente dos factores, el número y 1.

números compatibles Números que son fáciles de usar para calcular mentalmente.

números enteros Los números 0, 1, 2, 3, 4, etc.

octágono Polígono de 8 lados.

onza (oz) Unidad usual de peso; 16 onzas son iguales a una libra.

onza líquida (oz líq.) Unidad usual de capacidad igual a 2 cucharadas.

operaciones inversas Operaciones que se cancelan entre sí.
Ejemplo: Sumar 6 y restar 6 son operaciones inversas.

orden de las operaciones El orden en el que se resuelven las operaciones en los cálculos. Los cálculos entre paréntesis, corchetes y llaves se resuelven primero. Luego, se evalúan los términos con exponentes. Luego, se multiplica y se divide en orden de izquierda a derecha y, por último, se suma y se resta en orden de izquierda a derecha.

origen Punto en el que los dos ejes de una gráfica de coordenadas se intersecan; el par ordenado (0, 0) representa el origen.

par ordenado Par de números que se usa para ubicar un punto en una gráfica de coordenadas.

paralelogramo Cuadrilátero que tiene los dos pares de lados opuestos paralelos y de la misma longitud.

paréntesis Los símbolos (y), que se usan para agrupar números o variables en expresiones matemáticas.
Ejemplo: 3(15 − 7)

pentágono Polígono de 5 lados.

perímetro La distancia alrededor de una figura.

período En un número, un grupo de tres dígitos separados por comas, empezando por la derecha.

peso Una medida de qué tan liviano o pesado es algo.

pie Unidad usual de longitud igual a 12 pulgadas.

pinta (pt) Unidad usual de capacidad igual a 2 tazas.

pirámide Sólido con una base que es un polígono cuyas caras son triángulos con un vértice en común.

plano Superficie plana infinita.

polígono Plano cerrado formado por segmentos de recta.

polígono regular Polígono cuyos lados tienen la misma longitud y sus ángulos tienen la misma medida.

potencia El producto que resulta de multiplicar el mismo número una y otra vez.

prisma Sólido con dos bases paralelas idénticas y caras que son paralelogramos.

prisma rectangular Sólido con 6 caras rectangulares.

producto Número que se obtiene al multiplicar dos o más factores.

productos parciales Productos que se hallan al descomponer uno de dos factores en unidades, decenas, centenas, y así sucesivamente, y luego multiplicar cada uno de estos por el otro factor.

progresión numérica Conjunto de números que siguen una regla.

propiedad asociativa de la multiplicación Los factores se pueden reagrupar y el producto sigue siendo el mismo.
Ejemplo: 2 × (4 × 10) = (2 × 4) × 10

propiedad asociativa de la suma Los sumandos se pueden reagrupar y la suma sigue siendo la misma.
Ejemplo: 1 + (3 + 5) = (1 + 3) + 5

propiedad conmutativa de la multiplicación El orden de los factores se puede cambiar y el producto sigue siendo el mismo.
Ejemplo: 3 × 5 = 5 × 3

propiedad conmutativa de la suma El orden de los sumandos se puede cambiar y la suma sigue siendo la misma.
Ejemplo: 3 + 7 = 7 + 3

propiedad de división de la igualdad Ambos lados de una ecuación se pueden dividir por el mismo número distinto de cero y los lados siguen siendo iguales.

propiedad de identidad de la multiplicación El producto de cualquier número y uno es el mismo número.

propiedad de identidad de la suma La suma de cualquier número y cero es el mismo número.

propiedad de resta de la igualdad
Se puede restar el mismo número de ambos lados de una ecuación y los lados siguen siendo iguales.

propiedad de suma de la igualdad
Se puede sumar el mismo número a ambos lados de una ecuación y los lados siguen siendo iguales.

propiedad del cero en la multiplicación
El producto de cualquier número y 0 es 0.

propiedad distributiva Multiplicar una suma (o diferencia) por un número es lo mismo que multiplicar cada número de la suma (o diferencia) por el número y sumar (o restar) los productos.
Ejemplo: $3 \times (10 + 4) = (3 \times 10) + (3 \times 4)$

propiedad multiplicativa de la igualdad
Ambos lados de una ecuación se pueden multiplicar por el mismo número distinto de cero y los lados siguen siendo iguales.

pulgada (pulg.) Unidad usual de longitud; 12 pulgadas son iguales a un pie.

punto Una ubicación exacta en el espacio.

recíproco Un número dado es el recíproco de otro número si el producto de los números es uno.
Ejemplo: Los números $\frac{1}{8}$ y $\frac{8}{1}$ son recíprocos, porque $\frac{1}{8} \times \frac{8}{1} = 1$.

recta Camino recto de puntos que se extiende sin fin en dos direcciones.

rectángulo Paralelogramo que tiene cuatro ángulos rectos.

rectas intersecantes Rectas que pasan por el mismo punto.

rectas paralelas En un plano, rectas que nunca se cruzan y mantienen la misma distancia entre sí.

rectas perpendiculares Dos rectas que se intersecan y forman esquinas cuadradas o ángulos rectos.

redondeo Proceso que determina de qué múltiplo de 10, 100, 1,000, etc. está más cerca un número.

residuo Cantidad que queda después de dividir un número en partes iguales.

rombo Paralelogramo que tiene todos los lados de la misma longitud.

S

segmento de recta Parte de una recta que tiene dos extremos.

segundo (s) Unidad de tiempo; hay 60 segundos en un minuto.

semirrecta Parte de una recta que tiene un extremo y se extiende sin fin en una dirección.

G8

símbolo mayor que (>) Símbolo que apunta en sentido contrario a un número o expresión que es mayor.
Ejemplo: 450 > 449

símbolo menor que (<) Símbolo que apunta hacia el número o expresión que es menor.
Ejemplo: 305 < 320

simétrico Una figura es simétrica si se puede doblar por una línea para formar dos mitades que coinciden exactamente al superponerlas.

sólido Figura que tiene tres dimensiones (longitud, ancho y altura).

solución El valor de la variable que hace que la ecuación sea verdadera.

suma El resultado de sumar dos o más sumandos.

tabla de frecuencias Tabla que se usa para mostrar la cantidad de veces que ocurre cada respuesta en un conjunto de datos.

taza (t) Unidad usual de capacidad; una taza es igual a ocho onzas líquidas.

tendencia Una relación entre dos conjuntos de datos que aparece como un patrón en una gráfica.

términos Números de una progresión o variables, como *x* y *y*, en una expresión algebraica.

términos correspondientes Términos que coinciden entre sí en un par de progresiones numéricas.

tiempo transcurrido El tiempo que pasa entre el comienzo y el final de un evento.

tonelada (T) Unidad usual de peso igual a 2,000 libras.

transportador Herramienta que se usa para medir y trazar ángulos.

trapecio Cuadrilátero que tiene exactamente un par de lados paralelos.

triángulo Polígono de 3 lados.

triángulo acutángulo Triángulo cuyos ángulos son todos agudos.

triángulo equilátero Triángulo cuyos lados tienen la misma longitud.

triángulo escaleno Triángulo cuyos lados tienen todos distinta longitud.

triángulo isósceles Triángulo que tiene al menos dos lados de la misma longitud.

triángulo obtusángulo Triángulo que tiene un ángulo obtuso.

triángulo rectángulo Triángulo que tiene un ángulo recto.

unidad cuadrada Cuadrado con lados de una unidad de longitud que se usa para medir el área.

unidad cúbica Volumen de un cubo que mide 1 unidad por cada lado.

unidades de medida del sistema usual
Unidades de medida que se usan en los
Estados Unidos.

unidades métricas de medición Unidades
de medición que usan habitualmente los
científicos.

valor (de un dígito) El número que
representa un dígito y que está determinado
por la posición que ocupa el dígito; ver
también *valor de posición*.

valor de posición La posición de un dígito
en un número, que se usa para hallar el valor
del dígito.
Ejemplo: En 5,318, el 3 está en la posición de
las centenas. Por tanto, el valor de 3 es 300.

variable Una letra, como *n*, que representa
un número en una expresión o ecuación.

vértice a. El extremo que tienen en común
las dos semirrectas de un ángulo; **b.** Punto en
el que se unen dos lados de un polígono;
c. Punto en el que se unen tres o más aristas
de un sólido.

volumen Cantidad de unidades cúbicas que
se necesitan para llenar un sólido.

yarda (yd) Unidad usual de longitud igual
a 3 pies.

enVision® Matemáticas

Fotografías

Every effort has been made to secure permission and provide appropriate credit for photographic material. The publisher deeply regrets any omission and pledges to correct errors called to its attention in subsequent editions.

Unless otherwise acknowledged, all photographs are the property of Savvas Learning Company LLC.

Photo locators denoted as follows: Top (T), Center (C), Bottom (B), Left (L), Right (R), Background (Bkgd)

1 James Laurie/Shutterstock; **3** (T) Wayne Johnson/Shutterstock, (C) Foto-bee/Alamy Stock Photo, (B) Macrovector/Shutterstock; **4** (Bkgd) Underworld/Shutterstock, Danny E Hooks/Shutterstock, **6** Risteski goce/Shutterstock; **12** John Foxx/Thinkstock; **18** Vladislav Gajic/Fotolia; **22** (L) James Steidl/Fotolia, (C) Hemera Technologies/Getty Images; (R) Ivelin Radkov/Fotolia. **41** Inacio pires/Shutterstock; **43** (T) Rudy Umans/Shutterstock; **43** (B) Findlay/Alamy Stock Photo; **44** (T) Elenadesign/Shutterstock; (B) Georgejmclittle/123RF; **62** (L) Getty Images; (R) Fuse/Getty Images. **77** Samuel Liverio/Shutterstock; **79** (T) Porco_photograph/iStock/Getty Images, (C) Iofoto/Shutterstock, (B) M. Shcherbyna/Shutterstock; **80** (Bkgd) China Images/Liu Xiaoyang/Alamy Stock Photo, Val lawless/Shutterstock; **92** (CL) Andreanita/Fotolia; (CR) Algre/Fotolia, (R) Eduardo Rivero/Fotolia; **96** Rikke/Fotolia; **102** Cphoto/Fotolia; **109** Tatiana Popova/Shutterstock. **125** Smileus/Shutterstock; **127** (T) FatCamera/E+/Getty Images, (B) Mario Houben/CSM/REX/Shutterstock; **128** (T) AF archive/Alamy Stock Photo, (B) Kali9/E+/Getty Images; **141** Viacheslav Krylov/Fotolia; **149** Alisonhancock/Fotolia. **177** Tom Wang/Shutterstock; **179** (T) Andre Jenny/Alamy Stock Photo, (C) Chronicle/Alamy Stock Photo, (B) David Grossman/Alamy Stock Photo; **180** (Bkgd) Kuvona/Shutterstock, Sailou/Shutterstock. **225** Lisastrachan/Fotolia; **227** (T) Steve Debenport/E+/Getty Images, (B) Monkey Business Images/Shutterstock; **228** (T) Accept photo/Shutterstock, (B) Ton Koene/Picture Alliance/Newscom. **265** Marcio Jose Bastos Silva/Shutterstock; **267** (T) Arsenik/E+/Getty Images, (C) Des Westmore/Alamy Stock Photo, (B) Roman Diachkin/Shutterstock; **268** (Bkgd) Prostock-studio/Shutterstock, (T) Nattika/Shutterstock, (B) Boonchuay1970/Shutterstock; **298** Esanbanhao/Fotolia; **306** Image Source/Jupiter Images; **313** (B) by-studio/Fotolia; (T) Paul Orr/Shutterstock. **329** Simone van den Berg/Fotolia; **331** (T) Philip Images/Shutterstock, (B) Bubbers BB/Shutterstock; **332** (T) Ian Allenden/123RF, (B) ImageBROKER/REX/Shutterstock. **381** Zest_Marina/Fotolia; **383** (T) Stacey Newman/Shutterstock, (C) Arve Bettum/Shutterstock, (B) Fluid work shop/Shutterstock; **384** (Bkgd) Cathy Yeulet/123RF, Jarabee123/Shutterstock, **406** Bev/Fotolia. **425** Jon Beard/Shutterstock; **427** (T) Wk1003mike/Shutterstock, (B) W. Scott McGill/Shutterstock; **428** (T) Neale Clark/Robertharding/Alamy Stock Photo, (B) Emmanuel Lattes/Alamy Stock Photo. **453** Morgan Lane Photography/Shutterstock; **455** (T) 146914/Shutterstock, (C) Africa Studio/Shutterstock, (B) Tomasz Szymanski/Shutterstock; **456** (Bkgd) Cathy Yeulet/123RF, Showcake/Shutterstock, (inset) Chutima Chaochaiya/Shutterstock. **485** Iktomi/Fotolia; **487** (T) Stefano Paterna/Alamy Stock Photo, (B) NASA; **488** (T) Elena Veselova/Shutterstock, (B) MaZiKab/Shutterstock; **498** Getty Images; **510** (L) Marianne de Jong/Shutterstock; (R) Brocreative/Fotolia, **531** (T) Evgeny Karandaev/Shutterstock, (B) Volff/Fotolia. **533** Natalia Pavlova/Fotolia; **535** (T) M.R. Brennan/Shutterstock, (C) Viktoria White/Shutterstock, (B) JPL-Caltech/MSSS/NASA; **536** (Bkgd) LWA/Dann Tardif/Blend Images/Alamy Stock Photo, Rawpixel.com/Shutterstock. **561** Solarseven/Shutterstock; **563** (T) Sean Pavone/Alamy Stock Photo, (B) Kai Chiang/123RF; **564** (T) Oleksii Chumachenko/Shutterstock, (B) Alice McBroom/Pearson Education Australia Pty Ltd. **589** Pisaphotography/Shutterstock; **591** (T) Eugene Lu/Shutterstock, (C) Timothy Holle/Shutterstock, (B) Chameleons Eye/Shutterstock; **592** (Bkgd) 123RF, Laboko/Shutterstock; **615** Leekris/Fotolia. **617** Michael J Thompson/ShutterStock; **619** (T) Pius Lee/Shutterstock, (B) Solis Images/Shutterstock; **620** (T) Rainer Lesniewski/Alamy Stock Photo, (B) Railway fx/Shutterstock; **624** 2010/Photos to Go/Photolibrary.